THÉATRE COMPLET

DE

ÉMILE AUGIER

DE L'ACADÉMIE FRANÇAISE

V

THÉATRE COMPLET

DE

ÉMILE AUGIER

DE L'ACADÉMIE FRANÇAISE

V

LE FILS DE GIBOYER
LE POST-SCRIPTUM — L'HABIT VERT
LA CONTAGION

PARIS
CALMANN-LÉVY, ÉDITEURS
3, RUE AUBER, 3
—
Droits de reproduction et de traduction réservés

LE
FILS DE GIBOYER

COMÉDIE EN CINQ ACTES
EN PROSE

Représentée pour la première fois, sur le THÉATRE-FRANÇAIS, par les Comédiens ordinaires de l'Empereur, le 1er décembre 1862.

AUX ARTISTES

QUI INTERPRÈTENT

MA COMÉDIE AVEC UNE SI RARE PERFECTION

HOMMAGE

D'AFFECTUEUSE RECONNAISSANCE

ÉMILE AUGIER.

Décembre 1862.

PRÉFACE
DE LA PREMIÈRE ÉDITION

Quoi qu'on en ait dit, cette comédie n'est pas une pièce politique dans le sens courant du mot : c'est une pièce sociale. Elle n'attaque et ne défend que les idées, abstraction faite de toute forme de gouvernement.

Son vrai titre serait *les Cléricaux*, si ce vocable était de mise au théâtre.

Le parti qu'il désigne compte dans ses rangs des hommes de toutes les origines, des partisans de l'Empire comme des partisans de la branche aînée et de la branche cadette des Bourbons. Maréchal, actuellement député, le marquis d'Auberive, Couturier de la Haute-Sarthe, ancien parlementaire, représentent dans ma comédie les trois fractions du parti, clérical, unies dans la haine ou la peur de la démocratie; et, si Giboyer les englobe toutes trois sous la dénomination de *légitimistes*, c'est qu'en effet les légitimistes seuls sont logiques et n'abdiquent pas en combattant l'esprit de 89.

L'antagonisme du principe ancien et du principe moderne

voilà donc tout le sujet de ma pièce. Je défie qu'on y trouve un mot excédant cette question; et j'ai l'habitude de dire les choses assez franchement pour ne laisser à personne le droit de me prêter des sous-entendus.

D'où viennent donc les clameurs qui s'élèvent contre ma comédie? Par quelle adresse cléricale soulève-t-on contre elle la colère de partis auxquels elle ne touche pas? Par quelle falsification de mes paroles arrive-t-on à feindre de croire que j'attaque les gouvernements tombés? — Certes, c'est une tactique adroite de susciter contre moi un sentiment chevaleresque qui a un écho dans tous les cœurs honnêtes; mais où sont-ils, ces ennemis que je frappe à terre? Je les vois debout à toutes les tribunes; ils sont en train d'escalader le char de triomphe; et quand j'ose, moi chétif, les tirer par la jambe, ils se retournent indignés en criant : « Respect aux vaincus! »

En vérité, c'est trop plaisant!

Un reproche plus spécieux qu'ils m'adressent, c'est d'avoir fait des personnalités.

Je n'en ai fait qu'une : c'est Déodat. Mais les représailles sont si légitimes contre cet insulteur, et il est d'ailleurs si bien armé pour se défendre!

Quant à l'homme d'État considérable et justement honoré qu'on m'accuse d'avoir mis en scène, je proteste énergiquement contre cette imputation : aucun de mes personnages n'a la moindre ressemblance avec lui, ni de près ni de loin. Je connais les droits et les devoirs de la Comédie aussi bien que mes adversaires : elle doit le respect aux personnes, mais elle a droit sur les choses. Je me suis emparé d'un fait de l'histoire contemporaine qui m'a paru un symptôme frappant et singulier de la situation troublée de nos esprits; je n'en ai pris que ce qui appartient directement à mon sujet, et j'ai eu soin d'en changer les circonstances pour lui ôter tout caractère de personnalité.

Que peut-on me demander de plus?

Répondrai-je à ceux qui reprochent à ma comédie d'avoir été autorisée, c'est-à-dire d'exister? Le point est délicat. S'il est permis de comparer les petites choses aux grandes, je demanderai à ces puritains qui a jamais songé à reprocher au *Tartufe* la tolérance de Louis XIV?

ÉMILE AUGIER.

PERSONNAGES

                                            Acteurs qui ont créé
                                                les rôles.

LE MARQUIS D'AUBERIVE.	MM. Samson.
LE COMTE D'OUTREVILLE.	Laroche.
M. MARÉCHAL.	Provost.
GIBOYER.	Got.
MAXIMILIEN GÉRARD.	Delaunay.
LA BARONNE PFEFFERS.	Mmes Arnould-Plessy.
MADAME MARÉCHAL.	Nathalie.
FERNANDE.	Favart.
DUBOIS, valet de chambre du marquis. . .	MM. Barré.
COUTURIER DE LA HAUTE-SARTHE.	Mirecour.
LE VICOMTE DE VRILLIÈRE. . . .	Verdellet.
LE CHEVALIER DE GERMOISE. . .	Raymond.
MADAME DE LA VIEUXTOUR. . . .	Mlle Coblentz.

La scène est à Paris, de nos jours.

LE FILS DE GIBOYER

ACTE PREMIER

Le cabinet du marquis. — Porte au fond. A droite de la porte, une petite bibliothèque ; à gauche, une armoire d'armes. — Au premier plan, à gauche, une cheminée, à côté de laquelle une causeuse et un guéridon. — Au milieu de la scène, une table.

SCÈNE PREMIÈRE

LE MARQUIS, achevant de déjeuner sur le guéridon ; DUBOIS, la serviette sur le bras, tient à la main une bouteille de xérès.

LE MARQUIS.

Je crois que l'appétit est tout à fait revenu.

DUBOIS.

Oui, monsieur le marquis, et il est revenu de loin. Qui dirait, à vous voir, que vous sortez de maladie ? Vous avez un visage de nouveau marié.

LE MARQUIS.

Tu trouves ?

DUBOIS.

Et je ne suis pas le seul. Toutes les commères du quartier me disent : « Monsieur Dubois, cet homme-là... (sauf votre respect, monsieur le marquis!) cet homme-là se remariera, et plus tôt que plus tard. Il a du conjungo dans l'œil. »

LE MARQUIS.

Ah! elles disent cela, les commères?

DUBOIS.

Elles n'ont peut-être pas tort.

LE MARQUIS.

Apprenez, monsieur Dubois, que, quand on a eu le malheur de perdre un ange comme la marquise d'Auberive, on n'a pas la moindre envie d'en épouser un second. — Verse-moi à boire.

DUBOIS.

Je comprends cela; mais monsieur le marquis n'a pas d'héritier, c'est bien pénible.

LE MARQUIS.

Et qui te dit que j'en aurais?

DUBOIS.

Oh! j'en suis bien sûr.

LE MARQUIS.

L'entendez-vous comme Corvisart?

DUBOIS.

Corvisart?

LE MARQUIS.

Je ne me soucie pas d'être père *in partibus infidelium*;

c'est pourquoi veuf je suis et veuf je resterai : vous pouvez en faire part aux commères.

DUBOIS.

Mais votre nom, monsieur le marquis? Cet antique nom d'Auberive, le laisserez-vous s'éteindre? Permettez à un vieux serviteur d'en être navré.

LE MARQUIS.

Que diable, mon bon ami, ne soyez pas plus royaliste que le roi!

DUBOIS.

Et que voulez-vous que je devienne, moi? S'il n'y a plus d'Auberive au monde, qui voulez-vous que je serve?

LE MARQUIS.

Tu as des économies : tu vivras en bourgeois, tu seras ton maître.

DUBOIS.

Quelle chute! Je ne m'en relèverais pas. Votre vieux serviteur vous suivra dans la tombe.

LE MARQUIS.

A quinze pas, s'il vous plaît! — Tu m'attendris, Dubois ; sèche tes larmes, tout n'est pas désespéré.

DUBOIS.

Quoi! mon maître se rendrait à mes humbles prières?

LE MARQUIS.

Non, mon ami; j'ai fait mon temps et je ne reprendra pas de service. Mais je tiens à mon nom autant que tu peux y tenir toi-même, sois-en persuadé, et j'ai trouvé une combinaison extrêmement ingénieuse pour le perpétuer sans m'exposer.

DUBOIS.

Quel bonheur! je n'ose pas demander à monsieur le marquis...

LE MARQUIS.

Tu fais bien! Reste dans cette modestie, et qu'il te suffise de savoir que je te prépare des Auberive. J'attends aujourd'hui même... J'attends beaucoup de monde aujourd'hui.

DUBOIS.

Oh! le meilleur des maîtres!

LE MARQUIS.

Tu es un bon garçon, je ne t'oublierai pas,

DUBOIS, à part.

J'y compte bien.

LE MARQUIS.

Enlève le couvert; je monterai à cheval à deux heures.

LA BARONNE, paraissant sur la porte.

A cheval?

DUBOIS, annonçant.

Madame la baronne Pfeffers.

Il sort.

SCÈNE II

LE MARQUIS, LA BARONNE.

LE MARQUIS.

Eh! chère baronne, qui peut valoir à un vieux garçon comme moi l'honneur d'une si belle visite?

LA BARONNE.

En vérité, marquis, c'est ce que je me demande. En vous voyant, je ne sais plus pourquoi je suis venue et j'ai bien envie de m'en retourner du même pas.

LE MARQUIS.

Asseyez-vous donc, méchante femme.

LA BARONNE.

Non pas! — Comment! vous fermez votre porte pendant huit jours, vos gens ont des mines tragiques, vous tenez vos amis dans les transes, on vous pleure déjà, et, quand on pénètre jusqu'à vous, on vous surprend à table!

LE MARQUIS.

Je vais vous dire : je suis une vieille coquette et je ne me montrerais pas pour un empire quand je suis de mauvaise humeur : or la goutte me change entièrement le caractère; elle me rend méconnaissable, c'est pourquoi je me cache.

LA BARONNE.

A la bonne heure! Je cours rassurer nos amis.

LE MARQUIS.

Ils ne sont pas si inquiets que cela. Donnez-moi un peu de leurs nouvelles.

LA BARONNE.

C'est qu'il y en a un dans ma voiture qui m'attend.

LE MARQUIS.

Je vais lui envoyer dire que je le prie de monter.

LA BARONNE.

C'est que je ne sais si... si vous le connaissez.

LE MARQUIS.

Son nom ?

LA BARONNE.

Je l'ai rencontré par hasard...

LE MARQUIS.

Et vous l'avez amené à tout hasard. (Il sonne.) Vous êtes une mère pour moi. (A Dubois.) Descendez, vous trouverez un ecclésiastique dans la voiture de madame la baronne ; vous lui direz que je le remercie beaucoup de son aimable empressement, mais que je ne suis pas disposé à mourir ce matin.

LA BARONNE.

Ah ! marquis, que diraient nos amis, s'ils vous entendaient ?

LE MARQUIS.

Bah ! je suis l'enfant terrible du parti, c'est convenu... et son enfant gâté. — Dubois, vous ajouterez que madame la baronne prie M. l'abbé de se faire reconduire et de lui renvoyer sa voiture ici.

ACTE PREMIER. 15

LA BARONNE.

Permettez...

LE MARQUIS.

C'est comme cela. — Allez, Dubois. — Vous voilà ma prisonnière.

LA BARONNE.

Mais, marquis, c'est à peine convenable.

LE MARQUIS, lui baisant la main.

Flatteuse! — Asseyez-vous, cette fois, et causons de choses sérieuses, madame Égérie. (Prenant un journal sur la table.) La goutte ne m'a pas empêché de lire notre journal. Savez-vous que la mort de ce pauvre Déodat s'y fait cruellement sentir?

LA BARONNE.

Ah! quelle perte! quel désastre pour notre cause!

LE MARQUIS.

Je l'ai pleuré.

LA BARONNE.

Quel talent! quelle verve! quel sarcasme!

LE MARQUIS.

C'était le hussard de l'orthodoxie... Il restera dans nos fastes sous le nom de *pamphlétaire angélique... Conviciator angelicus...* Et maintenant que nous sommes en règle avec sa grande ombre...

LA BARONNE.

Vous en parlez bien légèrement, marquis.

LE MARQUIS.

Puisque je l'ai pleuré !... Occupons-nous de son remplaçant.

LA BARONNE.

Dites son successeur. Le ciel ne suscite pas deux hommes pareils coup sur coup.

LE MARQUIS.

Et si je vous disais que j'ai mis la main sur un second exemplaire ?... Oui, baronne, j'ai déterré une plume endiablée, cynique, virulente, qui crache et éclabousse ; un gars qui larderait son propre père d'épigrammes moyennant une modique rétribution, et le mangerait à la croque-au-sel pour cinq francs de plus.

LA BARONNE.

Permettez, Déodat était de bonne foi.

LE MARQUIS.

Parbleu ! c'est l'effet du combat : il n'y a plus de mercenaires dans la mêlée ; les coups qu'ils reçoivent leur font une conviction. Je ne donne pas huit jours à notre homme pour nous appartenir corps et âme.

LA BARONNE.

Si vous n'avez pas d'autres garants de sa fidélité...

LE MARQUIS.

J'en ai ; je le tiens.

LA BARONNE.

Par où ?

LE MARQUIS.

N'importe ! je le tiens.

LA BARONNE.

Et qu'attendez-vous pour nous le présenter?

LE MARQUIS.

Lui d'abord, son consentement ensuite. Il habite Lyon : je pense qu'il arrivera aujourd'hui ou demain. Le temps de lui faire un bout de toilette et je l'introduis.

LA BARONNE.

En attendant, j'avertirai le comité de votre trouvaille.

LE MARQUIS.

Je vous prie. — Et, à propos du comité, chère baronne, vous serez bien aimable d'user de votre influence sur lui dans une affaire qui me touche personnellement.

LA BARONNE.

Mon influence sur lui n'est pas grande.

LE MARQUIS.

Est-ce de la modestie ou l'exorde d'un refus?

LA BARONNE.

S'il faut absolument que ce soit l'un ou l'autre, c'est de la modestie.

LE MARQUIS.

Eh bien, ma belle amie, apprenez, si vous ne le savez pas, que ces messieurs vous sont trop obligés pour vous rien refuser.

LA BARONNE.

Parce que mon salon leur sert de parloir?

LE MARQUIS.

D'abord; mais le vrai, le grand, l'inestimable service

que vous leur rendez tous les jours, c'est d'avoir des yeux superbes.

LA BARONNE.

C'est bon pour vous, mécréant, de faire attention à ces choses-là.

LE MARQUIS.

C'est bon pour moi; mais c'est encore meilleur pour ces hommes graves, leurs chastes vœux n'allant pas au delà de cette sensualité mystique qui est le dévergondage de la vertu.

LA BARONNE.

Vous rêvez!

LE MARQUIS.

Soyez sûre de ce que je dis. C'est par ce motif que toutes les coteries sérieuses ont toujours élu pour quartier général le salon d'une femme, tantôt belle, tantôt spirituelle : vous êtes l'un et l'autre, madame; jugez de votre empire.

LA BARONNE.

Vous me cajolez trop; votre cause doit être détestable.

LE MARQUIS.

Si elle était excellente, je suffirais à la gagner.

LA BARONNE.

Voyons, ne me faites pas languir.

LE MARQUIS.

Voici la chose : nous avons à choisir notre orateur à la Chambre pour la campagne que nous préparons contre l'Université : je voudrais que le choix tombât...

LA BARONNE.

Sur M. Maréchal.

LE MARQUIS.

Vous l'avez dit.

LA BARONNE.

Y songez-vous, marquis? M. Maréchal!

LE MARQUIS.

Oui, je sais bien... Mais nous n'avons pas besoin d'un foudre d'éloquence, puisque nous fournissons les discours. Maréchal lit aussi couramment qu'un autre, je vous assure.

LA BARONNE.

Nous l'avons fait député à votre recommandation, c'était déjà beaucoup.

LE MARQUIS

Permettez ! Maréchal est une excellente recrue.

LA BARONNE.

Cela vous plaît à dire.

LE MARQUIS.

Vous êtes bien dégoûtée ! Un ancien abonné du *Constitutionnel*, un libéral, un voltairien, qui passe à l'ennemi avec armes et bagages... Comment vous les faut-il? M. Maréchal n'est pas un homme, ma chère; c'est la grosse bourgeoisie qui vient à nous. Je l'aime, moi, cette honnête bourgeoisie qui a pris la Révolution en horreur depuis qu'elle n'a plus rien à y gagner, qui voudrait figer le flot qui l'apporta et refaire à son profit une petite France féodale. Laissons-lui retirer nos marrons du feu, ventre-saint-gris! Pour ma part, c'est ce réjouissant spectacle qui m'a remis en humeur de politiquer. Vive donc M. Maréchal et tous ses compères, messieurs les bourgeois du droit divin ! Couvrons ces précieux alliés d'honneurs et de gloire, jusqu'au jour où notre triomphe les renverra à leur moulin !

LA BARONNE.

Mais nous avons plusieurs députés de la même farine : pourquoi choisirions-nous le moins capable pour notre orateur ?

LE MARQUIS.

Encore un coup, ce n'est pas une question de capacité.

LA BARONNE.

Vous protégez beaucoup M. Maréchal.

LE MARQUIS.

Que voulez-vous ! je le regarde un peu comme un client de ma famille. Son grand père était fermier du mien ; je suis subrogé-tuteur de sa fille ; ce sont des liens.

LA BARONNE.

Et vous ne dites pas tout.

LE MARQUIS.

Je dis tout ce que je sais.

LA BARONNE.

Alors, permettez-moi de compléter vos renseignements. Le bruit court que vous n'avez pas été insensible jadis aux charmes de la première madame Maréchal...

LE MARQUIS.

Vous ne croyez pas, j'espère, à cette sotte histoire ?

ACTE PREMIER.

LA BARONNE.

Ma foi! vous dédommagez tant M. Maréchal...

LE MARQUIS.

Que j'ai l'air de l'avoir endommagé? Eh! mon Dieu! qui peut se croire à l'abri de la malignité? Personne... Pas même vous, chère baronne.

LA BARONNE.

Je serais curieuse de savoir ce qu'on peut dire de moi.

LE MARQUIS.

Des sottises, que je ne vous répéterai certainement pas.

LA BARONNE.

Vous y croyez donc?

LE MARQUIS.

Dieu m'en garde! L'apparence que feu votre mari ait épousé la demoiselle de compagnie de sa mère? Cela m'a mis d'une colère!

LA BARONNE.

C'est faire trop d'honneur à de pareilles pauvretés.

LE MARQUIS.

J'ai répondu de la belle façon, je vous assure.

LA BARONNE.

Je n'en doute pas.

LE MARQUIS.

C'est égal, vous avez raison de vouloir vous remarier.

LA BARONNE.

Et qui vous dit que je le veuille?

LE MARQUIS.

Ah! c'est mal! vous ne me traitez pas en ami. Je mérite d'autant plus votre confiance que je n'en ai pas besoin, vous connaissant comme si je vous avais faite. L'alliance d'un sorcier n'est pas à dédaigner, baronne.

LA BARONNE, s'asseyant près de la table.

Montrez votre sorcellerie.

LE MARQUIS, s'asseyant en face d'elle.

Volontiers! Donnez-moi votre main.

LA BARONNE, ôtant son gant.

Vous me la rendrez?

LE MARQUIS.

Et je vous aiderai à la placer, qui plus est. (Examinant la main de la baronne.) Vous êtes belle, riche et veuve.

LA BARONNE.

On se croirait chez mademoiselle Lenormand.

LE MARQUIS.

Avec tant de facilités, pour ne pas dire de tentations à mener une vie brillante et frivole, vous avez choisi un rôle presque austère, un rôle qui demande des mœurs irréprochables, et vous les avez.

LA BARONNE.

Si c'était un rôle, vous avouerez qu'il ressemblerait fort à une pénitence.

LE MARQUIS.

Pas pour vous.

LA BARONNE.

Qu'en savez-vous?

LE MARQUIS.

Je le vois dans votre main, parbleu! J'y vois même que le contraire vous coûterait davantage, vu le calme inaltérable dont la nature a doué votre cœur.

LA BARONNE, retirant sa main.

Dites tout de suite que je suis un monstre!

LE MARQUIS.

Tout à l'heure! — Les naïfs vous prennent pour une sainte; les sceptiques pour une ambitieuse de pouvoir; moi Guy-François Condorier, marquis d'Auberive, je vous prends simplement pour une fine Berlinoise en train de se construire un trône en plein faubourg Saint-Germain. Vous régnez déjà sur les hommes, mais les femmes vous résistent; votre réputation les offusque, et, ne sachant par où mordre sur vous, elles se retranchent derrière ce méchant bruit que je vous disais tout à l'heure. Bref, votre pavillon est insuffisant, et vous en cherchez un assez grand pour tout couvrir. « Paris vaut bien une messe, » disait Henri IV... C'est aussi votre avis...

LA BARONNE.

On dit qu'il ne faut pas contrarier les somnambules : permettez-moi cependant de vous faire observer que, si je voulais un mari, avec ma fortune et ma position dans le monde, j'en aurais déjà trouvé vingt pour un.

LE MARQUIS.

Vingt, oui; un, non. Vous oubliez ce diable de petit bruit...

LA BARONNE, se levant.

Il n'y a que les sots qui y croient.

LE MARQUIS, se levant.

Voilà justement le *hic*. Vous n'êtes recherchée que par des hommes extrêmement spirituels... trop spirituels! et c'est un sot que vous voulez.

LA BARONNE.

Parce que?

LE MARQUIS.

Parce que vous n'entendez pas vous donner un maître. Il vous faut un époux que vous puissiez accrocher dans votre salon comme un portrait de famille, rien de plus.

LA BARONNE.

Avez-vous fini, mon cher devin? Tout cela n'a pas le sens commun; mais vous m'avez amusée, je n'ai rien à vous refuser.

LE MARQUIS.

Maréchal aura le discours?

LA BARONNE.

Ou j'y perdrai mon nom.

LE MARQUIS.

Et vous perdrez votre nom... je m'y engage.

LA BARONNE.

Vous faites de moi tout ce que vous voulez.

LE MARQUIS.

Ah! baronne, comme je vous prendrais au mot si j'avais seulement soixante ans. (Dubois apporte une carte de visite sur un plat d'argent. — Le marquis prenant la carte.) « Le comte Hugues d'Outreville. » (A Dubois.) Faites entrer, morbleu! faites entrer... Non!.. Dites à M. le comte que je suis à lui dans un instant.

Dubois sort.

LA BARONNE.

Je vous gêne : mais tant pis pour vous! il ne fallait pas renvoyer ma voiture.

LE MARQUIS.

Au fait, je vous présenterai ce jeune homme un jour ou l'autre : pourquoi pas tout de suite ?

LA BARONNE.

Qui est-ce ?

LE MARQUIS.

Mon plus proche parent, un parent pauvre. Je l'ai mandé à Paris pour faire sa connaissance avant de lui laisser ma fortune.

LA BARONNE.

Curiosité légitime. Comment se fait-il que vous ne le connaissiez pas ?

LE MARQUIS.

Il habite le Comtat, en vrai gentilhomme féodal, et la dernière fois que j'y suis allé, du vivant de son brave père, il y a vingt ans, Hugues en avait sept ou huit.

LA BARONNE.

Il a un beau nom.

LE MARQUIS.

Et il porte d'azur à trois besants d'or. Mais ne devenez

pas rêveuse, ce n'est pas un mari pour vous : il manque de toutes les nullités de votre idéal.

LA BARONNE.

Vous ne la connaissiez pas, disiez-vous.

LE MARQUIS.

Je connais la race : elle est violente et colossale. Le père et l'aïeul avaient six pieds de haut, les épaules à l'avenant, et je me souviens que, quand je faisais sauter le petit Hugues sur mes genoux, j'en avais ma charge... Vous allez voir ce gaillard-là ! — Je vous demande un peu d'indulgence pour lui ; ces gentilshommes campagnards ne sont pas toujours la fine fleur de la politesse, vous savez : grands chasseurs, grands mangeurs, grands coureurs de jolies filles...

LA BARONNE.

Quelle horreur !

LE MARQUIS.

Nous formerons celui-là. (Il sonne. — A Dubois qui entre.) Faites entrer.

DUBOIS, annonçant.

M. le comte d'Outreville.

SCÈNE III

Les Mêmes, LE COMTE.

LE MARQUIS, allant à sa rencontre les bras ouverts.

Eh ! arrivez donc !.. (S'arrêtant stupéfait.) Comment, c'est vous, ce gros enfant que je faisais sauter ?..

LE COMTE.

Le fait est que vous devez me trouver grandi, monsieur.

LE MARQUIS, à part.

Effilé! (Haut.) Excusez ma surprise, cousin; j'étais habitué à mettre votre nom sur des épaules plus larges.

LE COMTE

Oui, mon grand-père et mon père étaient des Goliath; moi, je tiens de ma mère.

LE MARQUIS.

Enfin, vous n'en êtes pas moins le bienvenu. — Rendez grâces à votre étoile qui vous envoie chez moi juste à point pour être présenté à madame la baronne Pfeffers.

LE COMTE, saluant.

Madame est sans doute parente de la baronne Sophie Pfeffers?

LA BARONNE.

C'est moi-même, monsieur.

LE COMTE.

Comment! ce modèle de piété, d'austérité, de...

LA BARONNE.

Monsieur, de grâce...

LE MARQUIS.

Eh bien, oui, ce modèle n'est ni vieux ni laid, ce qui vous étonne.

LE COMTE.

J'avoue.... Mais *gratior pulchro in corpore virtus.*

LA BARONNE.

Hélas! monsieur, je ne mérite ni l'une ni l'autre de vos louanges.

LE COMTE, interdit.

Ah! madame, si j'avais pu soupçonner que vous saviez le latin...

LE MARQUIS.

Et qui donc ici soupçonniez-vous de le savoir?

LE COMTE.

Pardonnez-moi, madame, une familiarité bien involontaire. (Au marquis.) Que M. de Sainte-Agathe sera heureux quand il apprendra...

LE MARQUIS.

Qu'est-ce que c'est que ça, M. de Sainte-Agathe?

LE COMTE.

Vous n'avez pas entendu parler de M. de Sainte-Agathe? Vous m'étonnez. M. de Sainte-Agathe est pourtant une de nos lumières. J'ai eu le bonheur de l'avoir pour précepteur, et il est resté mon directeur en toutes choses.

LE MARQUIS, à part.

Ce n'est pas un gentilhomme, c'est un sacristain.

LA BARONNE, à part.

Quelle naïveté!

DUBOIS, entrant.

La voiture de madame la baronne est là.

LA BARONNE, à part.

D'azur à trois besants d'or! (Haut.) Je me sauve,

marquis ; je suis trop exposée ici au péché d'orgueil. Au revoir, monsieur le comte. Votre cousin me fera l'honneur de vous conduire chez moi, mais je vous préviens qu'il faudra laisser les flatteries à la porte de mon salon.
— Restez, marquis ; les malades ne reconduisent pas.

Elle sort.

SCÈNE IV

LE MARQUIS, LE COMTE.

LE COMTE.

Est-ce que cette dame est mariée ?

LE MARQUIS.

Oui, mon cousin ; j'ai été très malade... Rassurez-vous ; il n'y paraît plus.

LE COMTE.

Je respire ! Et quelle maladie avez-vous eue, de grâce ?

LE MARQUIS.

La baronne est veuve. Je vous remercie de l'intérêt que vous lui témoignez.

LE COMTE, à part.

C'est un original.

LE MARQUIS, à part.

Mon héritier me déplaît. (Haut.) Causons de nos affaires : je n'ai pas d'enfant ; vous êtes mon plus proche parent, et mon intention, comme je vous l'ai écrit, est de vous laisser tous mes biens.

LE COMTE.

Et je vous promets de reconnaître vos bienfaits en en faisant un usage agréable à Dieu.

LE MARQUIS.

Vous en ferez l'usage qu'il vous plaira. — Mais j'ai mis deux conditions à ce que vous appelez mes bienfaits; j'espère qu'elles ne vous répugnent ni l'une ni l'autre ?

LE COMTE.

La première étant d'ajouter votre nom au mien, je la regarde comme une faveur.

LE MARQUIS.

Très bien. — Et la seconde, de prendre une femme de mon choix, comment la regardez-vous ?

LE COMTE.

Comme un devoir filial.

LE MARQUIS.

Le mot est fort.

LE COMTE.

Il n'est que juste, monsieur; car je puis dire qu'au reçu de votre adorable lettre, je vous ai voué tous les sentiments d'un fils.

LE MARQUIS.

Comme ça ?... Tout de suite ?..., Pan !

LE COMTE.

A ce point que je ne me suis plus reconnu le droit de disposer de ma main sans votre aveu, et que je n'ai pas hésité à rompre un très riche mariage que M. de Sainte-Agathe m'avait ménagé dans Avignon.

ACTE PREMIER.

LE MARQUIS.

Les choses n'étaient sans doute pas très avancées?

LE COMTE.

Il n'y avait que le premier ban de publié.

LE MARQUIS.

Rien que cela! — Et sous quel prétexte avez-vous rompu?

LE COMTE.

Mon Dieu, ce n'était pas une famille qui méritât beaucoup de ménagements : des enrichis. J'ai la bourgeoisie en horreur.

LE MARQUIS.

Diable! comment allez-vous vous arranger? Moi qui vous destine justement une bourgeoise!

LE COMTE.

Ah! ah! charmant!

LE MARQUIS.

Elle est très riche et très belle, mais très roturière.

LE COMTE.

Serait-ce sérieux?

LE MARQUIS, se levant.

Tellement sérieux, que je fais de ce mariage la condition *sine qua non* de mon héritage.

LE COMTE.

Permettez-moi de vous dire, monsieur, que je ne comprends pas quel intérêt...

LE MARQUIS.

Il est fort simple : c'est une jeune fille que j'ai vue naître et à laquelle je porte une affection quasi paternelle. Je veux que ses enfants héritent de mon nom ; voilà tout.

LE COMTE.

Elle est du moins orpheline?

LE MARQUIS.

De mère seulement.

LE COMTE.

C'est déjà quelque chose. Les belles-mères sont la grande pierre d'achoppement des mésalliances.

LE MARQUIS.

Je dois pourtant vous dire que le père s'est remarié et que sa seconde femme est parfaitement vivante. Mais elle tient à la plus haute noblesse (A part.) par ses prétentions (Haut.) et signe Aglaé Maréchal, née de la Vertpillière.

LE COMTE.

Et le père?

LE MARQUIS.

Ancien maître de forges, industrie noble, comme vous savez ; bien pensant, député de notre bord.

LE COMTE.

Il s'appelle, dites-vous, Maréchal?

LE MARQUIS.

Maréchal.

LE COMTE.

C'est bien court. N'a-t-il pas quelque nom de terre à prendre pour corriger la crudité de la mésalliance?

LE MARQUIS.

J'ai trouvé mieux que cela. Vous épouseriez haut la main la fille de Cathelineau?

LE COMTE.

Certes! mais quel rapport?...

LE MARQUIS.

Entre un soldat et un orateur? La parole est une épée aussi. D'ici à huit jours, votre beau-père sera le Vendéen de la tribune.

LE COMTE.

Bah!

LE MARQUIS.

J'ai obtenu de nos amis qu'il porterait la parole pour nous dans la session qui va s'ouvrir. — Chut! c'est encore un secret.

LE COMTE.

Que ne commenciez-vous par là, monsieur! Il n'y a plus mésalliance. La bonne cause anoblit ses champions. — Et vous dites que la jeune fille est riche?

LE MARQUIS.

Elle vous apportera de quoi attendre patiemment mon héritage.

LE COMTE.

Puisse-t-il ne m'arriver jamais! — Et elle est belle?

LE MARQUIS.

C'est tout simplement la plus belle personne que je connaisse, mon cher. (A part.) Je m'en vante. (Haut.) Vous la rendrez heureuse, n'est-ce pas?

LE COMTE.

J'ose m'y engager, monsieur. Je comprends tous les devoirs qu'impose le mariage; ma jeunesse a été une longue préparation à ce nœud sacré, et je puis dire que je m'y présenterai sans tache.

LE MARQUIS.

Hein?

LE COMTE.

Demandez à M. de Sainte-Agathe, qui connaît mes plus secrètes actions et mes plus secrètes pensées.

LE MARQUIS.

Je vous en fais bien mon compliment; mais votre innocence doit être comme celle d'Oreste, mon bon ami : elle doit commencer à vous peser? Je l'espère, du moins.

LE COMTE, baissant les yeux.

Je l'avoue.

LE MARQUIS.

A la bonne heure!

LE COMTE.

Oserais-je vous demander si ma future est brune?

LE MARQUIS.

Ah! ah! cela vous intéresse?

ACTE PREMIER.

LE COMTE.

Il est permis, il est même recommandé de chercher dans une épouse un peu de ces traits périssables qui prêtent une grâce de plus à la vertu. C'est du moins l'avis de M. de Sainte-Agathe.

LE MARQUIS.

C'est juste : il y a longtemps que nous n'en avions parlé. Dites-moi, cousin, est-ce aussi M. de Sainte-Agathe qui vous habille?

LE COMTE.

Pourquoi?

LE MARQUIS.

C'est que vous avez l'air d'un donneur d'eau bénite. Je ne peux pas vous présenter dans ce costume déplorable; vous direz à mon valet de chambre de vous envoyer mon tailleur.

DUBOIS, entrant.

M. Maréchal est là; faut-il le faire entrer?

LE MARQUIS.

Je crois bien! (Au comte.) Il vient à propos.

LE COMTE.

Connaît-il vos projets?

LE MARQUIS.

Pas encore, et je ne m'en ouvrirai pas à lui de quelques jours. (A part.) Il faut laisser se faire un certain travail dans son esprit.

SCÈNE V

Les Mêmes, MARÉCHAL.

MARÉCHAL.

Parbleu! vous voyez un homme ravi. Je venais savoir de vos nouvelles, non sans un peu d'inquiétude, je peux vous l'avouer maintenant, et j'apprends que vous allez monter à cheval? Palsambleu! c'est affaire à vous, marquis.

LE MARQUIS.

La goutte est comme le mal de mer; quand c'est fini, c'est fini. — Permettez-moi, mon bon ami, de vous présenter M. le comte Hugues d'Outreville, mon cousin.

MARÉCHAL.

Très honoré, monsieur le comte. Vous voyez en moi le plus vieux camarade de notre cher marquis. Mon grand-père était fermier du sien, je n'en rougis pas; ma famille a gagné du terrain, la sienne en a perdu, et nous nous sommes rencontrés de plain-pied, l'un oubliant la supériorité de sa naissance et l'autre...

LE MARQUIS.

Celle de sa fortune.

MARÉCHAL.

Nous personnifions l'alliance de l'ancienne aristocratie et de la nouvelle.

LE COMTE.

Vous vous faites tort, monsieur : vous êtes tout à fait

des nôtres. Vous en êtes au même titre que Cathelineau.

MARÉCHAL.

Hein?

LE COMTE.

D'illustre soldat à grand orateur, il n'y a que la main. La parole est une épée aussi. Vous êtes le Vendéen de la tribune!

MARÉCHAL, à part.

A qui en a-t-il?

LE MARQUIS.

Vous ferez plus ample connaissance une autre fois, messieurs. Vous êtes dignes de vous comprendre. Pour l'heure, mon cher comte, n'oubliez pas que vous avez à tenir conseil avec mon tailleur; c'est un préliminaire indispensable à la vie parisienne.

LE COMTE.

Puisque vous permettez... (A Maréchal.) A l'honneur de vous revoir, monsieur.

LE MARQUIS, le reconduisant.

Comment le trouvez-vous?

LE COMTE.

Il a grand air, un air de génie.

LE MARQUIS.

Vous êtes un fin connaisseur. Adieu.

SCÈNE VI

LE MARQUIS, MARÉCHAL.

MARÉCHAL.

Êtes-vous sûr que votre cousin soit dans son bon sens? Cathelineau! le Vendéen de la tribune!

LE MARQUIS.

C'est un bavard qui m'a défloré le plaisir de vous apprendre une grande nouvelle. Mais d'abord, mon cher Maréchal, êtes-vous bien sûr de la solidité de votre conversion? Ne sentez-vous plus dans votre cœur le moindre virus libéral?

MARÉCHAL.

Ce doute m'outrage.

LE MARQUIS.

Avez-vous complètement renoncé à Voltaire et à ses pompes?

MARÉCHAL.

Ne me parlez pas de ce monstre! C'est lui et son ami Rousseau qui ont tout perdu. Tant que les doctrines de ces vauriens-là ne seront pas mortes et enterrées, il n'y aura rien de sacré, il n'y aura pas moyen de jouir tranquillement de sa fortune. Il faut une religion pour le peuple, marquis.

LE MARQUIS, à part.

Depuis qu'il n'en est plus.

MARÉCHAL.

J'irai plus loin : il en faut une même pour nous autres. Revenons franchement à la foi de nos pères.

LE MARQUIS, à part.

Ses pères!... acquéreurs de biens nationaux!

MARÉCHAL.

On ne viendra à bout de la Révolution qu'en détruisant l'Université, ce repaire de philosophie; c'est mon opinion.

LE MARQUIS.

Eh bien, mon ami, réjouissez-vous : les opérations contre l'Université vont s'ouvrir dans cette session même.

MARÉCHAL.

Vous me comblez de joie!

LE MARQUIS, lui mettant la main sur l'épaule.

Ne croyez-vous pas que, dans cette mémorable campagne, la voix de notre orateur aura quelque retentissement et qu'on pourra l'appeler le Vendéen de la tribune?

MARÉCHAL.

Quoi! marquis...

LE MARQUIS.

Oui, mon ami, c'est à vous que nous avons pensé pour ce rôle magnifique.

MARÉCHAL.

Est-il possible? Mais c'est l'immortalité que vous m'offrez!

LE MARQUIS.

Quelque chose comme cela.

MARÉCHAL.

Du haut de la tribune, dominer l'assemblée du geste et de la voix, envoyer sa pensée aux deux bouts de la terre sur les ailes de la Renommée!.. Mais, sapristi! croyez-vous que je saurai parler?

LE MARQUIS.

J'étais justement en train d'admirer votre éloquence à part moi.

MARÉCHAL.

Entre quatre-z-yeux, ça va encore... Mais, en public, je n'oserai jamais.

LE MARQUIS.

Affaire d'habitude ! la meilleure façon d'apprendre à nager, c'est de se jeter à l'eau.

MARÉCHAL.

C'est qu'il ne s'agit pas de barboter ici.

LE MARQUIS.

Nous vous attacherons des vessies sous les bras. Votre premier discours étant une sorte de manifeste, nous vous le donnerons tout fait ; vous n'aurez qu'à le lire.

MARÉCHAL.

A la bonne heure ! Du moment qu'il ne faut que du courage et de la conviction... On ne saura pas dans le public que le discours n'est pas de moi?

LE MARQUIS.

A moins d'une indiscrétion de votre part.

MARÉCHAL.

Vous ne m'en croyez pas capable, j'espère. — Et quand me confiera-t-on le manuscrit?

ACTE PREMIER.

LE MARQUIS.

Dans quelques jours

MARÉCHAL.

Je ne dormirai pas d'ici là. Je puis vous avouer ma faiblesse, à vous : j'aime la gloire.

LE MARQUIS.

C'est la passion des grandes âmes.

MARÉCHAL

Suis-je tout à fait des vôtres à présent?

LE MARQUIS.

Tout à fait.

MARÉCHAL.

Eh bien, permettez-moi de vous appeler Condorier, comme vous m'appelez Maréchal. C'est un enfantillage, si vous voulez...

LE MARQUIS.

Faites donc. Vous me rendrez mon titre quand vous en aurez un.

MARÉCHAL.

Ah! voilà comme je comprends l'égalité : c'est la bonne, c'est la vraie.

DUBOIS, entrant.

Un homme assez mal mis prétend que M. le marquis lui a donné rendez-vous.

LE MARQUIS.

Dans un moment. (A Maréchal.) Je suis fâché de vous renvoyer, mon cher; mais c'est une grosse affaire qui m'arrive.

MARÉCHAL.

Faut-il tant de façons entre gens de notre sorte?... A bientôt, mon bon Condorier, à bientôt !

Il sort.

LE MARQUIS, à Dubois.

Faites entrer maintenant. (Seul.) Imbécile ! Et dire qu'il faudra encore que je le fasse baron ! (Souriant.) Cet homme-là ne saura jamais tout ce que j'ai fait pour lui.

DUBOIS, annonçant.

M. Giboyer !

SCÈNE VII

LE MARQUIS, GIBOYER.

LE MARQUIS.

Eh ! bonjour, monsieur Giboyer !

GIBOYER.

Monsieur le marquis, c'est moi qui suis le vôtre.

LE MARQUIS.

Le mien?... Ah ! oui... pardon !... j'ai un peu perdu la clef de vos locutions pittoresques. — J'ai su par votre... Comment appelez-vous Maximilien ?... Votre pupille ?

GIBOYER.

Le mot serait ambitieux... Un tuteur est un objet de luxe dont le petit n'avait pas d'emploi. Je suis, si vous voulez, son oncle à la mode de Bretagne.

LE MARQUIS.

Appelons-le votre nourrisson. — J'ai donc su par votre nourrisson que vous veniez passer huit jours à Paris, et il m'a pris un grand désir de vous voir.

GIBOYER.

Vous êtes trop bon, monsieur le marquis. Votre désir est allé au-devant du mien... Croyez bien que je n'aurais pas traversé Paris sans frapper à votre porte... Je ne suis pas un ingrat.

LE MARQUIS.

Ne parlons pas de cela. — Savez-vous que vous n'êtes pas changé depuis que nous nous sommes perdus de vue ? Comment faites-vous ?

GIBOYER.

Il faut croire que mon père, prévoyant les intempéries de mon existence, m'a bâti à chaux et à sable. Mais vous-même, il me semble que vous prenez des années sans avancer en âge.

LE MARQUIS.

Oh! moi, mon avancement avait été si rapide, que je ne bouge plus depuis vingt ans. (S'asseyant près de la table.) Mais parlons de vous, mon camarade. Qu'êtes-vous devenu ? Avez-vous enfin une position sérieuse ?

GIBOYER, s'asseyant aussi.

Extrêmement sérieuse : employé dans les pompes funèbres de Lyon.

LE MARQUIS.

Dans les pompes funèbres ?

GIBOYER.

Pendant le jour; le soir, contrôleur au théâtre des Célestins. Je ne m'étendrai pas sur ce contraste si philosophique.

LE MARQUIS.

Je vous en remercie. Et quelle est votre dignité dans les pompes?

GIBOYER.

Ordonnateur. C'est moi qui dis aux invités, avec un sourire agréable : « Messieurs, quand il vous fera plaisir. »

LE MARQUIS.

Permettez-moi de m'étonner qu'avec votre talent, vous n'ayez pas su mieux tirer votre épingle du jeu.

GIBOYER.

Vous en parlez bien à votre aise. Le maniement des épingles demande une finesse de doigté incompatible avec les charges que j'ai toujours eues sur les bras : mon père d'abord, Maximilien ensuite.

LE MARQUIS.

Aussi pourquoi diable vous amusez-vous à recueillir des orphelins?

GIBOYER.

Que voulez-vous !.. le prix Montyon m'empêchait de dormir. (Se levant.) Vous permettez, n'est-ce pas? Je ne peux pas rester en place. — Et puis j'avais alors une bonne situation dans le journal de Vernouillet; j'avais enfin le pied à l'étrier; mais, paf! le cheval crève sous moi et je retombe sur le pavé, au moment de payer le second trimestre du petit homme au collège. Il fallait trouver une position du jour au lendemain; on m'offrit la gérance du *Radical*, j'acceptai. Vous savez ce qu'était alors le gérant d'un journal : son bouc émissaire, son homme de peines... au pluriel. Drôle de profession, hein? mais c'était bien payé : quatre mille francs, nourri et logé aux frais du gouvernement huit mois sur douze. Je faisais des économies. Malheureusement, 48 arriva, et la carrière des prisons me fut fermée.

LE MARQUIS.

Que n'offriez-vous vos services à la République?

GIBOYER.

Elle les refusa.

LE MARQUIS.

Cette bégueule !

GIBOYER.

J'étais au désespoir, non pas pour moi... je n'ai jamais été embarrassé de gagner mon tabac... mais pour l'enfant dont j'allais être obligé d'interrompre l'éducation. C'est alors que je pensai à vous et que j'allai vous trouver.

LE MARQUIS.

Vous souvenez-vous du temps où vous maudissiez le bienfait cruel de l'éducation? Qui m'eût dit alors que vous me demanderiez un jour de vous aider à coller sur les épaules d'un enfant pauvre cette tunique de Nessus?

GIBOYER.

J'avoue qu'avant de le mettre au collège, j'ai eu plus d'un colloque avec mon traversin. Mon exemple n'était pas encourageant ! Mais les situations n'avaient qu'une analogie apparente; il faut plus d'une génération à une famille de portiers pour faire brèche dans la société !

3.

Tous les assauts se ressemblent; les premiers assaillants restent dans le fossé et font fascine de leurs corps aux suivants. J'étais la génération sacrifiée: il eût été vraiment trop bête que le sacrifice ne profitât à personne.

LE MARQUIS.

De mon côté, j'étais heureux de doter ma patrie d'un socialiste de plus. Mais, pour revenir à vous, vous n'aviez plus rien alors sur les bras... C'était le moment de l'épingle.

GIBOYER.

C'est ce que je me dis; mais vous allez voir ma déveine! La presse ne donnait pas de l'eau à boire, vu le foisonnement des journaux; alors, j'eus l'idée de faire une série de biographies contemporaines.

LE MARQUIS.

J'en ai lu quelques-unes; elles étaient fort épicées.

GIBOYER.

Trop épicées! N'avais-je pas pris au sérieux mon rôle de grand justicier? Imbécile! J'écrivais à l'emporte-pièce; duels, procès, amendes, tout le tremblement! Mon éditeur effrayé suspendit la publication, et, quand je voulus rentrer dans le journalisme, je trouvai toutes les portes barricadées par les puissantes inimitiés que m'avait créées mon petit sacerdoce. Et cependant Maximilien allait sortir du collège; je voulais lui parfaire une éducation *sterling*; il n'y avait pas à tortiller ni à faire la bouche en cœur: je mis habit bas et je plongeai.

LE MARQUIS.

Vous plongeâtes? Q'entendez-vous par là?

GIBOYER.

Vous ne connaissez, vous autres, que les professions à fleur d'eau ; mais il se tripote dans les bas-fonds cinquante industries vaseuses que vous ne soupçonnez pas. Si je vous disais que j'ai tenu un bureau de nourrices ! Tout cela n'est pas trop restaurant ; mais j'ai un estomac d'autruche, grâce à Dieu ! j'ai mangé de la vache enragée... dans les bons jours, des cailloux dans les mauvais, et Maximilien est docteur ès lettres, docteur ès sciences, docteur en droit ! Il a voyagé comme un fils de famille ! il a de l'honneur... comme si ça ne coûtait rien !

LE MARQUIS.

Vous portez un certain intérêt à ce garçon.

GIBOYER.

C'est mon seul parent, et puis on est sujet en vieillissant à prendre une marotte ; la mienne est de faire de Maximilien ce que je n'ai pu être moi-même, un homme honorable et honoré. Il me plaît d'être un fumier et de nourrir un lis. Cette tulurtaine vaut bien celle des tabatières.

LE MARQUIS.

J'en conviens. Mais pourquoi n'avez-vous pas reconnu ce fils que vous adorez ?

GIBOYER.

Quel fils ?

LE MARQUIS, se levant.

Sournois ! Je sais votre histoire aussi bien que vous. Vous avez eu Maximilien, en 1837, d'une plieuse de journaux nommée Adèle Gérard. Suis-je bien informé ?

GIBOYER.

Oui, mon président.

LE MARQUIS.

Vous avez perdu de vue assez lestement la mère et l'enfant jusqu'en novembre 1845, époque où la pauvre fille est morte.

GIBOYER.

Comment savez-vous...?

LE MARQUIS.

Nous avons notre police, mon cher. — Adèle Gérard vous avait écrit une lettre désespérée où elle vous léguait Maximilien; vous êtes accouru à son lit de mort, vous avez voulu légitimer l'enfant par un mariage *in extremis*; mais la mère a rendu l'âme avant le sacrement, et alors, par une bizarrerie que je vous prie de m'expliquer, vous vous êtes chargé de l'orphelin sans vouloir le reconnaître. Pourquoi?

GIBOYER.

Monsieur le marquis, j'ai fait un livre qui est le résumé de toute mon expérience et de toutes mes idées. Je le crois beau et vrai, j'en suis fier, il me réconcilie avec moi-même; et pourtant je ne le publierai pas sous mon nom de peur que mon nom ne lui fasse du tort.

LE MARQUIS.

C'est peut-être prudent en effet.

GIBOYER.

Eh bien, si je ne signe pas mon livre, comment voulez-vous que je signe mon fils? Je m'applaudis tous les jours que la mort ne m'ait pas laissé le temps de lui attacher au pied le boulet de sa filiation.

LE MARQUIS.

Sait-il au moins que vous êtes son père?

GIBOYER.

A quoi bon? S'il ne gardait pas le secret, il se nuirait; et, s'il le gardait, j'en serais profondément blessé. Pourquoi d'ailleurs lui mettre dans l'âme cette cause de timidité ou d'impudence? Qu'y gagnerais-je? Croyez-vous qu'à un moment donné, il ne me pardonnerait pas plus malaisément mes tares, s'il avait à en rougir comme d'une tache originelle?

LE MARQUIS.

Savez-vous, mon brave, qu'il vous est poussé de grandes délicatesses de sentiment depuis que je ne vous ai vu!

GIBOYER, sèchement.

Il vous en poussera tout autant quand vous serez père.

LE MARQUIS.

Holà! maître Giboyer, vous vous oubliez!

GIBOYER.

Je riposte, voilà tout, monsieur le marquis. — Maintenant, venons au fait; car je ne suppose pas que vous vous soyez livré à ce long interrogatoire par pure curiosité.

LE MARQUIS.

Et que supposez-vous, je vous prie?

GIBOYER.

Qu'avant de m'offrir un poste de confiance, vous avez voulu vous assurer si mon secret était un cautionnement suffisant. Vous suffit-il?

LE MARQUIS.

Oui.

GIBOYER.

Alors parlez.

LE MARQUIS, s'asseyant.

Combien vous rapportent vos deux métiers?

GIBOYER.

Dix-huit cents francs, l'un portant l'autre; mais ne prenez pas ce chiffre pour base de vos offres. Vous avez omis de me demander ce que je viens faire à Paris. Or je viens m'entendre avec une société américaine qui fonde un journal aux États-Unis, et m'offre douze mille francs pour le diriger. Tout le monde ne m'a pas oublié.

LE MARQUIS.

J'en suis la preuve. — Vous savez donc l'anglais?

GIBOYER.

J'ai inventé la méthode Boyerson.

LE MARQUIS.

Et vous consentirez à vous expatrier?

GIBOYER.

Parfaitement; à moins que vous ne m'offriez les mêmes avantages, auquel cas je vous donne la préférence.

LE MARQUIS.

Vous ferez bien un sacrifice pour rester auprès de Maximilien?

GIBOYER.

Ce serait un sacrifice à ses dépens; car, si je vais là-bas, au bout de six ans, je lui rapporte trois mille francs de rente, c'est-à-dire l'indépendance.

LE MARQUIS.

Et si, mes amis et moi, nous nous chargions de le pousser? Je m'intéresse toujours à lui. Je l'ai déjà mis comme secrétaire chez M. Maréchal.

GIBOYER.

La belle avance!

LE MARQUIS.

Eh! eh! il y a là une bonne dame encore fraîche qui s'intéresse aux jeunes gens et qui les place parfaitement. Les prédécesseurs de Maximilien ont tous de bons emplois.

GIBOYER.

Merci bien! La place que je lui destine n'est pas dans dans vos rangs, et il n'y a que moi qui puisse la lui donner.

LE MARQUIS.

Quelle place? et dans quels rangs?

GIBOYER.

Mon interrogatoire est fini, monsieur le marquis.

LE MARQUIS, se levant.

Attendez donc... C'est lui qui signera votre livre?... Parfait! Vous transfusez ainsi dans sa vie la quintessence de la vôtre; vous vous laissez vous-même en héritage. Bravo, monsieur! vous pratiquez la paternité à la façon du pélican.

GIBOYER.

Vous sortez de la question, monsieur le marquis; rentrons-y, s'il vous plaît. Voici mon dernier mot : je veux le même traitement que Déodat.

LE MARQUIS.

Et qui vous dit...?

GIBOYER.

Vous ne comptez pas me mettre dans votre police, n'est-ce pas? Elle est faite par de plus grands que moi. A quoi donc puis-je vous servir, sinon à remplacer votre virtuose? Vous avez pensé que la mauvaise honte ne m'arrêterait pas, et vous avez eu raison. Ma conscience n'a pas le droit de faire la prude. Mais, si vous avez cru m'avoir pour un morceau de pain, vous vous êtes trompé. Vous avez plus besoin de moi que je n'ai besoin de vous.

LE MARQUIS.

Oh! oh! voilà de la fatuité.

GIBOYER.

Non, monsieur le marquis. Vous trouveriez peut-être un garnement de lettres aussi capable que moi de vider sur quiconque une écritoire empoisonnée ; mais l'inconvénient de ces auxiliaires-là, c'est qu'on n'est jamais sûr de les tenir. Or, moi, vous me tenez. C'est ce qui me met en posture de faire mes conditions.

LE MARQUIS.

Ce raisonnement biscornu me paraît sans réplique. Déodat avait mille francs par mois; le comité voulait opérer une réduction sur ce chapitre; mais je lui ferai valoir vos raisons.

GIBOYER.

Il ne voudra peut-être se décider que sur échantillon. Si je vous brochais d'ici à ce soir une tartine de Déodat?

LE MARQUIS.

Possédez-vous assez sa manière?...

GIBOYER.

Parbleu! pour m'en servir en la définissant, elle consiste à *rouler* le libre penseur, à *tomber* le philosophe, en un mot, à tirer la canne et le bâton devant l'arche. Un mélange de Bourdaloue et de Turlupin; la facétie appliquée à la défense des choses saintes : le *Dies iræ* sur le mirliton !

LE MARQUIS.

Bravo! tournez ces griffes-là contre nos adversaires, et tout ira bien. — Dites-moi, vous sentez-vous en état d'écrire un discours de tribune?

GIBOYER.

Oui-da ! je tiens aussi l'éloquence; mais c'est à part.

LE MARQUIS.

Bien entendu. Et quel pseudonyme prendrez-vous? Car vous ne pouvez nous servir sous votre nom.

GIBOYER.

C'est clair; et cela me va de toutes les façons. L'enfant ne saura pas que c'est moi; et puis j'avais exprimé dans son verre tout le jus de l'ancien Giboyer; passons à un autre. Aussi bien j'en ai assez de ce pauvre hère à qui rien ne réussit, qui n'a pas trouvé moyen d'être un homme de lettres avec son talent et un honnête homme avec ses vertus... Faisons peau neuve ! et vive M. de Boyergi !

LE MARQUIS.

Votre anagramme? A merveille! Je vous présenterai demain soir à vos bailleurs de fonds. (Lui donnant un billet de banque.) Voilà pour vos premiers frais; qu'en vous revoyant, je ne vous reconnaisse pas!

GIBOYER.

Rapportez-vous-en à moi. J'ai été second régisseur au théâtre de Marseille.

LE MARQUIS.

A demain! (Giboyer sort.) Ouf! quelle journée!

DUBOIS, entrant.

Le cheval de M. le marquis est sellé.

LE MARQUIS.

Allons! (Prenant son chapeau et ses gants.) Étrange garnement!... C'est la courtisane qui gagne la dot de sa fille.

ACTE DEUXIÈME

Un petit salon chez M. Maréchal. — Deux portes dans des pans coupés. — Cheminée au fond. — Un métier à tapisserie à droite.

SCÈNE PREMIÈRE

MADAME MARÉCHAL, assise et brodant ; MAXIMILIEN, assis près d'elle sur un tabouret, lui faisant la lecture.

MAXIMILIEN, lisant.

Quand j'eus seul devant Dieu pleuré toutes mes larmes,
Je voulus sur ces lieux, si pleins de tristes charmes,
Attacher un regard avant que de mourir,
Et je passai le soir à les tous parcourir.
Oh ! qu'en peu de saisons...

MADAME MARÉCHAL.

Je crains que vous ne vous fatiguiez, monsieur Maximilien.

MAXIMILIEN.

Non, madame.

MADAME MARÉCHAL.

Vous devez trouver que j'abuse un peu de vous.

MAXIMILIEN.

Je suis trop heureux que mes fonctions de lecteur remplissent le vide de mes fonctions de secrétaire. Je n'ai pas fait œuvre de mes dix doigts depuis que je suis chez M. Maréchal.

MADAME MARÉCHAL.

Vous lisez comme un ange.

MAXIMILIEN.

Vous êtes indulgente.

MADAME MARÉCHAL.

A la façon dont vous dites les vers, on sent que vous les aimez... Moi, je les adore. Vous en faites peut-être ?

MAXIMILIEN.

J'en ai fait, d'assez mauvais pour ne plus être tenté de recommencer.

MADAME MARÉCHAL.

Il me semble que, si j'avais été homme, j'aurais été poète... poète ou soldat. Les femmes sont bien à plaindre, allez! L'action leur est interdite et on leur défend même de donner une forme à leurs rêveries.

MAXIMILIEN.

Pauvres femmes! (A part.) Ce qui m'étonne, c'est qu'on en trouve encore. (Haut.) Voulez-vous que je continue?

MADAME MARÉCHAL.

Si vous n'êtes pas fatigué de lire... Moi, je ne me lasserais jamais d'écouter. C'est si beau, cette musique!

ACTE DEUXIÈME.

MAXIMILIEN, lisant.

Oh! qu'en peu de saisons les étés et les glaces
Avaient fait du vallon évanouir nos traces!
Et que sur ces sentiers, si connus de nos pieds,
La terre en peu de jours nous avait oubliés!

MADAME MARÉCHAL.

Vous étiez bien jeune quand vous avez perdu votre mère?

MAXIMILIEN.

J'avais huit ans.

Lisant.

La végétation comme une mer de plantes...

MADAME MARÉCHAL.

Et vous n'avez jamais connu votre père?

MAXIMILIEN.

Jamais.

Lisant.

Avait tout recouvert de ses vagues grimpantes.
La liane et la ronce...

MADAME MARÉCHAL.

Pauvre jeune homme! seul au monde à huit ans! Qu'il vous a fallu de courage!

MAXIMILIEN.

Aucun, madame. Personne n'a eu la vie plus facile que moi, grâce à l'homme divinement bon qui m'a recueilli.

MADAME MARÉCHAL.

Il est votre parent, je crois?

MAXIMILIEN.

Cousin au dixième ou onzième degré; mais ses bienfaits ont tellement resserré la parenté, qu'en l'appelant mon oncle je lui fais tort d'un grade. Il n'avait pas d'enfant, il m'a pour ainsi dire adopté.

MADAME MARÉCHAL.

Ah! je comprends cela, moi qui n'ai pas d'enfants non plus! Je serais heureuse de trouver quelqu'un à qui servir de mère.

MAXIMILIEN.

Mais il me semble que vous êtes toute portée... Votre belle-fille?..

MADAME MARÉCHAL.

Fernande?... Oui... Mais c'est un fils que je voudrais. L'amour d'un fils doit être plus tendre. Pauvre Fernande! je ne puis pas lui en vouloir : sa froideur pour moi, c'est sa fidélité à une tombe.

MAXIMILIEN.

Je croyais qu'elle avait perdu sa mère au berceau.

MADAME MARÉCHAL.

Oh! pas du tout! Elle avait trois ans, et, chez nous autres femmes, la sensibilité est si précoce!

MAXIMILIEN.

Mademoiselle Fernande aura usé la sienne en herbe.

MADAME MARÉCHAL.

Elle ne vous paraît pas très expansive?

MAXIMILIEN.

Non... Oh! non!

MADAME MARÉCHAL.

Mon Dieu! c'est une petite sauvage qui s'est élevée toute seule. Elle a peut-être un peu de fierté; mais comment en serait-il autrement dans sa position de riche héritière?

MAXIMILIEN.

Permettez, madame; il n'y a pas besoin d'être riche pour être fier, et c'est une vertu; mais ce n'est pas de la fierté qu'a mademoiselle Fernande, c'est de la hauteur.

MADAME MARÉCHAL.

Auriez-vous à vous plaindre...?

MAXIMILIEN.

A me plaindre, non, parce que cela m'est parfaitement égal; mais, franchement, mademoiselle Fernande déploie envers moi un luxe d'indifférence bien inutile. Je me tiens à ma place, et n'ai pas la moindre envie de m'y faire remettre. Elle prodigue sa froideur.

MADAME MARÉCHAL.

Peut-être est-ce dans votre intérêt; elle craint peut-être...

MAXIMILIEN.

Quoi?

MADAME MARÉCHAL.

Vous êtes jeune, elle est belle...

MAXIMILIEN.

Et elle a lu des romans où le pauvre secrétaire s'éprend de la fille du baron? Mais elle peut se rassurer, je ne cours aucun danger. Il y a entre nous un fleuve de glace.

MADAME MARÉCHAL.

Et ce fleuve, c'est?...

MAXIMILIEN.

Sa dot !... dont elle ne manquerait pas de me croire amoureux. Les jeunes fille riches... brr! Le frôlement de leur robe ressemble à un froissement de billets de banque; et je ne lis qu'une chose dans leurs beaux yeux : « La loi punit le contrefacteur. »

MADAME MARÉCHAL.

J'aime à vous voir dans ces idées-là; je vous avais bien jugé. Il faut le dire, hélas! on ne trouve plus cette fermeté de sentiments que chez les hommes élevés à l'école de l'adversité.

MAXIMILIEN.

Mais non, madame! c'est le seul maître qui m'ait manqué, grâce à mon cher protecteur.

MADAME MARÉCHAL.

Ne rougissez pas d'avoir connu la misère, monsieur Maximilien; pas devant moi, du moins.

MAXIMILIEN.

Ni devant vous, madame, ni devant personne. Mais, en vérité, si je l'ai connue, c'est à l'âge où on ne la comprend pas, et je ne m'en souviens plus. Il ne me reste de mon enfance qu'une impression désagréable, celle du froid; et encore, comme je voyais des engelures aux mains de tous mes petits camarades, j'aurais été humilié de n'en pas avoir : (Souriant.) j'en avais.

MADAME MARÉCHAL.

Il sied bien à un homme de plaisanter de ses épreuves : la gaieté est la forme la plus virile du courage.

MAXIMILIEN, à part.

Elle y tient, la bonne dame.

MADAME MARÉCHAL.

Si j'avais un fils, je le voudrais souriant dans sa force, comme vous... et je vous prierais d'être son ami... son Mentor plutôt, car il serait encore bien jeune.

MAXIMILIEN, à part.

Elle se sera mariée tard.

MADAME MARÉCHAL.

Aimez-moi un peu, monsieur Maximilien.

MAXIMILIEN.

Madame, certainement...

SCÈNE II

Les Mêmes, FERNANDE ouvre la porte et fait mine de se retirer.

MADAME MARÉCHAL.

Entrez, ma chère, vous n'êtes pas de trop. M. Maximilien a la complaisance de me faire la lecture... Si les beaux vers ne vous effrayent pas, mettez-vous à votre métier et écoutez.

FERNANDE.

Volontiers, madame !

Elle déploie son métier à tapisserie et s'installe.

MAXIMILIEN, à part, désignant madame Maréchal.

Comme elle me regarde!... Est-ce que par hasard...? Fi donc!

MADAME MARÉCHAL, allant à Fernande.

Il est très joli, ce carreau ; tâchez de ne pas le perdre, comme vous avez perdu le dernier.

FERNANDE, travaillant.

Je le retrouverai sans doute.

MADAME MARÉCHAL.

Un jour que personne n'en aura besoin, n'est-ce pas?

FERNANDE.

Probablement.

MADAME MARÉCHAL.

Vous ne m'ôterez pas de la tête que vous l'avez dit perdu pour ne pas le montrer à madame Mathéus.

FERNANDE.

Pourquoi ne l'aurais-je pas montré?

MADAME MARÉCHAL.

Parce qu'il y avait trois fautes, je pense.

FERNANDE.

Qu'est-ce que vous lisiez?

MADAME MARÉCHAL.

Jocelyn. Voulez-vous reprendre, monsieur Maximilien?

MAXIMILIEN, à part.

Elle a une singulière façon de regarder les gens.

Lisant.

>La liane et la ronce entravaient chaque pas;
>L'herbe que je foulais ne me connaissait pas;
>Le lac, déjà souillé par les feuilles tombées,
>Les rejetait partout de ses vagues plombées.
>Rien ne se reflétait...

MADAME MARÉCHAL.

Que cherchez-vous donc? Je ne sais pas écouter quand on remue autour de moi.

FERNANDE.

Je ne trouve pas mon peloton bleu.

MADAME MARÉCHAL, à Fernande.

Vous perdez tout.

MAXIMILIEN, se levant.

Voulez-vous me permettre, mademoiselle?

FERNANDE, sèchement.

Ne vous dérangez pas, monsieur; je l'ai.

MAXIMILIEN, ramassant le peloton; à part.

Tiens! moi aussi. (Il le met sur la cheminée.) Pimbêche!

SCÈNE III

Les Mêmes, MARÉCHAL, un manuscrit à la main.

MARÉCHAL.

Ah! je vous cherchais, monsieur Gérard. — Bonjour, Fernande. (Elle lui tend son front sans quitter son ouvrage; il l'embrasse.) Voici de la besogne, mon jeune ami.

MAXIMILIEN.

Tant mieux, monsieur. Je me plaignais de mon inutilité.

MARÉCHAL.

Dorénavant vous ne chômerez plus, soyez tranquille.

FERNANDE.

Qu'y a-t-il donc?

MARÉCHAL.

Ce qu'il y a?... N'as-tu pas remarqué, depuis trois jours, que j'ai l'air sombre et préoccupé?

FERNANDE.

Non.

MARÉCHAL.

Cela m'étonne! Je croyais l'avoir..., et on l'aurait à moins. Je viens d'écrire un discours qui sera un coup de canon.

FERNANDE, se levant et allant à son père.

Un discours? Tu vas parler?

MARÉCHAL.

Il le faut.

FERNANDE.

Ah! père, la parole est d'argent, mais le silence est d'or.

MARÉCHAL.

Il y a des circonstances, ma fille, il y a des positions où le silence est une défection, pour ne pas dire une complicité... N'est-ce pas, Aglaé?

ACTE DEUXIÈME.

MADAME MARÉCHAL.

Sans doute; votre père doit des gages à son parti, à ses hautes amitiés et, j'ose le dire, à son alliance avec une la Vertpillière.

FERNANDE.

C'est vous, madame, qui le poussez?

MADAME MARÉCHAL.

Êtes-vous fâchée de le voir sortir de son obscurité?

FERNANDE.

Hélas! sa vie tranquille ne tenait pas ma vanité en souffrance... son nom sans éclat me suffisait, à moi qui l'aime. (A Maréchal.) Quelle ambition te prend? Je ne vivrai pas le jour où tu monteras à cette maudite tribune.

MARÉCHAL.

Ce n'est pas l'ambition, ma fille, c'est le devoir! Ne cherche pas à m'ébranler; ce serait en vain. L'honneur parle, il doit être écouté. (Fernande retourne à sa tapisserie.) Mon cher Gérard, vous allez me faire le plaisir de me recopier mon griffonnage de votre plus belle main; car je ne m'y reconnaîtrais pas moi-même.

FERNANDE.

Ah! tu liras?

MAXIMILIEN.

Je vais me mettre tout de suite à l'ouvrage.

MARÉCHAL.

Parcourez un peu d'abord, pour voir si vous me déchiffrez. (A Fernande.) Oui, je lirai; c'est moins inquiétant, hein? petite défiante! je lirai mon premier discours;

4.

pour le second, nous verrons. (Lui donnant une petite tape sur la joue.) Nous prenons donc ce père pour une ganache?

Fernande lui baise la main.
Maximilien s'assied dans un coin et parcourt le manuscrit.

UN DOMESTIQUE, annonçant.

Madame la baronne Pfeffers.

SCÈNE IV

Les Mêmes, LA BARONNE; elle a une tapisserie roulée dans son manchon.

MADAME MARÉCHAL.

Ah! baronne!...

LA BARONNE.

Ce n'est pas votre jour, madame; mais je n'ai pas voulu passer devant votre porte sans frapper, bien que j'espère toujours vous voir chez moi demain soir.

MARÉCHAL.

Nous irions plutôt sur la tête!

LA BARONNE.

Vous allez bien, monsieur l'orateur?

MARÉCHAL.

Prêt au combat, madame.

LA BARONNE.

Au triomphe. — J'avais aussi un petit service à vous demander, madame.

MADAME MARÉCHAL.

Je regrette qu'il soit petit.

LA BARONNE.

Nous sommes toutes deux patronnesses de l'Œuvre des petits Chinois; j'ai placé tous mes billets et on m'en demande encore. Pouvez-vous m'en céder une dizaine?

MARÉCHAL.

On se dispute moins les siens que les vôtres, chère baronne.

MADAME MARÉCHAL, à part.

Brutal! (Haut.) Je vais voir ce qui m'en reste.

LA BARONNE.

Il faut vous déranger? Vous me les enverrez.

MADAME MARÉCHAL.

Non, j'aime mieux vous les donner tout de suite, c'est plus sûr : on me les enlèverait peut-être.

MARÉCHAL, bas.

Tu les as encore tous.

MADAME MARÉCHAL, de même.

Vous ne dites jamais que des maladresses.

Elle sort.

LA BARONNE, s'approchant du métier de Fernande.

Ah! vous êtes aussi de la Société des tabernacles, mademoiselle?

FERNANDE.

Non, madame.

LA BARONNE.

Comment! ce que vous faites là n'est pas un carreau pour le tapis des fidèles?

FERNANDE.

C'est tout ce qu'on voudra.

LA BARONNE.

C'est pourtant l'encadrement réglementaire; voyez plutôt.

<small>Elle déroule la tapisserie qu'elle a dans son manchon.</small>

FERNANDE, à part.

Tiens!

MARÉCHAL.

C'est votre ouvrage?... Ah! charmant!

FERNANDE.

Il est très joli! Cela a dû vous coûter beaucoup... de temps, n'est-ce pas?

LA BARONNE.

Mon Dieu, non.

MADAME MARÉCHAL, revenant.

Il ne m'en reste que neuf; les voici.

MARÉCHAL, lui montrant la tapisserie de la baronne.

Regardez donc, ma chère.

MADAME MARÉCHAL, à Fernande.

Ah! vous l'avez retrouvé?

MARÉCHAL.

Que dites-vous?

ACTE DEUXIÈME.

MADAME MARÉCHAL.

Ah! bien, oui, c'est le carreau que Fernande croyait perdu.

MARÉCHAL.

Vous rêvez, ma chère.

MADAME MARÉCHAL.

Il est bien reconnaissable... Voici les trois fautes. N'est-ce pas, Fernande?

FERNANDE.

C'est pourtant vrai.

LA BARONNE, à part.

Aïe!

MAXIMILIEN, à part.

Bon!

MARÉCHAL, à part.

Sapristi! quel pataquès!

LA BARONNE, menaçant Fernande du doigt.

Ah! malicieuse, vous aviez reconnu votre ouvrage, et vous vous moquiez de moi, en me demandant s'il m'avait coûté beaucoup de temps!

FERNANDE.

Je voulais vous faire avouer que vos bonnes œuvres ne vous laissent pas le loisir de tricoter.

MARÉCHAL, à part.

Cette enfant a de l'esprit quand il le faut.

MADAME MARÉCHAL.

Mettez-moi au courant, de grâce.

LA BARONNE.

Quelle est la femme du monde qui fait sa tapisserie elle-même et ne se coiffe qu'avec ses cheveux? Ce sont des supercheries si générales et si bien admises, que, quand notre fausse natte se détache devant nos amis, nous la rattachons en riant; (Elle roule son carreau.) et c'est ce que je fais.

MARÉCHAL, à part.

Charmante! adorable! on n'a pas plus de grâce!

LA BARONNE.

Ce qui m'étonne dans cette aventure, ce n'est pas que ma tapisserie ne soit pas mon ouvrage, puisque je l'achète; c'est qu'elle soit le vôtre, mademoiselle.

MARÉCHAL.

Au fait, oui, comment a-t-elle pu vous être vendue?

MADAME MARÉCHAL, à Fernande.

J'ai toujours soupçonné la fidélité de votre femme de chambre.

FERNANDE.

Pauvre Jeannette! elle est incapable...

MADAME MARÉCHAL.

Ce n'est pas la première fois que vos petits ouvrages se perdent; il est probable qu'elle en fait commerce.

LA BARONNE.

Et que la pauvre vieille à qui nous les achetons est une recéleuse. Encore une déception de la charité!

ACTE DEUXIÈME.

MARÉCHAL.

C'est très grave. Faites venir Jeannette, que je l'interroge.

FERNANDE.

Non, mon père, je vous expliquerai plus tard ce grand mytère.

MADAME MARÉCHAL.

Pourquoi pas tout de suite?

MARÉCHAL.

Faites venir Jeannette.

FERNANDE, très rouge.

Eh bien, puisqu'on m'y oblige, c'est moi qui donne ces bagatelles à la vieille Hardouin.

MAXIMILIEN, à part.

Tiens, tiens!

MADAME MARÉCHAL.

Ce n'est pas la peine de rougir comme vous faites.

LA BARONNE.

Aussi, madame, pourquoi la force-t-on à montrer sa belle âme?

FERNANDE.

Ces choses-là sont ridicules quand elles ne sont pas secrètes.

MADAME MARÉCHAL.

C'est de la charité romanesque.

MARÉCHAL.

N'as-tu pas assez d'argent pour faire l'aumône?

FERNANDE, avec impatience et les larmes aux yeux.

Tous les pauvres n'acceptent pas l'aumône. Cette vieille femme est fière, elle est habituée à vivre de son aiguille; sa vue baisse, et je viens en aide à ses yeux, voilà tout. Il n'y a rien là de romanesque, et, en vérité, je ne comprends pas qu'on me tourmente pour si peu de chose.

MARÉCHAL.

Allons, calme-toi; il n'y a pas grand mal.

MAXIMILIEN, à demi voix.

Je crois bien!

MARÉCHAL.

Plaît-il?

MAXIMILIEN.

Je lis parfaitement; je vais me mettre à la besogne.

Il sort.

LA BARONNE.

C'est votre secrétaire? Il est distingué. — Adieu, chère madame, je vous quitte très mortifiée de la petite contrariété dont j'ai été la cause pour mademoiselle Fernande. Je vais porter à Saint-Thomas-d'Aquin mon brandon de discorde et soyez tranquille, mademoiselle, je ne révélerai pas votre part de collaboration.

LE DOMESTIQUE, annonçant.

M. le comte d'Outreville.

SCÈNE V

LA BARONNE, appuyée à la cheminée;
MADAME MARÉCHAL, MARÉCHAL,
LE COMTE, FERNANDE.

MARÉCHAL.

Bonjour, monsieur le comte.

LE COMTE, sans voir la baronne.

Comment se portent ces dames? Leurs visages répondent pour elles. Mon cousin m'a donné rendez-vous ici...

MARÉCHAL.

Condorier?

LE COMTE.

Mais je vois que, dans mon empressement, j'ai devancé l'heure.

MADAME MARÉCHAL.

Vous êtes trop gracieux, monsieur le comte.

LA BARONNE.

Adieu, chère madame.

LE COMTE.

Oh! pardon, madame la baronne! Je ne vous avais pas aperçue.

LA BARONNE.

Je pensais que vous ne me reconnaissiez pas.

LE COMTE, s'approchant de la cheminée.

Pouvez-vous croire qu'après vous avoir vue une fois...?

LA BARONNE.

Je le crois d'autant mieux qu'à Saint-Thomas-d'Aquin vous n'êtes pas à vingt chaises de moi et que vous ne me saluez pas.

LE COMTE.

Si j'avais pu penser que vous me fissiez l'honneur de me reconnaître...

LA BARONNE.

Oh! les honneurs que je puis vous faire ne vous touchent guère. Je vous ai fait celui de vous inviter à venir chez moi, et vous n'y avez pas paru. Je vous fais donc peur?

LE COMTE.

Oh! non.

LA BARONNE.

Eh bien, tâchez de mériter votre pardon.

LE DOMESTIQUE, anonçant.

M. le marquis d'Auberive!

SCÈNE VI

Les Mêmes, LE MARQUIS.

LA BARONNE, au marquis.

Pour le coup, je me sauve; j'aurais trop de reproches à vous faire, marquis.

ACTE DEUXIÈME.

LE MARQUIS.

Et pourquoi donc, belle dame?

LA BARONNE.

Votre cousin vous le dira. — A demain, n'est-ce pas, chère madame? et vous aussi, chère belle.

Elle sort.

LE COMTE, à part.

Elle m'a reconnu.

MARÉCHAL.

Quelle grâce! quelle aisance! Elle est partout chez elle.

FERNANDE.

Oui, c'est nous qui avions l'air d'être en visite.

LE MARQUIS.

Ce que j'admire surtout en elle, c'est le tact. Elle a compris que j'avais à vous parler de choses sérieuses, et elle a levé le siège. Allez donc voir, ma chère Fernande, si elle est bien partie.

FERNANDE.

Et ne revenez pas nous le dire!

LE MARQUIS.

C'est inutile, en effet.

Fernande sort.

SCÈNE VII

MADAME MARÉCHAL, MARÉCHAL, LE MARQUIS, LE COMTE.

MADAME MARÉCHAL.

Suis-je aussi de trop ?

LE MARQUIS.

Au contraire; je compte sur vous pour m'aider à plaider ma cause. Mais, asseyons-nous. (Ils s'asseyent.) Madame, vous n'avez jamais partagé la répugnance de l'ami Maréchal à marier Fernande avec un gentilhomme.

MADAME MARÉCHAL.

Je n'ai pas les mêmes motifs que lui de redouter une alliance aristocratique; pour moi, ce n'est pas sortir de ma sphère, c'est y rentrer.

MARÉCHAL.

Mon Dieu, mon cher ami, cette répugnance dont vous parlez n'était pas une véritable répugnance, c'était plutôt... comment dirais-je? une modestie peut-être exagérée.

LE MARQUIS.

Je l'aurais comprise jusqu'à un certain point, il y a huit jours; mais, aujourd'hui, il n'est pas un gentilhomme qui ne tînt votre alliance à honneur; et la preuve c'est que je viens vous demander la main de ma pupille pour M. le comte d'Outreville, ici présent, unique héritier de mes biens et de mon nom.

ACTE DEUXIÈME.

MARÉCHAL.

Est-il possible? Quoi! monsieur le marquis, vous consentiriez...?

MADAME MARÉCHAL, bas, à son mari.

De la dignité, monsieur. (Haut.) Nous sommes très touchés, monsieur le marquis, de la demande que vous voulez bien nous faire; mais nous devons, avant tout, consulter le cœur de notre chère Fernande.

MARÉCHAL.

Ah! c'est vrai.

LE MARQUIS.

Rien de plus juste, madame; mais ne pourrait-on pas le consulter tout de suite? Verriez-vous un inconvénient à ce que mon cousin plaidât lui-même sa cause auprès de Fernande?

MARÉCHAL.

Aucun, marquis, aucun.

MADAME MARÉCHAL, bas.

Vous vous jetez à leur tête.

LE MARQUIS.

Et vous, madame?

MADAME MARÉCHAL.

Je trouve tout cela bien irrégulier.

LE MARQUIS.

Je le sais; mais l'étiquette ne peut-elle pas avoir un peu pitié de l'impatience de ce jeune homme? (Bas, au comte.) Parlez donc!

LE COMTE, froidement.

Je vous en supplie, madame.

MADAME MARÉCHAL.

Puisque tout le monde le veut...

MARÉCHAL.

Allons donc! Envoyez-nous Fernande, ma chère. (Bas.) Et prépare-la un peu.

MADAME MARÉCHAL.

Encore une fois, tout cela est bien rapide... Enfin ! je me rends.

Elle sort.

SCÈNE VIII

MARÉCHAL, LE MARQUIS, LE COMTE.

MARÉCHAL.

Maintenant que ma femme n'est plus là, laissez-moi vous dire sans façon, mon cher marquis, combien je suis heureux et fier de votre alliance !

LE COMTE.

C'est à moi seul, monsieur, de m'en féliciter.

MARÉCHAL.

Je ne comptais donner que huit cent mille francs à ma fille, je lui donne le million tout rond.

LE COMTE.

Je vous en prie, monsieur, ne parlons pas de ces vilenies.

LE MARQUIS.

Parlons-en, au contraire! Mon cousin n'a qu'une dizaine de mille livres de rente pour le moment; mais j'en ai soixante-dix que je lui laisserai... le plus tard possible.

MARÉCHAL.

Palsambleu! J'en ai encore cent à lui offrir le jour de mes obsèques.

LE MARQUIS.

Mes petits... vos petits-enfants, veux-je dire, seront à leur aise.

MARÉCHAL.

Pourquoi vous reprendre, mon cher Condorier? Dites nos petits-enfants! Ne porteront-ils pas votre nom? Ventre-saint-gris! marquis, nous voilà parents... alliés du moins... par les femmes.

LE MARQUIS, étourdiment.

Nous l'étions déjà... par nos opinions.

MARÉCHAL.

Mais à quoi s'amusent-elles là-bas? Je parie que madame Maréchal nous fait attendre par dignité.

LE MARQUIS.

Allez les relancer; je vous rejoindrai.

MARÉCHAL.

J'y vais. (Regardant le comte de la porte.) Qu'il est beau!

SCÈNE IX

LE MARQUIS, LE COMTE.

LE MARQUIS.

Ah çà ! mon cher, vous allez à l'autel comme un chien qu'on fouette. Je ne veux pas votre malheur, moi ! Si la future vous déplaît, il faut le dire.

LE COMTE.

Ce n'est pas qu'elle me déplaise, mais...

LE MARQUIS.

Dites, dites, ne vous gênez pas ! Je ne suis pas en peine d'héritier. *Uno avulso non deficit alter*, pour parler votre langue. Je me raccrocherai à une autre branche... A celle des Valtravers. Je suis brouillé avec eux ; mais le rapatriage sera facile... *Aureus*, parbleu !

LE COMTE.

Mon cousin, au nom du ciel, ne vous emportez pas !

LE MARQUIS.

Je ne m'emporte pas, monsieur, je vous mets à votre aise. Il est clair que ce mariage ne vous inspire pas d'enthousiasme.

LE COMTE.

Mais si, mon cousin ! il m'en inspire.

LE MARQUIS.

Ah ! vous ne trouvez pas Fernande assez bien faite ! Faites-en donc autant !

LE COMTE.

Mais si j'ai le malheur de lui déplaire, malgré ma bonne volonté?

LE MARQUIS.

J'en serai fâché pour vous; mais j'appellerai un Valtravers. Vous êtes prévenu.

LE COMTE.

Quelle situation, mon Dieu!

Fernande paraît à la porte de gauche.

LE MARQUIS, bas.

La voici! Je vous laisse.

LE COMTE, bas.

Je ne sais par où commencer.

LE MARQUIS, bas.

C'est bien difficile! « Mademoiselle, j'ai l'aveu de vos parents, mais je ne veux vous tenir que de vous-même. » (A Fernande.) Vous pensiez trouver votre belle-mère ici, mon enfant; mais elle nous a abandonnés, ainsi que votre père, et je vais leur en demander raison.

Il sort.

SCÈNE X

LE COMTE, FERNANDE.

LE COMTE, à part.

La tête est belle; mais quelle différence avec la divine

Pfeffers! Et, si elle me refuse, je suis ruiné! (Haut.) Mademoiselle, vous a-t-on dit dans quel but...?

FERNANDE.

Oui, monsieur.

LE COMTE.

J'ai l'aveu de vos parents, mais je ne veux vous tenir que de vous-même. C'est là, je crois, un sentiment que vous ne sauriez désapprouver.

FERNANDE.

Il est à la fois délicat et prudent; car je ne suis pas de celles que l'on marie sans les consulter. Nous ne nous connaissons ni l'un ni l'autre, monsieur; pour faire connaissance, voulez-vous que nous nous parlions avec une entière franchise?

LE COMTE.

Bien volontiers, mademoiselle; la franchise est ma principale qualité.

FERNANDE.

Tant mieux! C'est celle que j'estime par-dessus toutes. Eh bien, pourquoi voulez-vous m'épouser?

LE COMTE.

Mais parce que je n'ai pu vous voir sans...

FERNANDE.

Pardon! vous oubliez déjà notre traité. Nous nous sommes vus trois fois, nous avons échangé trois mots, et je n'ai pas la vanité de croire que cela ait suffi à vous tourner la tête.

LE COMTE.

Vous ne vous rendez pas justice, mademoiselle.

ACTE DEUXIÈME.

FERNANDE.

Que les hommes ont de peine à être sincères! J'ajouterai pour vous mettre à votre aise que, si vous m'épousiez par amour, je croirais de ma loyauté de vous refuser : car il y aurait entre nous une inégalité de sentiments qui ferait votre malheur, pour peu que vous ayez de délicatesse dans l'âme.

LE COMTE.

Alors... s'il n'y a pas précisément chez moi ce qu'en langage mondain on appelle de l'amour, croyez bien qu'il y a du moins tous les sentiments que l'époux doit à l'épouse.

FERNANDE.

A la bonne heure! mais ces sentiments-là ne sont pas assez violents pour pousser un gentilhomme à une mésalliance. Vous avez donc un motif particulier. Je ne doute pas qu'il ne soit parfaitement honorable, et si je tiens à le connaître, c'est uniquement pour ne pas laisser l'ombre d'une arrière-pensée dans l'estime que je veux faire de mon mari. — Vous hésitez à répondre?

LE COMTE.

Non, mademoiselle. Je vous épouse par déférence aux désirs de mon cousin... déférence qui m'est bien douce, je vous assure

FERNANDE.

J'aurais dû le deviner : du moment qu'il ne s'oppose pas à cette mésalliance, c'est qu'il l'ordonne.

LE COMTE.

Il a pour vous une affection...

FERNANDE.

Il est seul au monde, je suis sa pupille, et son cœur se rattache à ce lien, si faible qu'il soit. Allez, monsieur le comte, allez lui annoncer qu'il sera fait comme il le désire.

LE COMTE.

Que de reconnaissance, mademoiselle!

FERNANDE.

Vous ne m'en devez pas, monsieur; j'accepte un nom honorablement offert... et je vous promets de le porter dignement.

LE COMTE.

Et moi, de mon côté, je vous assure que, malgré... Mais vous avez raison, je vais réjouir mon cousin de cette heureuse nouvelle.

Il sort.

FERNANDE, après un silence.

Autant lui qu'un autre, après tout! Sortir de cette maison, voilà l'important. — Pauvre père!

SCÈNE XI

FERNANDE, MAXIMILIEN.

MAXIMILIEN, le manuscrit à la main.

Pardon, mademoiselle; je croyais trouver monsieur votre père ici.

FERNANDE, allant s'asseoir à son métier.

Il est, je crois, dans le grand salon; mais je doute que vous puissiez lui parler : il est en affaires.

MAXIMILIEN, à part.

Ma foi! tant pis, je laisserai le mot en blanc. — Singulière fille! (Il pose son manuscrit sur la cheminée, y prend le peloton de laine et venant à Fernande.) Voici votre peloton bleu, mademoiselle. — Qu'est-ce que je vous ai fait? pourquoi me traitez-vous si durement? Tant que j'ai pu vous prendre pour une banalité de salon, je me croyais fort au-dessus de vos mépris et ne m'en souciais guère; mais celle qui prête ses yeux à la vieille Hardouin ne méprise la pauvreté de personne, et je viens vous demander loyalement en quoi j'ai démérité de votre estime.

FERNANDE, sans lever les yeux de son ouvrage.

Je suis fâchée, monsieur, que ma manière d'être vous choque; elle est la même avec vous qu'avec vos prédécesseurs, et cela n'a pas nui à leur carrière.

MAXIMILIEN.

Voilà tout ce que vous avez à me répondre?

FERNANDE.

Pas autre chose.

MAXIMILIEN.

En vérité, mademoiselle, je serais le dernier des hommes, que vous ne me traiteriez pas autrement.

FERNANDE, se levant.

Adieu, monsieur.

MAXIMILIEN, se mettant entre elle et la porte.

Non, mademoiselle, non! Vous ne me quitterez pas

ainsi. Je lis un immense mépris dans vos yeux. L'explication que je vous demandais, je l'exige maintenant.

FERNANDE, avec hauteur.

Vous savez bien que je ne puis vous la donner.

MAXIMILIEN.

Je vous jure que je ne sais rien, que je ne comprends rien, sinon que je suis atteint dans mon honneur. Répondez-moi, je vous en supplie. Qui m'a calomnié ? de quoi suis-je accusé ?

FERNANDE.

De rien, monsieur; brisons là, je vous prie.

MAXIMILIEN.

Voyons, mademoiselle, vous êtes bonne, vous faites l'aumône avec votre cœur ; ayez pitié de mon angoisse. Il s'agit de ce que j'ai de plus cher.

FERNANDE.

Qu'attendez-vous de cette comédie ? Espérez-vous me faire dire ce que je rougis de savoir ? Laissez-moi passer.

MAXIMILIEN.

Mais vous ne me dites pas un mot qui ne soit un coup de couteau ! Je vous conjure à genoux !...

FERNANDE.

Gardez cela pour...

MAXIMILIEN.

Pour qui ?

FERNANDE.

Pour votre carrière.

Elle passe.

MAXIMILIEN.

Ah! je comprends!... (Fernande s'arrête sur la porte.) Il y a eu ici des misérables... et vous me jugez d'après eux! Ma justification ne sera pas longue, et c'est à vous plus qu'à moi de baisser les yeux devant votre soupçon. Allez, je vous plains... je vous plains plus que vous ne m'outragez, pauvre jeune fille qui avez perdu la sainte ignorance du mal.

SCÈNE XII

Les Mêmes, MARÉCHAL, LE MARQUIS.

MARÉCHAL.

Eh bien, monsieur Gérard, voilà comme vous travaillez?

MAXIMILIEN.

Je priais mademoiselle de se charger auprès de vous, monsieur, d'une communication qui me coûte un peu : ma démission.

MARÉCHAL.

Comment, votre démission? Mais je ne l'accepte pas. Vous me laissez là juste au moment où j'ai besoin de vous!

LE MARQUIS.

Cela ne se fait pas, mon cher.

MAXIMILIEN.

Je me suis mal expliqué, monsieur. Je ne suis pas homme à reconnaître vos bontés en vous laissant dans l'embarras. Je voulais seulement vous prier de me chercher un successeur. Je resterai jusqu'à ce que vous l'ayez trouvé.

MARÉCHAL.

C'est très contrariant ! je m'habituais à vous, moi. Je déteste les nouveaux visages.

LE MARQUIS.

Quelle lubie vous passe par la tête ?

MARÉCHAL.

Est-ce qu'on vous offre une meilleure place ?

MAXIMILIEN.

Non, monsieur; si je quitte votre service, c'est pour rentrer au mien. Je suis habitué à ne relever que de mon travail, et je me sens incapable d'aucune autre sujétion.

MARÉCHAL.

Votre travail !... sapristi ! vous m'avez avoué qu'avant d'être à moi, vous faisiez des travaux de librairie, à trente francs la feuille, petit texte.

MAXIMILIEN.

Petit texte, oui, monsieur.

MARÉCHAL.

Et vous voulez recommencer ce métier de meurt-de-faim ?

FERNANDE, à part.

Je lui ai ôté son pain !

MARÉCHAL.

Mais c'est absurde !

MAXIMILIEN.

Rappelez-vous la fable du Loup et du Chien.

MARÉCHAL.

Est-ce qu'on vous traite ici comme un chien ? Vous manque-t-on d'égards ?

MAXIMILIEN.

Au contraire, monsieur; mais, par un travers de mon esprit, dont je ne suis pas maître, tous les soins qu'on prend pour me faire oublier l'infériorité de ma position ne servent qu'à me la rappeler. C'est injuste et ridicule, je le sais. Je n'accuse que moi; mais je souffre et je m'en vais.

Fernande sort par la gauche.

LE MARQUIS, à part.

Il y a quelque chose là-dessous.

MARÉCHAL.

Vous êtes un orgueilleux, que voulez-vous que je vous dise ? Je ne peux pas vous retenir de force.

LE MARQUIS, bas, à Maréchal.

Laissez-moi lui parler.

MARÉCHAL.

Parlez-lui.

Il sort par la droite.

SCÈNE XIII

LE MARQUIS, MAXIMILIEN.

LE MARQUIS.

Ah çà! mon cher, que se passe-t-il?

MAXIMILIEN.

Vous auriez dû me prévenir, monsieur le marquis, que j'entrais ici pour être le patito de madame Maréchal.

LE MARQUIS.

Ah! c'est là que le bât vous blesse? Vous avez donné dans l'œil à la bonne dame? Rassurez-vous : elle ne vous obligera pas à lui laisser votre manteau. C'est une personne romanesque mais platonique. Son héros n'est pas forcé de participer au roman; elle en fait tous les frais. Elle se persuade qu'elle est aimée, elle se livre des combats terribles, et, en fin de compte, elle triomphe de son danger imaginaire en exilant le séducteur dans un bon emploi. Vous voyez que vous pouvez rester.

MAXIMILIEN.

Monsieur le marquis, c'est une circonstance atténuante pour madame Maréchal, mais non pour le malheureux qui exploite les ridicules de cette dame. Si je rencontrais un de mes prédécesseurs, je ne le saluerais pas, même après cette explication.

LE MARQUIS.

Vous êtes fier.

MAXIMILIEN.

M'en blâmez-vous?

LE MARQUIS.

Non, certes!

MAXIMILIEN.

En consentant à rester encore quelques jours dans cette position intolérable, je crois rendre tout ce que je dois à vous, monsieur le marquis, et à M. Maréchal; ne m'en demandez pas davantage.

LE MARQUIS.

Je n'ai rien à répliquer.

MAXIMILIEN.

Je retourne dans la bibliothèque, que je ne quitterai plus jusqu'à l'arrivée de mon successeur.

Il sort.

LE MARQUIS.

Ce petit bâtard mériterait d'être gentilhomme.

Il sort.

ACTE TROISIÈME

La bibliothèque de Maréchal. — Une seule porte, au fond. — A gauche du public un petit bureau à casier, tournant le dos aux personnages. — Vers le milieu un peu à droite, un fauteuil et un guéridon.

SCÈNE PREMIÈRE

MARÉCHAL, seul, debout, au milieu derrière le fauteuil, comme à la tribune ; sur le guéridon, à côté de lui, est un verre d'eau ; il boit.

« Et, messieurs, soyez-en bien convaincus, la seule base solide dans l'ordre politique, comme dans l'ordre moral, c'est la foi ! Ce qu'il faut enseigner au peuple, ce ne sont pas les droits de l'homme, ce sont les droits de Dieu ; car les vérités dangereuses ne sont pas des vérités. L'institution divine de l'autorité, voilà le premier et le dernier mot de l'instruction primaire ! » (Descendant en scène son manuscrit à la main.) Là ! je possède imperturbablement ma première partie. Ce n'est pas sans peine ; j'ai la mémoire rétive comme tous les diables. C'est une faculté subalterne, la mémoire. — Décidément, je réciterai. Il est superbe, mon discours. Je voudrais bien savoir qui l'a fait, pour lui commander le suivant. Je ne sais pas s'il produira sur la Chambre le même effet que sur moi, mais il me semble irréfutable; il m'affermit dans mes convictions, il m'enlève. Oh! la belle chose que l'éloquence! J'étais né pour être orateur; j'ai la voix et le geste, les dons qui ne s'acquièrent pas : le reste (Regardant le manuscrit.) s'acquiert. — Ce petit animal de Gérard ne finit pas de déjeuner. Je voudrais bien avoir la suite de mon discours... Je n'ai pas trop de temps pour l'apprendre d'ici à demain. Ne mangez plus à ma table, si cela vous humilie, mon bon ami, mais ne me volez pas une heure après chaque repas : mon temps est précieux. — Son grand amour d'indépendance, c'est le besoin de digérer en fumant, voilà tout. Il n'y a plus de société possible avec le cigare. Tout se tient : les mauvaises manières engendrent les mauvaises mœurs; et, regardez-y de près, messieurs, vous reconnaîtrez que le chemin des révolutions est jonché du débris des convenances. Ne voilà-t-il pas que j'improvise, maintenant?

SCÈNE II

MARÉCHAL, MAXIMILIEN.

MARÉCHAL.

Eh bien, jeune homme, déjeune-t-on mieux au restaurant que chez moi? On y déjeune au moins plus longuement, sans reproche.

MAXIMILIEN.

Je n'ai plus que quelques pages de votre discours à copier, monsieur; j'aurai fini dans une heure.

MARÉCHAL.

Donnez-moi toujours ce qu'il y a de fait, que je l'étudie.

MAXIMILIEN, prenant des feuilles dans le tiroir du bureau.

Voilà, monsieur. Je me suis permis de rétablir quelques mots nécessaires à la construction grammaticale, qui étaient évidemment restés au bout de votre plume.

MARÉCHAL.

Je griffonne si rapidement.

MAXIMILIEN.

D'autres étaient illisibles; je les ai restitués d'après le sens de la phrase : ainsi, *prolégomènes, synthétique, logomachie*.

MARÉCHAL.

Je vois avec plaisir que les secrets de la langue vous sont familiers.

MAXIMILIEN.

Ce ne sont là des secrets pour personne.

MARÉCHAL.

Pour personne. — Vous êtes un homme de mérite, mon cher Gérard; entre nous, que vous semble de mon discours, là, franchement?

MAXIMILIEN.

Il me trouble beaucoup, monsieur; il m'irrite.

MARÉCHAL.

Il vous irrite?

MAXIMILIEN.

Comme tous les raisonnements auxquels on ne

trouve rien à répondre, et contre lesquels proteste pourtant le sentiment intime.

MARÉCHAL.

Vous avouez qu'il n'y a rien à répondre? Ça me suffit.

MAXIMILIEN.

C'est surtout la seconde partie qui est d'une grande force.

MARÉCHAL.

Ah! oui.

MAXIMILIEN.

J'avoue que j'ai besoin de rassembler mes idées pour les défendre d'une attaque aussi vive.

MARÉCHAL.

Vous me charmez. Je crois que je produirai une grande sensation. Je vais achever de l'apprendre par cœur; car un discours lu est toujours froid. Vous m'apporterez la fin dans ma chambre, je vous prie; et, si vous le voulez bien, nous ferons une répétition générale, où vous simulerez des interruptions, pour habituer ma mémoire au tumulte des assemblées.

MAXIMILIEN.

Je suis à vos ordres.

Maréchal sort.

SCÈNE III

MAXIMILIEN, seul.

C'est vrai que je suis troublé et irrité. Troublé, c'est tout simple; je sens trembler sous moi l'échafaudage de mes idées. Mais irrité! contre qui? contre la vérité? C'est trop bête! Et c'est ainsi pourtant! ma raison prend un chemin où je me refuse à la suivre. Il me semble qu'elle passe à l'ennemi. — L'ennemi! Est-ce que j'ai de la haine pour quelqu'un? Non; pas même pour cette jeune fille. — Quel singulier produit de la civilisation, ce front pur, ces yeux limpides et cette âme fanée! Dire que j'étais sur le point de la prendre pour un ange avec sa vieille Hardouin! Ah! mademoiselle, vous choyez la pauvreté qui s'agenouille et se lamente; celle qui se tient silencieuse et debout, vous l'insultez! Vos pauvres sont vos joujoux de charité! Décidément, je la déteste.

SCÈNE IV

MAXIMILIEN, MADAME MARÉCHAL, un livre à la main.

MAXIMILIEN, à part.

A l'autre, maintenant!

MADAME MARÉCHAL.

Je rapporte *Jocelyn*.

> Maximilien s'incline, s'assied devant le bureau et se met à écrire. Madame Maréchal replace le livre dans la bibliothèque. — Un silence.

MADAME MARÉCHAL.

On ne vous a pas vu depuis hier, monsieur Maximilien. C'est par mon mari que je sais que vous nous quittez.

MAXIMILIEN.

Oui, madame.

MADAME MARÉCHAL.

Le vrai motif de votre détermination est-il bien celui que vous avez donné à M. Maréchal?

MAXIMILIEN.

Sans doute.

MADAME MARÉCHAL.

Tant mieux! Je craignais que ma belle-fille ne vous eût blessé en quelque façon.

MAXIMILIEN.

Non, madame.

MADAME MARÉCHAL.

Alors, vous ne nous quittez pas fâché? vous n'oublierez pas tout à fait que cette maison a été la vôtre pendant quelques jours? Le secrétaire nous quitte, mais l'ami reviendra?

MAXIMILIEN.

Certainement, madame.

MADAME MARÉCHAL.

J'avais besoin de cette promesse; car vous m'avez inspiré une véritable amitié, monsieur Maximilien.

MAXIMILIEN.

Vous êtes trop bonne, madame.

MADAME MARÉCHAL.

Ce n'est pas une protestation banale, soyez-en sûr. J'espère que vous me mettrez un jour à l'épreuve.

MAXIMILIEN.

Jamais!

MADAME MARÉCHAL.

Pourquoi jamais? Votre fierté refuse-t-elle de devoir quelque chose à une affection presque maternelle?

MAXIMILIEN.

Eh! madame, laissons là cette maternité impossible.

MADAME MARÉCHAL, baissant les yeux.

Ne puis-je être au moins votre sœur aînée?

MAXIMILIEN.

Non, madame, pas plus ma sœur que ma mère.

MADAME MARÉCHAL, d'une voix faible.

Quoi donc alors?

MAXIMILIEN.

Rien.

Un silence.

MADAME MARÉCHAL.

Oui, vous avez raison; tout nous sépare. J'étais folle

de vous demander de revenir; ne me revoyez plus. Je comprends votre départ à présent. Vous êtes un honnête homme, je vous remercie.

MAXIMILIEN, à part.

Il n'y a pas de quoi.

SCÈNE V

Les Mêmes, FERNANDE.

MAXIMILIEN, à part.

Encore!

Il se remet à écrire.

FERNANDE, à madame Maréchal.

Je viens chercher un livre.

MADAME MARÉCHAL.

Quel livre?

FERNANDE.

Je n'en sais rien. Je suis désœuvrée, et je voudrais lire. Conseillez-moi, monsieur Maximilien... quelque chose qui puisse m'intéresser. (Maximilien se lève et va à la bibliothèque. — A part.) J'espérais le trouver seul. (Maximilien lui donne un livre en s'inclinant et retourne à son bureau. — Ouvrant le livre.) Le *Dictionnaire de la noblesse*. Est-ce une épigramme? Je ne la mérite pas. Je n'ai pas plus de prétentions nobiliaires que vous. (Donnant le livre à madame Maréchal.) Tenez, madame.

MADAME MARÉCHAL.

Si j'ai des prétentions, ma chère, elles sont fondées.

FERNANDE.

Je n'en doute pas. — Donnez-moi autre chose, monsieur Maximilien... ce que vous donneriez à votre sœur.

MAXIMILIEN, à part, se levant.

Elle aussi !... Trop de parentes.

MADAME MARÉCHAL, à part.

Comme elle lui fait des grâces !

UN DOMESTIQUE.

M. le comte d'Outreville demande si ces dames sont visibles.

MAXIMILIEN, à part.

On va me laisser tranquille.

Il s'assied à son bureau.

FERNANDE.

Voulez-vous l'aller recevoir, madame ?

MADAME MARÉCHAL.

Il demande à nous voir toutes les deux.

FERNANDE.

Je suis mal en train, vous m'excuserez.

MADAME MARÉCHAL, à part.

On dirait qu'elle veut rester seule avec Maximilien. (Au domestique.) Faites entrer M. le comte ici.

Le domestique sort.

SCÈNE VI

Les Mêmes, LE COMTE.

LE COMTE.

Pardonnez-moi, mesdames, de me présenter de si bonne heure. Cette lettre de M. d'Auberive vous expliquera l'irrégularité de ma conduite.

MAXIMILIEN, à part.

Ce jeune comte a l'air franc... comme un jeton.

MADAME MARÉCHAL, lisant la lettre.

Votre cousin me prie, monsieur le comte, de vous guider dans l'emplette de la corbeille.

LE COMTE.

Il s'occupe lui-même de la publication des bans.

FERNANDE.

Déjà?

LE COMTE.

Il ne veut pas vous laisser le temps de la réflexion, mademoiselle.

FERNANDE.

Ce n'est pas poli pour vous, monsieur.

LE COMTE.

Il rend justice à mon peu de mérite.

MAXIMILIEN, à part.

Elle épouse ce parchemin? elle est complète.

MADAME MARÉCHAL.

M. d'Auberive fait les mariages comme Bonaparte faisait la guerre. Je vais mettre un châle et un chapeau, et je suis à vous. (A part.) Je ne suis pas fâchée que Maximilien sache la nouvelle.

Elle sort.

SCÈNE VII

MAXIMILIEN, FERNANDE, LE COMTE.

MAXIMILIEN, à part.

Vais-je assister à leurs idylles comme un *king-charles?*

LE COMTE.

Permettez-moi, mademoiselle, de mettre à profit ces trop courts instants... (Maximilien tousse.) Nous ne sommes pas seuls?

FERNANDE.

Le secrétaire de mon père, M. Gérard.

LE COMTE.

Je serais enchanté de faire sa connaissance; veuillez donc me le présenter.

FERNANDE, à Maximilien.

Monsieur Maximilien, je vous présente M. le comte d'Outreville, mon fiancé.

LE COMTE, à part.

C'est moi qu'elle présente?

MAXIMILIEN.

Monsieur...

LE COMTE.

Charmé, monsieur... (A part.) Il me déplaît. (Un silence. — A Fernande.) On m'a dit que M. Maréchal ne recevait pas. Serait-il indisposé?

FERNANDE.

Il s'est enfermé pour travailler, n'est-ce pas, monsieur Maximilien?

MAXIMILIEN, à son bureau.

Oui, mademoiselle.

Un silence.

LE COMTE.

J'ai passé dimanche dernier une délicieuse matinée. J'ai entendu à la Madeleine une messe en musique exécutée par les chanteurs de vos premiers théâtres. L'orgue était tenu par un très bon virtuose.

FERNANDE.

Vous aimez la musique?

LE COMTE.

Oh! certainement. J'ai remarqué aussi, avec plaisir, que l'église était chauffée.

FERNANDE.

Oui, notre piété aime ses aises.

LE COMTE.

Et qu'on a raison de les lui donner! Aussi l'église était

pleine... à Paris! C'est un spectacle consolant que cette recrudescence de la dévotion publique.

FERNANDE.

Qu'en pensez-vous, monsieur Maximilien?

MAXIMILIEN.

Je suis bien aise que monsieur soit consolé. Quant à moi, je n'avais pas besoin de consolation ; je suis très philosophe.

LE COMTE.

Voulez-vous dire par là que vous n'êtes pas chrétien?

MAXIMILIEN.

Si fait, monsieur, je le suis! A telles enseignes que je pratique le pardon des offenses.

FERNANDE.

Le pardon ou le dédain?

MAXIMILIEN.

Tous les deux.

FERNANDE.

Sans faire de différence entre le repentir et l'endurcissement?

MAXIMILIEN.

Je n'y regarde pas de si près.

FERNANDE.

Vous êtes injuste, monsieur.

MAXIMILIEN.

C'est possible, mademoiselle ; vous en savez plus long que moi sur toutes choses.

FERNANDE, se levant, troublée.

Ma belle-mère tarde bien; je vais la presser un peu.

Elle sort.

SCÈNE VIII

LE COMTE, MAXIMILIEN.

LE COMTE, à part.

On dirait qu'il y a de la pique entre eux. (Haut.) Voilà longtemps, monsieur, que vous êtes dans la maison?

MAXIMILIEN.

Non, monsieur, et je n'y reste pas.

LE COMTE.

Je le regrette, monsieur, puisque j'y entre moi-même.

MAXIMILIEN.

Trop aimable.

LE COMTE.

J'espère que ce n'est pas moi qui vous en chasse?

MAXIMILIEN.

Comment serait-ce vous?

LE COMTE.

Oh! vous savez : cela se dit quand quelqu'un sort au moment qu'on entre.

MAXIMILIEN.

Pardon, monsieur, je viens de terminer un travail qu'attend M. Maréchal et que je vais lui porter.

Il salue et sort.

SCÈNE IX

LE COMTE, seul.

Hum! est-ce que mon mariage interromprait un petit roman? Je suis plus défiant que je n'en ai l'air, moi! Ce monsieur qui n'a pas besoin d'être consolé, qui pratique le pardon des injures, qui quitte sa place au moment où mademoiselle Fernande se marie... Elle est sortie rouge comme une cerise sur un mot... probablement à double entente. Hum! je n'aime pas tout ça, moi! J'en parlerai au marquis.

Un domestique introduit la baronne.

SCÈNE X

LE COMTE, LA BARONNE.

LE COMTE, à part.

Ciel! la baronne!

LA BARONNE.

Vous, monsieur le comte? et seul? Pourquoi m'a-t-on introduite ici?

ACTE TROISIÈME.

LE COMTE.

Ces dames étaient là à l'instant et vont revenir.

LA BARONNE.

A la bonne heure. Quant à M. Maréchal, il est invisible.

LE COMTE.

Il travaille, m'a-t-on dit.

LA BARONNE.

A quoi, mon Dieu?

LE COMTE.

Probablement à son discours.

LA BARONNE.

Je le croyais fait. C'est justement à ce sujet que je viens. J'espère que madame Maréchal m'aidera à forcer la consigne qui dérobe son époux aux regards des mortels.

LE COMTE.

Je n'en doute pas.

LA BARONNE.

Ni moi non plus. (A part.) Il est d'une candeur... inestimable. (Haut et s'asseyant.) Voilà trois fois en très peu de jours que le ciel vous met sur mon chemin : cela ne ressemble-t-il pas à une volonté de nous faire lier connaissance?

LE COMTE, debout.

On le dirait.

LA BARONNE.

Peut-être doit-il résulter de notre rencontre quelque

chose d'heureux pour notre cause. J'en ai comme un pressentiment; et vous?

LE COMTE.

Ce serait bien glorieux pour moi, madame.

LA BARONNE.

Vous avez sur le front le signe des appelés.

LE COMTE.

Vous êtes trop bonne.

LA BARONNE.

Le ciel emploie volontiers les mains pures. Le célibat est une grande vertu, vous le savez.

LE COMTE.

Hélas! je vais me marier.

LA BARONNE.

Vous marier?

LE COMTE.

Oui, madame, j'épouse mademoiselle Fernande.

LA BARONNE, plus froide.

On peut aussi faire son salut dans le mariage. Mes compliments, monsieur le comte; votre future est charmante et justifie bien la violence de votre passion.

LE COMTE.

La violence?

LA BARONNE.

Dame! il n'y a qu'une passion violente qui puisse excuser...

LE COMTE.

Mais le rôle politique de M. Maréchal n'est-il pas une noblesse? Je ne crois pas déroger en m'alliant à notre champion.

LA BARONNE, à part.

Ah! monsieur d'Auberive! C'est bon à savoir. (Haut.) Alors, c'est un mariage de convenance que vous faites?

LE COMTE.

Oui, madame; mon cousin le désire beaucoup.

LA BARONNE.

C'est parfait. Je ne sais pas d'ailleurs de quoi je me mêle, et vous devez me trouver fort indiscrète. Ne vous en prenez qu'à une sympathie peut-être inconsidérée; mais, quand je vous ai vu, il m'a semblé que c'était un ami qui me venait. (Lui tendant la main.) Me suis-je trompée?

LE COMTE.

Oh! madame!

Il porte sa main vers ses lèvres.

LA BARONNE, retirant sa main avec un sourire.

Non... ce n'est pas une galanterie banale que je vous demandais... Cette petite main de femme est digne d'être serrée virilement, vous lui rendrez un jour cette justice. — Vous regardez mon bracelet?

LE COMTE.

Votre...? Oui...

LA BARONNE, le détachant et le lui donnant.

Il est d'un travail assez curieux...

LE COMTE.

Très curieux.

LA BARONNE.

Le médaillon surtout. Il contient des cheveux de mon mari.

LE COMTE.

Quoi! ces cheveux blancs?

LA BARONNE.

Oh! ma vie a été austère, monsieur le comte. A l'âge de dix-sept ans, j'épousais un vieillard, pour accomplir les dernières volontés de ma bienfaitrice.

LE COMTE.

Votre bienfaitrice?

LA BARONNE.

Orpheline au berceau, sans fortune, j'avais été recueillie par une parente éloignée, la douairière de Pfeffers, créature angélique, qui m'éleva comme sa fille. Quand elle sentit approcher sa fin, elle appela près d'elle son fils, le baron Pfeffers, alors sexagénaire, et, nous prenant à chacun une main dans ses mains défaillantes : « Ma mort, nous dit-elle, va vous enlever votre unique amie; permettez-moi d'unir vos deux solitudes, et je mourrai tranquille. — O mon fils! je confie son enfance à votre vieillesse, et votre vieillesse à son enfance. — Ce n'est pas un mari que je te donne, ajouta-t-elle en se tournant vers moi, c'est un père! »

LE COMTE, très ému.

Et, en effet, il fut un père pour vous?

LA BARONNE.

Le père le plus respectueux. Mais je ne sais pourquoi

ACTE TROISIÈME.

je m'abandonne à ces souvenirs... Rendez-moi mon bracelet.

LE COMTE, à part.

C'est un ange !

LA BARONNE.

Mon Dieu ! qu'on est maladroite d'une seule main ! Venez à mon aide, monsieur le comte ! (Elle tend son bras nu au comte. — Le comte essaye de rattacher le bracelet.) Vous n'êtes pas plus adroit que moi. Voyons si nous en viendrons à bout avec trois mains. (Elle aide le comte. Leurs yeux se rencontrent; le comte éperdu se détourne. — A part.) Pauvre garçon ! qu'on vienne maintenant lui faire des histoires sur mon compte, on sera bien reçu ! (Haut.) Accompagnerez-vous votre future chez moi ce soir ?

LE COMTE.

Ma future ?

LA BARONNE.

Je le veux. Je n'ai jamais été heureuse; mais j'aime le bonheur des autres. Ce doit être charmant, l'éclosion d'un amour pur dans une jeune âme. Mademoiselle Fernande doit vous adorer.

LE COMTE.

Si elle aime quelqu'un...

LA BARONNE, vivement.

Ce n'est pas vous ? qui donc ?

LE COMTE, revenant à lui.

Personne. Je voulais dire qu'elle m'épouse pour se marier.

LA BARONNE, à part.

Il y a quelqu'un... Je saurai qui. (Haut.) Et à quand le mariage?

LE COMTE, tristement.

Le premier ban sera publié demain, et je vais tout à l'heure acheter la corbeille.

LA BARONNE, à part.

On a vu manquer des affaires plus avancées. (Haut.) Il ne me reste plus qu'à vous féliciter.

SCÈNE XI

Les Mêmes, MADAME MARÉCHAL, en grande toilette de ville.

MADAME MARÉCHAL.

Que d'excuses, chère baronne! On vient seulement de m'avertir que vous étiez là.

LA BARONNE.

En fort bonne compagnie, comme vous voyez, madame. Mais vous alliez sortir, je ne veux pas vous arrêter.

MADAME MARÉCHAL.

Oh! je vous en prie, rien ne presse.

LA BARONNE.

Je dois vous avouer que ma visite n'est pas à votre adresse. J'ai une petite communication à faire à M. Maréchal. Soyez seulement assez bonne pour m'ouvrir le sanctuaire où il se retire.

MADAME MARÉCHAL.

Comment ! toutes les portes ne sont pas tombées devant vous ?

LA BARONNE.

Le domestique m'a allégué sa consigne, et je n'ai pas insisté.

SCÈNE XII

Les Mêmes, MAXIMILIEN.

MADAME MARÉCHAL.

Que fait donc mon mari, monsieur Gérard, qu'il défend sa porte ?

LA BARONNE, à part.

Le secrétaire ! si c'était lui ?

MAXIMILIEN.

Je crois, madame, qu'il apprend son discours par cœur.

LA BARONNE.

Il compte donc le réciter ?

MAXIMILIEN.

Oui, madame.

LA BARONNE, à madame Maréchal.

Alors je n'ai presque plus rien à lui dire, et il me

suffira d'entre-bâiller sa porte. A propos, vous n'avez pas oublié votre promesse pour ce soir?

MADAME MARÉCHAL.

On n'oublie pas ces choses-là.

LA BARONNE.

Si M. Gérard n'a rien de mieux à faire, je serais charmée de le recevoir aussi.

MAXIMILIEN.

Moi, madame?

LE COMTE, à part.

Elle a bien besoin d'inviter ce petit monsieur!

LA BARONNE.

A votre âge, monsieur, on aime à voir de près les hommes illustres. Il y en a quelques-uns dans mon salon.

MAXIMILIEN.

Je vous suis très reconnaissant, madame.

LA BARONNE.

Vous viendrez, n'est-ce pas? (A madame Maréchal.) Veuillez me montrer le chemin, madame.

MADAME MARÉCHAL.

Je passe donc la première.

Elle sort.

LA BARONNE, bas, au comte, en lui montrant Maximilien.

Il est très bien, ce jeune homme!

LE COMTE, sèchement.

Je ne l'ai pas remarqué.

LA BARONNE, à part.

C'est lui.

Ils sortent.

SCÈNE XIII

MAXIMILIEN, seul.

Oh! non, je n'irai pas passer ma soirée chez cette baronne. Je la passerai avec mon vieux Giboyer. (Prenant son chapeau sur le bureau.) J'ai besoin de me soulager le cœur. Les deux mots d'excuses de cette patricienne m'ont plus blessé que son insulte. Elle a cru faire les choses grandement, et qu'une demi-réparation était bien assez pour un pauvre diable comme moi ! Allons chez Giboyer.

SCÈNE XIV

MAXIMILIEN, FERNANDE.

FERNANDE.

J'ai à vous parler, monsieur.

MAXIMILIEN, sur la porte.

A moi, mademoiselle?

FERNANDE.

Ne vous y attendiez-vous pas ? N'avez-vous pas compris dans tout ce que je fais, dans tout ce que je dis depuis ce matin, mon profond regret de ce qui s'est passé hier?

MAXIMILIEN.

Vous regrettez?... C'est trop d'honneur pour moi.

FERNANDE.

Ce n'est pas assez, je le sais. Il y a des offenses qui exigent une réparation aussi complète d'une femme que d'un homme. Je vous ai calomnié dans ma pensée, et je vous en demande pardon. Cela vous suffit-il?

MAXIMILIEN, descendant en scène.

Je vous remercie.

FERNANDE.

Eh bien, remerciez-moi en restant auprès de mon père.

MAXIMILIEN.

Pour cela, mademoiselle, c'est impossible.

FERNANDE.

Vous ne voulez donc pas que je me croie pardonnée?

MAXIMILIEN.

Ah! vous l'êtes du plus profond de mon cœur.

FERNANDE.

Alors ne me laissez pas le remords de vous avoir ôté votre position.

MAXIMILIEN.

Ne vous inquiétez pas de moi, mademoiselle. Je ne suis pas embarrassé de gagner ma vie; elle n'est pas chère. Vous m'avez rendu un grand service en m'ouvrant les yeux sur les dangers que mon honneur courait ici. Les apparences sont contre moi, je m'en rends bien compte, et l'exemple de mes devanciers m'accuse. Si je restais, le monde me condamnerait comme eux, et ce serait justice.

FERNANDE.

Justice?

MAXIMILIEN.

Ma foi, oui. Je ne vaudrais pas beaucoup plus qu'eux, si je me résignais à être méprisé comme eux, à tort ou à raison.

FERNANDE.

Mais le témoignage de votre conscience?

MAXIMILIEN, souriant.

Je la connais; elle est tracassière et me chercherait noise, sous prétexte qu'on n'a le droit de braver l'opinion que pour l'accomplissement d'un devoir. Or ce n'en est pas un d'étaler de la confiture sur son pain.

FERNANDE.

Vous avez raison; vous êtes un honnête homme.

MAXIMILIEN.

Eh! mademoiselle, l'honnêteté, c'est l'orthographe.

FERNANDE.

Peu de gens la mettent comme vous.

MAXIMILIEN.

Vous êtes bien sceptique pour votre âge.

FERNANDE, baissant les yeux.

Vous me l'avez déjà dit... deux fois.

MAXIMILIEN.

Oh! mademoiselle, je ne voulais pas faire allusion... je n'entendais pas... pardon !

FERNANDE, après un silence.

Il ne faut pas me juger comme une autre, monsieur. Mon enfance n'a pas été couvée par une mère; elle a grandi seule avec le sentiment de l'abandon et l'instinct sauvage. A l'époque où l'enfant commence à s'appuyer sur le père, une étrangère survint entre le mien et moi, je compris que mon protecteur se livrait, et je le sentis menacé... dans quoi? je n'en savais rien; mais ma tendresse jalouse devint une clairvoyance... Vous aviez raison de me plaindre, monsieur; j'ai vécu dans une souffrance au-dessus de mon âge, une souffrance d'homme et non de jeune fille. Il s'est livré dans ma tête des combats qui ont, pour ainsi dire, changé le sexe de mon esprit. A la place des délicatesses féminines, il s'est développé en moi un sentiment d'honneur viril; c'est par là seulement que je vaux, et je vous donne une grande preuve de mon estime en vous expliquant mes droits étranges à la vôtre.

MAXIMILIEN.

Dites à mon respect, mademoiselle.

FERNANDE.

Nos routes se sont rencontrées un instant, et vont se séparer probablement pour toujours; mais je me souviendrai de cette rencontre, et j'espère que vous ne l'oublierez pas.

MAXIMILIEN.

Non, certes... et mes humbles vœux vous suivront dans l'éclat de votre nouvelle existence. Puisse-t-elle tenir ce que vous vous en promettez!

FERNANDE, avec un sourire triste.

Je n'ai pas été gâtée, et je ne suis pas bien exigeante.

MAXIMILIEN.

Votre rêve pourtant me semble assez aristocratique.

FERNANDE.

Me croyez-vous éprise d'un titre?

MAXIMILIEN.

Dame! ce ne peut pas être de la personne qui... Pardon, mademoiselle, je m'oublie... j'abuse du hasard qui m'a jeté si avant dans votre confidence.

FERNANDE, avec effort.

Comment ne comprenez-vous pas, après cette confidence, que la maison paternelle m'est devenue intolérable, et que j'accepte la première main qui s'offre à m'en tirer?

MAXIMILIEN.

Quoi! c'est pour cela seulement?... C'est le bon Dieu qui m'a mis sur votre chemin; ne prenez pas de parti désespéré, mademoiselle; les choses ne sont pas aussi graves que vous le supposez. Je sais positivement, je sais par le marquis d'Auberive que les torts de votre belle-mère ne sont que des enfantillages romanesques.

FERNANDE.

Plût au ciel! mais...

MAXIMILIEN.

Mais quoi? qu'avez-vous surpris? Des lettres, des aveux? c'est possible; mais je vous certifie que c'est tout.

FERNANDE.

Et que pourrait-elle davantage?

MAXIMILIEN, la regarde avec étonnement, et, après un silence, s'inclinant, très bas.

C'est vrai.

FERNANDE.

Vous voyez bien que j'ai encore plus raison que vous de partir. Et je suis reconnaissante à M. d'Outreville de m'emmener. — Je les entends qui rentrent; reprenons chacun notre chemin. Adieu, monsieur.

Elle sort.

SCÈNE XV

MAXIMILIEN, seul.

O chasteté! (Il reste un instant immobile, tourné vers la porte par où Fernande est sortie; puis il va à son bureau, s'assied, trempe sa plume dans l'encrier.) Tiens! je suis bête! ma besogne est finie. (Se levant.) M. Maréchal n'a plus besoin de moi jusqu'à ce soir; je suis libre! (Il prend son chapeau.) Que vais-je faire de ma journée? C'est singulier comme je m'ennuie! Bah! je vais me promener sur les boulevards. (Il s'assied.) Dieu! que je m'ennuie!

SCÈNE XVI

MAXIMILIEN, GIBOYER.

GIBOYER.

Bonjour, l'enfant.

ACTE TROISIÈME.

MAXIMILIEN.

Toi, mon vieil ami? Ah! que tu viens à propos! Que fais-tu aujourd'hui? J'ai congé, allons à Viroflay.

GIBOYER.

Le 15 janvier!

MAXIMILIEN.

Tiens, c'est vrai.

GIBOYER.

Tu bourgeonnes trop tôt. Calme ces ébullitions printanières et écoute-moi de tes deux oreilles. — Maximilien, nous sommes riches.

MAXIMILIEN, avec joie.

Riches?

GIBOYER.

Je viens de faire un héritage d'un parent que je ne connaissais pas.

MAXIMILIEN.

Un héritage?

GIBOYER.

Douze mille livres de rente.

MAXIMILIEN, tristement.

Voilà tout?

GIBOYER.

Comment, voilà tout? Monsieur tutoie des millionnaires?

MAXIMILIEN.

Non, mais tu avais l'air d'annoncer le Pactole.

GIBOYER.

Je le croyais... Mille francs par mois me paraissaient assez mythologiques.

MAXIMILIEN.

Ce n'est pas la richesse, mon pauvre ami.

GIBOYER.

En tout cas, c'est l'indépendance. Tu n'es plus fait pour être au service de personne, l'enfant. Donne ta démission à M. Maréchal.

MAXIMILIEN.

Elle est donnée.

GIBOYER.

Bah!

MAXIMILIEN.

Je n'ai pas attendu tes millions pour m'ennuyer d'être chez les autres.

GIBOYER.

Tout est pour le mieux! Tu vas reprendre ton tour du monde.

MAXIMILIEN.

Quitter Paris?

GIBOYER.

Qui t'y retient?

MAXIMILIEN.

Mais... toi.

GIBOYER.

Tu te figureras que je suis toujours à Lyon. Ce n'est

pas pour mon plaisir que je me sépare de toi. Quand on veut que le vin de Bordeaux vieillisse vite, on l'expédie sur mer. C'est une dépense d'argent, mais une économie de temps. Dans un an, j'aurai du Maximilien retour des Indes.

MAXIMILIEN.

Tu veux m'expédier aux Indes?

GIBOYER.

Pas tout à fait; en Amérique.

MAXIMILIEN.

Pour quoi faire?

GIBOYER.

Tiens, parbleu! pour y étudier la démocratie.

MAXIMILIEN.

Merci! C'est trop loin.

GIBOYER.

C'est plus loin que Viroflay; mais tu adorais les voyages.

MAXIMILIEN.

Il paraît que je ne les aime plus.

GIBOYER.

Ah!... qu'aimes-tu donc?

MAXIMILIEN.

J'aime... Mais que n'y vas-tu toi-même, en Amérique, pour te guérir une bonne fois de tes chimères?

GIBOYER.

Mes chimères?... Ne sont-elles plus les tiennes?
Voilà du nouveau! Qu'est-ce qu'il y a là-dessous?

MAXIMILIEN, avec impatience.

Rien. Que veux-tu qu'il y ait?

GIBOYER, le prenant par le bras.

Regarde-moi donc en face!

MAXIMILIEN, se dégageant vivement.

Eh! laisse-moi!... N'est-on pas maître de croire autre chose que ce que tu enseignes?

Il remonte la scène.

GIBOYER.

Ah!... Et peut-on savoir ce que tu crois?

MAXIMILIEN.

Je crois que la seule base solide dans l'ordre politique comme dans l'ordre moral, c'est la foi, là!

GIBOYER.

Tu es légitimiste à présent?

MAXIMILIEN.

On n'est pas légitimiste pour ça.

GIBOYER.

Ne jouons pas sur les mots. Je ne connais qu'une façon d'introduire la foi dans le domaine de la politique, c'est de professer que tout pouvoir vient de Dieu, et par conséquent ne doit de comptes qu'à Dieu. C'est une opinion considérable, je ne dis pas le contraire; mais, quand on la professe, à quelque parti qu'on croie appartenir, on est légitimiste.

ACTE TROISIÈME.

MAXIMILIEN.

Eh bien, mettons que je le suis.

GIBOYER.

Tu l'es?

MAXIMILIEN.

Pourquoi pas?

GIBOYER.

Ma vie se déroberait sous moi pour la seconde fois? (Allant à Maximilien.) Qui t'a volé à moi, cruel enfant? Par où m'échappes-tu? Qui t'a perverti? Il y a une femme là-dessous! Les femmes seules font de ces conversions-là! Tu n'es pas légitimiste, tu es amoureux!

MAXIMILIEN.

Moi?

GIBOYER.

Il y a ici quelque sirène qui s'est amusée à te catéchiser.

MAXIMILIEN.

Madame Maréchal, une sirène! Mon seul catéchisme est un discours de son mari que j'ai médité en le copiant.

GIBOYER.

Le discours de Maréchal! Un ramas de sophismes et de vieilles déclamations!

MAXIMILIEN.

Qu'en sais-tu?

GIBOYER.

Parbleu, c'est moi qui l'ai fait!

MAXIMILIEN.

Toi ?

GIBOYER, après une hésitation.

Eh bien, oui, moi ! Par conséquent, tu vois ce qu'en vaut l'aune.

MAXIMILIEN.

Ah ! tu fais ce métier-là ? C'était avant ton héritage sans doute ?

GIBOYER.

Méprise-moi, marche sur moi, je ne compte plus ; mais rends-moi la droiture de ton esprit, qui est le fondement de mon édifice, ma réhabilitation à mes propres yeux, ma résurrection ! J'ai déshonoré en ma personne un soldat de la vérité, je ne suis plus digne de la servir ; mais je lui dois un remplaçant, et je me suis promis que ce serait toi. Ne déserte pas, mon cher enfant !

MAXIMILIEN.

Ta vérité n'est plus la mienne ! Celle que je reconnais et que je veux servir, c'est celle qui t'a dicté ton discours. Ce qui m'étonne, c'est qu'elle ne t'ait pas désabusé toi-même de tes utopies.

GIBOYER.

Ah ! la pire des utopies est celle qui veut faire rebrousser chemin à l'humanité.

MAXIMILIEN.

Quand elle s'est trompée de route !

GIBOYER.

Les fleuves ne se trompent pas, et ils submergent les fous qui veulent les arrêter.

MAXIMILIEN.

Des phrases !

GIBOYER.

Des faits !... Demande à la Restauration.

MAXIMILIEN.

En somme, vous n'avez rien à mettre à la place de ce que vous avez détruit.

GIBOYER.

Nous n'avons rien? Et où as-tu vu dans l'histoire qu'une société en ait remplacé une autre sans apporter au monde un dogme supérieur ? — L'antiquité n'admettait l'égalité ni devant la loi humaine ni devant la loi divine; le moyen âge l'a proclamée au ciel, 89 l'a proclamée sur la terre.

MAXIMILIEN.

Tu as raison; là, es-tu content ?

GIBOYER.

Ne fuis pas la discussion, mon enfant; j'ai tant besoin de te persuader ! Ce n'est pas une opinion que je défends, c'est ma vie !

MAXIMILIEN.

Ta vie ! — Voyons, est-ce qu'il y a une société possible sans hiérarchie?

GIBOYER.

Non, cent fois non.

MAXIMILIEN.

Alors que fais-tu de l'égalité?

GIBOYER.

Ah!... la confusion des langues!... L'égalité n'est pas un niveau.

MAXIMILIEN.

Quoi donc alors?

GIBOYER.

Ce grand mot ne peut avoir qu'un sens, le même ici-bas que là-haut : à chacun selon ses œuvres! J'ai écrit là-dessus un livre que je te ferai lire.

MAXIMILIEN.

Non.

GIBOYER.

Non?

MAXIMILIEN.

A quoi bon? S'il ne me convainc pas, c'est du temps perdu.

GIBOYER.

Mais s'il doit te convaincre?

MAXIMILIEN.

Qui te dit que je veuille être convaincu?

GIBOYER.

Il y a une autre femme ici que madame Maréchal.

MAXIMILIEN.

Tu es fou! Il n'y a ici qu'une héritière.

GIBOYER.

Ah ! tout s'explique !

MAXIMILIEN, indigné.

Si j'étais tenté de l'aimer, je me mépriserais, car je ne veux rien vendre de moi, ni mon cœur... ni ma plume.

GIBOYER.

Ni ta plume ?... Ingrat ! quand c'est pour toi seul !...

MAXIMILIEN.

Pour moi ? De quel droit me rends-tu des services déshonorés ? Qui t'a dit que je ne préférais pas la misère ? Est-ce là ce que tu appelles ton héritage ? Tu peux le garder, je n'y toucherai pas ! (Giboyer tombe dans un fauteuil, le visage dans ses mains.) Pardon, mon vieil ami, tu n'as pas su ce que tu faisais.

GIBOYER.

J'ai su que je me dévouais à toi, qu'il fallait sauver ta jeunesse des épreuves où la mienne avait succombé, et j'ai léché la boue sur ton chemin ; mais ce n'était pas à toi de me le reprocher. Va ! ma plume n'est pas la première chose que je vends pour toi... J'avais déjà vendu ma liberté !

MAXIMILIEN.

Ta liberté !

GIBOYER.

Pendant deux ans, pour payer ta pension au collège, j'ai fait les mois de prison d'un journal, à tant par an... Mais qu'importe ! je suis un chenapan, et tu ne veux rien de moi. Ah! Dieu me frappe trop rudement! je ne suis pourtant pas un méchant homme... Il y a de tristes destinées. Ce sont des devoirs trop lourds qui m'ont perdu. J'ai commencé pour mon père... J'ai fini...

MAXIMILIEN, fléchissant le genou.

Pour ton fils!

Giboyer l'attire violemment dans ses bras.

ACTE QUATRIÈME

Un salon chez la baronne. Deux portes ouvertes au fond, donnant sur un second salon où l'on voit quelques personnes âgées jouant au whist ou causant; une porte latérale, ouverte aussi, donnant sur un salon d'attente, par où on arrive du dehors. Une table à thé, au fond ; un canapé à droite, oblique; un fauteuil et une chaise à gauche; un canapé au mur; un fauteuil auprès de la table, à gauche, au fond.

SCÈNE PREMIÈRE

LA BARONNE, FERNANDE, sortant du grand salon.

LA BARONNE.

Vous le voyez, mademoiselle, je ne mentais pas en disant que mon salon n'est pas gai.

FERNANDE.

Il est très intéressant, madame ; vous avez une réunion de célébrités de tous les régimes.

LA BARONNE.

Réunion... dites union! Mais ces célébrités ne composent pas un bouquet de la première fraîcheur, je l'avoue. Aussi suis-je résolue à le raviver par l'introduction de quelques jeunes femmes bien pensantes, et j'en attends ce soir même deux ou trois aussi courageuses que vous.

FERNANDE.

Courage facile, madame.

UN DOMESTIQUE, annonçant.

M. le vicomte de Vrillière.

<small>Le vicomte va saluer la baronne, qui lui donne la main.</small>

LA BARONNE.

Votre mère va mieux, puisque vous voilà?

LE VICOMTE.

Tout à fait rétablie, grâce au ciel!

LA BARONNE.

Allez donc bien vite rassurer cette bonne madame de la Vieuxtour. Il n'y a pas un instant qu'elle me demandait des nouvelles.

LE VICOMTE.

Excellente femme!

<small>Il salue et entre dans le salon du fond.</small>

LA BARONNE.

Ce quadragénaire est le baby de notre cénacle... Le besoin de quelques jeunes gens se fait aussi sentir; mais c'est bien délicat : je ne veux pas l'ombre de la coquetterie chez moi. Je crains bien d'en être réduite à de petits messieurs sans conséquence, comme le secrétaire de votre père, par exemple.

FERNANDE.

Vous n'avez pas eu la main heureuse pour votre coup d'essai. M. Gérard n'est rien moins qu'un petit monsieur sans conséquence; c'est, au contraire, un homme du premier mérite, à ce qu'on dit du moins.

LA BARONNE.

Je ne conteste pas; j'entendais sans conséquence auprès des femmes. Une femme d'un certain monde ne peut pas faire attention à un homme de rien, n'est-il pas vrai?

FERNANDE.

Vous allez me trouver bien plébéienne, madame, de croire qu'un homme d'honneur n'est pas un homme de rien.

LA BARONNE, à part.

Est-ce assez clair? (Haut.) Par un homme de rien, j'entends un homme sans naissance. Au surplus, M. Gérard est charmant; il a une distinction naturelle bien rare, même chez nous. S'il entrait dans un salon en même temps que tel gentilhomme, à les entendre annoncer tous les deux, c'est assurément à lui qu'on appliquerait le grand nom. Il n'est évidemment pas fait pour être secrétaire.

FERNANDE.

Aussi ne l'est-il plus.

LA BARONNE.

Ah! depuis quand?

FERNANDE.

Depuis hier.

LE DOMESTIQUE, annonçant.

M. le chevalier de Germoise.

<small>Le chevalier va saluer la baronne, qui lui tend la main.</small>

LA BARONNE.

Vous arrivez des derniers.

LE CHEVALIER.

Heureux que vous le remarquiez, madame.

LA BARONNE.

M. d'Auberive commençait à s'impatienter.

LE CHEVALIER.

Son boston n'aime pas attendre. Je vais m'offrir à ses coups...

Il salue et entre dans le salon.

LA BARONNE.

Et pourquoi n'est-il plus secrétaire?

FERNANDE.

Pour la raison que vous disiez : il n'est pas fait pour l'être.

LA BARONNE, à part.

Elle baisse les yeux. (Haut.) Je ne sais pourquoi je m'intéresse à lui. A-t-il une autre position?

FERNANDE.

Non, madame, pas que je sache; et vous seriez bien bonne, puisqu'il vous intéresse, de vous employer en sa faveur. Vous êtes toute-puissante.

LA BARONNE.

C'est beaucoup dire ; mais j'aurai du malheur si je ne réussis pas à vous être agréable.

FERNANDE.

Ah! je vous en serai bien reconnaissante, madame.

LE DOMESTIQUE, annonçant.

M. Couturier de la Haute-Sarthe.

LA BARONNE.

Pardon! voici un grand personnage à qui j'ai deux mots à dire... (Reconduisant Fernande.) Et puis, si je vous confisque ainsi à mon profit, je me brouillerai avec M. d'Outreville.

FERNANDE.

Croyez-vous?

LA BARONNE, arrivée au fond.

Je m'occuperai de ce pauvre jeune homme.

FERNANDE.

Merci!

Elles se serrent la main. Fernande rentre dans le salon.

LA BARONNE, à part.

Et d'une! — Maintenant coupons court à la gloire de M. Maréchal.

SCÈNE II

M. COUTURIER, LA BARONNE.

LA BARONNE, à M. Couturier.

Comment se porte Votre Seigneurie?

M. COUTURIER.

Et Votre Grâce?

LA BARONNE.

Un peu abasourdie.

M. COUTURIER.

Et de quoi ?

<small>Ils s'asseyent à gauche sur un fauteuil et une chaise.</small>

LA BARONNE.

Je vous le donne en dix, je vous le donne en cent... J'ai eu, cette après-midi, la visite de ce pauvre M. d'Aigremont.

M. COUTURIER.

Pourquoi *ce pauvre ?* Est-ce qu'il est malade ?

LA BARONNE.

Pis que cela ! vous allez voir ! L'entretien est venu naturellement sur la politique, sur notre plan de campagne, sur Maréchal, sur le discours.

M. COUTURIER.

Eh bien ?

LA BARONNE.

Ne regrette-t-il pas qu'on ne l'en ait pas chargé lui-même ?

M. COUTURIER.

Lui, un protestant ? Il est fou.

LA BARONNE.

Il l'est, je me le suis dit tout de suite. C'est d'autant plus inquiétant qu'il raisonne sa folie.

M. COUTURIER

Comment cela ?

ACTE QUATRIÈME.

LA BARONNE.

Il dit que les dissidences religieuses, comme les dissidences politiques, doivent s'effacer devant l'ennemi commun, que toutes les Églises doivent se donner la main pour combattre la Révolution, qu'un protestant plaidant notre cause aurait plus de poids, que ce serait un grand exemple, que... Je ne sais plus, moi ! des extravagances !

M. COUTURIER.

Permettez !... tout cela n'est pas si extravagant, madame ; c'est, au contraire, d'une portée de vues qui m'étonne chez M. d'Aigremont.

LA BARONNE, naïvement.

Vrai ?

M. COUTURIER.

Cette idée-là n'est pas de lui, il faut qu'on la lui ait suggérée. Je m'étonne qu'un esprit aussi élevé que le vôtre n'en ait pas été frappé comme moi...

LA BARONNE.

Je ne suis qu'une femme et je m'humilie devant votre haute raison.

M. COUTURIER.

Notre discours, prononcé par un protestant, ce serait déjà un premier triomphe !

LA BARONNE.

Ah ! mon Dieu !

M. COUTURIER.

Pourquoi cette exclamation ?

LA BARONNE.

J'espère que vous n'allez pas le retirer à mon pauvre Maréchal?

M. COUTURIER.

Non, sans doute; mais il se prononcera plus d'un discours sur la question.

LA BARONNE, vivement.

Donnez les autres à qui vous voudrez: c'est le premier qui porte coup. L'attache du grelot est l'opération capitale.

M. COUTURIER.

C'est vrai.

LA BARONNE.

N'est-ce pas?

M. COUTURIER.

Tellement vrai, que toute autre considération pâlit devant celle-là.

LA BARONNE.

Qu'entendez-vous ?...

M. COUTURIER.

Chère baronne, au nom de notre cause, je vous supplie d'abandonner votre protégé.

LA BARONNE.

Hélas! vous me prenez par où je suis sans défense. Je ne sais rien refuser au nom que vous invoquez. Mais y a-t-il vraiment un intérêt assez transcendant pour que nous nous décidions à affliger cet excellent homme? C'est horriblement dur, mon ami.

M. COUTURIER, se levant.

Quelle faute de n'avoir pas songé plus tôt à d'Aigremont! Mais aussi comment supposer qu'il accepterait? Nous voilà engagés avec Maréchal maintenant.

LA BARONNE, se levant.

C'est notre créature, de plus, et, à ce titre, il a bien quelques droits sur nous.

M. COUTURIER, finement.

Pardon, le contraire serait plus juste.

LA BARONNE.

J'ai donc fait encore une maladresse!... Pauvre Maréchal! — Je sais bien ce qu'on pourrait lui dire : on pourrait lui faire comprendre que ce n'est pas une question de personnes; que vous-même, à sa place, vous n'hésiteriez pas à vous effacer devant l'intérêt général.

M. COUTURIER.

Et, là où je n'hésiterais pas, il serait plaisant que M. Maréchal hésitât, vous me l'avouerez.

LA BARONNE.

C'est égal, je ne saurais vous dire combien cette espèce d'exécution m'est pénible; mais enfin mon amitié pour Maréchal est obligée de se rendre à vos arguments.

M. COUTURIER.

Je n'attendais pas moins de votre patriotisme.

LA BARONNE.

Tous les membres du comité ne seront pas aussi désintéressés que moi, je vous en avertis. Vous trouverez de la résistance chez M. d'Aubcrive.

M. COUTURIER.

Oui, il est fort attaché à Maréchal.

LA BARONNE.

D'autant plus qu'il fait épouser mademoiselle Fernande à un sien cousin que vous verrez ici.

M. COUTURIER.

Vraiment! Ce fils des preux consent à croiser sa race avec nous?

LA BARONNE.

Il conjecture probablement que la petite personne a du sang bleu dans les veines... Mais cela ne nous regarde pas. Vous comprenez quel prix il attache à colorer la mésalliance par une quasi noblesse de position.

M. COUTURIER.

Merci du renseignement. Je vais de ce pas recueillir toutes les autres adhésions; elles forceront la sienne.

LA BARONNE, regardant à gauche.

Madame Maréchal! — Mon Dieu! que tout cela est douloureux!

M. COUTURIER.

Préparez-la doucement; moi, je vais faire mon devoir, comme je l'ai toujours fait, sans hésitation et sans faiblesse.

LA BARONNE.

Ame antique!

M. Couturier sort par une des portes du fond.
Madame Maréchal entre par l'autre.

SCÈNE III

LA BARONNE, MADAME MARÉCHAL.

LA BARONNE, à part.

Et de deux!... A l'autre maintenant! (Haut.) Vous ne songez pas à la retraite, j'espère?

MADAME MARÉCHAL.

Pardonnez-moi, je suis fatiguée. Il n'a pas fallu moins que le plaisir de venir chez vous pour me décider à sortir ce soir. Je ne sais pas ce qu'est devenu M. Maréchal.

LA BARONNE.

Il est allé chercher un peu de solitude dans la bibliothèque, respectons ses méditations. J'ai justement un renseignement confidentiel à vous demander. (L'amenant au canapé.) Vous m'accorderez bien cinq minutes de votre fatigue, ma chère amie?

Elles s'asseyent.

MADAME MARÉCHAL.

Vous me la feriez oublier, chère baronne.

LA BARONNE.

Pourquoi M. Gérard quitte-t-il votre mari?

MADAME MARÉCHAL.

C'est un jeune homme très fier à qui toute dépendance est insupportable.

LA BARONNE.

Oui, c'est le motif officiel; mais je vous demande, moi,

le motif vrai. J'ai besoin de savoir à quoi m'en tenir sur le compte de ce jeune homme avant de m'employer pour lui.

MADAME MARÉCHAL.

Protégeons-le, chère baronne, il en est digne ! C'est le cœur le plus délicat, le plus loyal, le plus sûr qu'on puisse imaginer.

LA BARONNE.

Vous me charmez. Je ne sais pas... mais je craignais que ce ne fût un intrigant. J'aime mieux croire à la sincérité de son amour.

MADAME MARÉCHAL, baissant les yeux.

Son amour ! Pour qui ?

LA BARONNE.

Mais... pour Fernande.

MADAME MARÉCHAL, vivement.

Pour Fernande ! Pauvre garçon ! Il est à mille lieues d'y penser.

LA BARONNE.

En vérité ? Êtes-vous bien sûre ?...

MADAME MARÉCHAL, inquiète.

Mais qui vous fait croire ?...

LA BARONNE.

Oh ! mon Dieu, rien ; n'en parlons plus ; je me serai trompée.

MADAME MARÉCHAL.

Une femme de votre tact ne se trompe pas sans de fortes apparences. Qu'avez-vous cru remarquer ?

LA BARONNE.

Que vous dirai-je? Je m'étais sottement imaginée que le mariage de Fernande n'était pas étranger au départ du jeune homme. Parlait-il de vous quitter avant la demande d'Outreville?

MADAME MARÉCHAL, frappée.

Non... et c'est le jour même qu'il a donné sa démission... Mais non, il n'a appris le mariage que ce matin.

LA BARONNE.

Vous voyez bien! Et, à moins de supposer que Fernande ne le lui ait annoncé hier, ce qui est impossible...

MADAME MARÉCHAL, très émue.

Pourquoi impossible?

LA BARONNE.

Dame! il faudrait admettre que ce garçon ne lui est pas indifférent, ce que je ne veux pas croire. — Ce n'est pas l'embarras; elle vient de me le recommander avec une chaleur un peu surprenante de la part d'une personne ordinairement si mesurée

MADAME MARÉCHAL.

Vraiment?

LA BARONNE.

C'est une petite tête résolue.

MADAME MARÉCHAL.

Je la connais! Et ce Gérard... M'aurait-on jouée à ce point?

LA BARONNE.

Ne nous hâtons pas pourtant...

MADAME MARÉCHAL.

Mille détails me reviennent à présent : l'air offensé de ce monsieur, l'attitude suppliante de Fernande... Elle cherchait à être seule avec lui... (Se tournant vers le salon.) Et, tenez, regardez-les causer tous les deux ! Ont-ils assez oublié qu'ils ne sont pas seuls ?... Ce niais d'Outreville qui ne s'aperçoit de rien !

LA BARONNE.

Je n'en jurerais pas... Il les observe d'un air inquiet, comme s'ils étaient en train de le dérober. — Hum ! tout cela pourrait mal finir : le mariage n'est pas encore fait, prenez garde !

MADAME MARÉCHAL.

Vous me consternez !

LA BARONNE.

Vous n'avez pas de temps à perdre, si vous tenez à l'alliance du comte. Je ne peux pas croire à la duplicité de Fernande : elle est entraînée à son insu : rappelez-la à elle-même, en lui faisant brusquement mesurer l'abîme qui la sépare de ce garçon.

MADAME MARÉCHAL.

Oui, mais le moyen ?

LA BARONNE.

Remettez publiquement le petit bonhomme à sa place.

MADAME MARÉCHAL.

A quelle occasion ?

LA BARONNE.

L'occasion ? mais ici, ce soir même, on peut la trouver.

Nous la chercherons. Un amour humilié ne dure pas longtemps.

MADAME MARÉCHAL.

Vous avez raison ; merci, chère baronne ! Fernande sera sauvée... (A part.) et moi, vengée ! (Haut, apercevant Maximilien qui sort du salon.) Voici ce petit fourbe ; rentrons... Je ne serais pas maîtresse de moi.

LA BARONNE.

Oui, n'ayons pas l'air de conspirer.

Elles sortent par le fond, à gauche, tandis que Maximilien entre par le fond, à droite.

SCÈNE IV

MAXIMILIEN, seul.

Je ne voulais pas venir... Pourquoi suis-je venu ? Oh ! qu'elle est belle ! Quelle âme adorable ! Je me sens envahi par un amour insensé, et je ne m'appartiens déjà plus assez pour me défendre ! — Eh bien, pourquoi lutter contre moi-même ? pourquoi me cramponner à ma raison qui m'échappe ! Livrons-nous plutôt aux enivrements de l'abîme ! Le sort en est jeté ! Je l'aime ! je l'aime ! je l'aime ! — Ah ! la bonne résolution ! que c'est amusant d'être au monde ! Je reprends intérêt à toutes choses...

LE DOMESTIQUE, annonçant.

M. de Boyergi !

MAXIMILIEN, sur la porte du salon.

Même à voir le successeur de Déodat !

SCÈNE V

GIBOYER, MAXIMILIEN.

MAXIMILIEN.

Toi ?

GIBOYER, à part, avec un geste de colère.

Va te promener !

MAXIMILIEN.

C'est toi qui signes Boyergi ?

GIBOYER, durement.

Comment es-tu là ?

MAXIMILIEN.

Tu veux donc continuer cet horrible métier ? Pauvre père !

GIBOYER.

D'abord, tu m'as promis d'oublier que je suis ton père !

MAXIMILIEN.

Je t'ai promis de ne pas le dire; mais de l'oublier !... T'ai-je promis d'être un ingrat ?

GIBOYER.

Ah !... je ne te demande qu'une preuve de reconnaissance, c'est de me laisser achever mon œuvre. Je n'ai pas besoin de ton respect.

MAXIMILIEN.

Mais j'ai besoin de te respecter, moi ! Quelle lutte impie veux-tu établir entre ma tendresse et mon honneur ? Lequel des deux souhaites-tu qui emporte l'autre ?

GIBOYER, assis sur le canapé.

Je ne peux pourtant pas te laisser user par la misère !

MAXIMILIEN.

Penses-tu que j'accepterai encore tes bienfaits, sachant ce qu'ils te coûtent ? Ne m'as-tu pas mis en état de gagner ma vie et la tienne ? Avons-nous tant de besoins, toi et moi ? Nous connaissons la pauvreté ; reprenons-en gaiement le chemin, bras dessus bras dessous. Ne sera-ce pas charmant de vivre tous deux de notre travail dans une mansarde ?

GIBOYER.

Charmant pour moi, oui !

MAXIMILIEN.

Et pour moi donc ! Je sais qui tu es maintenant. Je suis fier de toi : j'ai lu ton livre !

GIBOYER.

T'a-t-il convaincu ?

MAXIMILIEN.

Certes ! (Lui mettant la main sur le front.) Et je ne veux plus que tu avilisses le grand esprit qu'il y a là. — Mon vieil ami, comme tu dois souffrir à vilipender tes belles idées dans ce journal d'écrevisses ! Quitte-le, je t'en supplie...

(Souriant.) Je te l'ordonne ! J'ai bien aussi quelques droits sur toi peut-être ? Tu as assez léché la boue sur mon chemin, comme tu dis ; essuie-toi la bouche pour m'embrasser.

Il l'embrasse sur la joue.

GIBOYER.

Brave enfant !

MAXIMILIEN.

Tu m'obéiras ?

GIBOYER.

Il le faut bien. N'es-tu pas mon maître ?

MAXIMILIEN.

Tout me réussit aujourd'hui. Vive le bon Dieu !

GIBOYER.

Tout ! Quoi donc encore ?

MAXIMILIEN.

Rien.

GIBOYER.

Tu as des secrets pour ton vieux camarade ?

MAXIMILIEN.

Nous écrirons ta démission en rentrant chez toi, et je la porterai demain de bonne heure, pour que MM. les membres du comité aient un pied de nez à leur réveil. Quelle joie de leur souffler leur boxeur ! Tu ne te doutes pas de ce qu'on entend ici. C'est une vraie conspiration contre nos idées.

GIBOYER.

Tout simplement. La grande chouannerie des salons,

avec ramifications dans les salles à manger et les boudoirs.

MAXIMILIEN.

Tu plaisantes : mais ne t'y fie pas! Ce parti-là s'appelle légion.

GIBOYER.

Légion de colonels sans régiment, état-major sans troupes. Ils prennent pour leur armée les curieux qui les regardent caracoler; ils passent des revues de spectateurs; mais le jour d'une levée sérieuse, ils battraient le rappel dans le désert.

MAXIMILIEN.

A ce compte, ils ne sont pas bien redoutables.

GIBOYER.

Ils le sont beaucoup pour les gouvernements qu'ils soutiennent. Ces gaillards-là ne savent verser que les voitures qu'ils conduisent, mais qu'ils les versent bien !

Deux domestiques apportent le thé.

MAXIMILIEN, regardant vers le salon.

Chut!... on vient!. . Le marquis d'Auberive ! Avec qui est-il ?

GIBOYER.

Avec l'éminent Couturier de la Haute-Sarthe... Un libéral repenti !

MAXIMILIEN.

Ils ont l'air de s'adorer.

GIBOYER.

Je crois bien ! Tous frères et amis ! — Tiens, je m'étais amusé à lâcher dans mon article de ce matin quelques brocards contre ce même Couturier; le marquis a biffé le passage en me disant ce mot simple et profond : « Pas encore! »

MAXIMILIEN.

Eh bien, le marquis ne te biffera plus rien.

SCÈNE VI

Les Mêmes, LE MARQUIS, M. COUTURIER,
puis successivement LA BARONNE et FERNANDE,
LE CHEVALIER DE GERMOISE et UNE DAME,
MADAME MARÉCHAL,
LE VICOMTE DE VRILLIÈRE,
et MADAME DE LA VIEUXTOUR.

LE MARQUIS, à M. Couturier, sur le devant de la scène, à gauche.

Puisque le comité est unanime pour M. d'Aigremont, je n'ai qu'à m'incliner devant sa décision, si pénible qu'elle soit.

M. COUTURIER.

Il ne l'a prise qu'à son corps défendant, monsieur le marquis, et devant un intérêt majeur que vous reconnaissez vous-même.

LE MARQUIS.

Je ne dis pas non, mon cher; mais j'aimerais qu'un autre que moi se chargeât de porter le coup à ce pauvre Maréchal.

M. COUTURIER.

Nous pensions qu'il serait moins dur de votre main ; mais, s'il vous en coûtait trop, je m'en chargerais.

LE MARQUIS.

Je vous remercie.

<small>Il s'assied à gauche. — M. Couturier se perd dans les groupes.</small>

LE CHEVALIER, à une dame.

Ce petit Gérard est vraiment mieux que le comte d'Outreville ; mais est-ce bien sûr que mademoiselle Fernande ait une préférence pour le secrétaire ? La baronne en a une peur qui ressemble à une certitude...

<small>Il conduit la dame à un fauteuil.</small>

MADAME MARÉCHAL, assise sur le canapé, au comte, <small>qui lui apporte du thé.</small>

Bouillant, s'il vous plaît ; je l'aime bouillant.

MADAME DE LA VIEUXTOUR, derrière le canapé, <small>au vicomte de Vrillière.</small>

Pauvre dame ! elle aime tout ce qui brûle les doigts.

LE VICOMTE DE VRILLIÈRE.

Ma foi ! ces ambitions bourgeoises méritent bien d'être un peu échaudées.

MADAME DE LA VIEUXTOUR.

Après cela, la baronne se trompe peut-être.

LE VICOMTE DE VRILLIÈRE.

Hum ! le jeune homme est charmant.

MADAME DE LA VIEUXTOUR.

Pas autant qu'un titre de comtesse. <small>(Pendant ce dialogue, elle est remontée au milieu de la scène, et s'adressant à toute l'assistance.)</small>

Le père Vernier a été admirable ce matin. — Y étiez-vous, monsieur de Vrillière?

LE VICOMTE DE VRILLIÈRE.

Je n'ai pas pu entrer.

GIBOYER, à part.

On refusait du monde.

MADAME DE LA VIEUXTOUR.

Vous avez perdu. Il a eu sur la charité des pensées si touchantes, si nouvelles!

GIBOYER, à part.

A-t-il dit qu'il ne faut pas la faire?

MADAME MARÉCHAL.

J'ai été choquée de la toilette de madame Dervieux. L'avez-vous remarquée?

LA BARONNE.

Non.

MADAME MARÉCHAL.

Figurez-vous qu'elle avait une robe de satin chamois avec des ornements de velours cerise tout autour, le pardessus pareil, garni d'hermine, un chapeau de tulle blanc bouillonné, couvert de petites plumes cerise. — On vient à l'église pour se recueillir et non pas pour se montrer, n'est-il pas vrai?

LE MARQUIS, de l'autre bout de la scène.

Et je vois avec plaisir, madame, que vous étiez recueillie.

MADAME MARÉCHAL.

Sans doute; j'avais une robe carmélite.

MADAME DE LA VIEUXTOUR.

Qui vous seyait à ravir.

LA BARONNE, allant à Giboyer, derrière le canapé.

Vous ne prenez pas de thé, monsieur?

GIBOYER.

Mille grâces, madame, je le crains.

LA BARONNE, à l'oreille de madame Maréchal, lui montrant de l'autre côté Maximilien qui cause debout avec Fernande assise.

C'est le moment.

Elle remonte vers le fond.

MADAME MARÉCHAL.

Monsieur Gérard!... débarrassez-moi de ma tasse.

LE COMTE, se précipitant pour la prendre sur un signe de la baronne.

Madame...

Maximilien, qui s'est avancé sur l'interpellation de madame Maréchal s'arrête en voyant le mouvement du comte.

MADAME MARÉCHAL.

Laissez, monsieur le comte... ce jeune homme est là.

FERNANDE, à part.

C'est trop fort.

Elle se lève et va vivement à la table du fond. Gérard fait un pas en arrière.

GIBOYER, à part.

On le sonne !

MADAME MARÉCHAL, tendant toujours sa tasse.

Monsieur Gérard?

FERNANDE, de la table.

Monsieur Gérard! voulez-vous me permettre de vous servir?

MAXIMILIEN.

Mademoiselle, j'ai déjà refusé.

FERNANDE, allant à lui avec une tasse de thé.

Vous ne refuserez pas de ma main.

Maximilien s'incline et prend la tasse. — Étonnement général. Grand silence.

GIBOYER, à part.

Voilà son secret! — Ça jette un froid. (A madame Maréchal.) Comme cette tasse vous embarrasse! A défaut du neveu, souffrez, madame, que l'oncle soit votre valet.

Il prend la tasse des mains de madame Maréchal stupéfaite et la reporte à la table.

LA BARONNE, à madame Maréchal.

Pauvre amie! qui pouvait prévoir....?

MADAME MARÉCHAL.

Et son père qui n'est pas là!

Elles rentrent dans le salon; les invités les suivent peu à peu.

SCÈNE VII

LE MARQUIS, LE COMTE D'OUTREVILLE.

LE COMTE.

Eh bien, mon cousin, qu'en dites-vous?

LE MARQUIS.

Je dis que Fernande a délicatement réparé une impertinence de sa belle-mère, voilà tout.

LE COMTE.

Voilà tout? Mais elle aime ce jeune homme, monsieur, elle l'aime !

LE MARQUIS.

Vous êtes fou !

LE COMTE.

C'est possible; mais je vous déclare que je renonce à ce mariage-là.

LE MARQUIS.

Vous renoncez?...

LE COMTE.

Bourgeoise et compromise, c'est trop !

LE MARQUIS.

Très compromise, en effet, si vous rompez; car cette rupture donnerait une signification grave à un incident insignifiant par lui-même.

LE COMTE.

J'en suis bien fâché; mais...

LE MARQUIS.

Considérez, monsieur, que Fernande est ma pupille, pour ainsi dire ma fille ; que c'est moi qui ai arrangé ce mariage et qu'ainsi je suis en quelque sorte responsable des suites.

LE COMTE.

Pas tant que moi, mon cousin ; par conséquent, vous trouverez bon que je sois juge de la question.

LE MARQUIS.

Ainsi, vous refusez d'épouser?

LE COMTE.

Oui!

LE MARQUIS.

C'est bien, monsieur! vous m'en rendrez raison.

LE COMTE.

Me battre... avec mon second père!

LE MARQUIS.

Je vous déshérite pour vous mettre à votre aise.

LE COMTE.

Mais vos cheveux blancs, monsieur...

LE MARQUIS.

Ne vous occupez pas de ça : je suis de première force à l'épée.

LE COMTE.

Pourtant, si elle aime ce jeune homme?

LE MARQUIS.

Quand elle l'aimerait, ce que je nie, c'est un vaillant cœur chez qui rien ne prévaudra sur la foi jurée. Allons nous asseoir à ses côtés pour la protéger de notre présence contre les charitables insinuations de toutes ces dévotes. Soyez chevalier français une fois dans votre vie!

MARÉCHAL, entrant.

Ah! marquis!

LE MARQUIS, au comte.

Allez sans moi, monsieur; je vous rejoins.

Le comte sort.

SCÈNE VIII

MARÉCHAL, LE MARQUIS.

MARÉCHAL.

Que vous disait le comte? Est-ce que l'étourderie de ma fille...? Car ce n'est qu'une étourderie.

LE MARQUIS.

Nous en sommes convaincus, le comte et moi.

MARÉCHAL.

Ah! je respire!.. Ma femme m'avait mis la mort dans l'âme. Ainsi le mariage tient toujours?

LE MARQUIS.

Plus que jamais; car il est devenu indispensable à Fernande. Vous comprenez qu'une rupture, après cette sotte échauffourée, la compromettrait sans ressource!

MARÉCHAL.

C'est vrai!

LE MARQUIS.

Par conséquent, s'il survenait un événement qui rendît votre position plus difficile envers votre gendre, ce ne serait pas une raison pour revenir à vos répugnances contre une alliance aristocratique.

MARÉCHAL.

Sans doute : mais quel événement?....

LE MARQUIS.

Si, pour une cause ou une autre, vous perdiez momentanément la supériorité morale que vous donne votre rôle politique....

MARÉCHAL.

Mais comment pourrais-je la perdre ?

LE MARQUIS.

Monsieur... de la Haute-Sarthe a quelque chose à vous dire.

MARÉCHAL.

Quoi ? vous me faites trembler...

LE MARQUIS.

Il vous le dira.

MARÉCHAL.

Au nom du ciel, marquis, expliquez-vous. J'ai du courage.

LE MARQUIS.

Eh bien, le comité a décidé... malgré moi, mon pauvre ami !... mais j'étais seul de mon bord.

MARÉCHAL.

Qu'a-t-il décidé ?

LE MARQUIS.

Qu'on vous retirait le discours.

MARÉCHAL.

Mais c'est une infamie ! mais je le sais par cœur !

LE MARQUIS.

Hélas ! il faut l'oublier !

MARÉCHAL.

Jamais ! En quoi ai-je mérité cet affront ?

LE MARQUIS.

On est désolé de vous le faire, on vous en demande pardon ; mais l'intérêt de la cause passe avant tout. On a trouvé un protestant de bonne volonté.

MARÉCHAL.

Un protestant ? Mais c'est absurde ! Mon discours n'aura plus le sens commun.

LE MARQUIS, voyant entrer Giboyer.

Tenez, mon cher, voici l'auteur de votre discours.

MARÉCHAL.

M. de Boyergi ?

LE MARQUIS.

Demandez-lui ce qu'il en pense. Moi, je vais chaperonner votre fille.

Il sort.

SCÈNE IX

GIBOYER, MARÉCHAL.

MARÉCHAL.

Qu'en pensez-vous, monsieur de Boyergi?

GIBOYER.

De quoi, monsieur ?

MARÉCHAL.

Du choix qu'on fait d'un protestant pour débiter mon... votre... le discours?

GIBOYER.

Ces messieurs le regardent comme un hommage éclatant rendu à la vérité ; moi, je pense qu'il fournira un bel exorde à la réponse. (D'un ton oratoire.) Eh quoi ! messieurs, c'est un protestant que vous venez d'entendre? Mais, s'il est sincère, la première chose qu'il ait à faire en sortant d'ici, c'est d'abjurer.

MARÉCHAL.

C'est vrai ! Je vous demande un peu qu'est-ce que c'est qu'un protestant qui ne proteste pas ?

GIBOYER.

Ce que c'est, messieurs ? C'est le plus grave symptôme d'indifférence religieuse qu'ait encore donné notre époque ! Vous êtes plus avant que nous-mêmes dans la religion philosophique. Le choix de votre orateur est un aveu : le moyen âge est mort, et c'est vous qui posez la dernière pierre de son tombeau. Que parlez-vous de le ressusciter?

MARÉCHAL.

Bravo! bravo! je donnerais cent mille francs de ma poche pour qu'on jetât cela au nez de l'intrigant qui m'a supplanté.

GIBOYER.

Le fait est que ces messieurs se sont cruellement joués de vous!

MARÉCHAL.

C'est une indignité!

GIBOYER.

Une mystification. Ils vous traitent comme un Cassandre.

MARÉCHAL.

Je leur ferai voir si j'en suis un.

GIBOYER.

Ils vous couvrent d'un ridicule à n'oser plus vous montrer.

MARÉCHAL.

Ils ne le porteront pas en paradis.

GIBOYER.

Malheureusement, vous ne pouvez rien contre eux.

MARÉCHAL.

On ne sait pas!

GIBOYER, à demi voix.

Il y aurait bien une belle vengeance à tirer.

MARÉCHAL.

Laquelle?

GIBOYER.

Ce serait de répondre.

MARÉCHAL.

Moi?

GIBOYER.

De les foudroyer.

MARÉCHAL.

Ah! si je le pouvais!

GIBOYER.

Il ne vous manque qu'un foudre.... On peut vous le procurer.

MARÉCHAL.

Qui? vous?

GIBOYER.

Non, je ne suis pas de force. Je ne connais qu'un homme capable de rétorquer mon discours; c'est mon neveu

MARÉCHAL.

Le petit Gérard?

GIBOYER.

Lui-même.

MARÉCHAL.

Mais il le trouvait sans réplique?

GIBOYER.

Il a réfléchi depuis et il me l'a démoli à moi pièce

par pièce. Vous le dirai-je? Il a si bien retourné mes idées, que j'abandonne le parti et vais donner demain ma démission de rédacteur en chef.

MARÉCHAL.

Bah! Maximilien vous a converti à ce point? Mais alors il me ferait un discours...

GIBOYER, faisant claquer un baiser sur ses doigts.

Oh!

MARÉCHAL.

Il lui suffirait d'une nuit pour cela?

GIBOYER.

Facilement.

MARÉCHAL.

Et je pourrais lire demain?

GIBOYER.

Quelle surprise pour ces messieurs!

MARÉCHAL.

Votre neveu est-il discret?

GIBOYER.

Comme moi-même.

MARÉCHAL.

Qu'il ne parle de rien! ni à ma femme, ni à ma fille, ni à personne! et qu'il m'apporte son manuscrit demain matin.

GIBOYER.

C'est convenu.

MARÉCHAL.

Quelle revanche !

Il entre dans le salon par la porte de droite.

GIBOYER.

Voilà une recrue dont la démocratie ne sera pas fière... Mais, bah ! il faut avant tout tâcher d'assurer le bonheur de Maximilien.

SCÈNE X

GIBOYER, MAXIMILIEN.

MAXIMILIEN, *sortant du salon par la porte de gauche.*

Viens-tu ?

GIBOYER.

Tu as l'air d'un homme ivre.

MAXIMILIEN.

Je le suis.

GIBOYER.

Pour te dégriser, tu vas passer la nuit à écrire la réfutation du discours de Maréchal... — Je te fournirai l'exorde.

MAXIMILIEN.

A quel propos?

GIBOYER.

J'ai un député à qui il ne manque que la parole.

MAXIMILIEN.

Ce n'est pas moi qui la lui donnerai. Je me soucie bien de la politique à présent!

GIBOYER.

Quoi! tu ne détestes pas ces opinions devant lesquelles le mérite et l'honneur sont une dot insuffisante?

MAXIMILIEN.

C'est vrai.

GIBOYER.

Ces opinions qui te séparent de Fernande?

MAXIMILIEN.

Je les exècre!

GIBOYER.

Tu ne te sens pas monter la rage au cœur devant ce stupide obstacle?

MAXIMILIEN.

Oui!

GIBOYER.

Tu n'éprouves pas le besoin de te ruer dessus et de le mordre?

MAXIMILIEN.

Tu as raison! Dussé-je m'y briser les dents, je les imprimerai dans la pierre! Jetons au destin la protestation du désespoir, la poignée de poussière du vaincu! Allons!

GIBOYER.

Va prendre ton paletot. (A part.) Moi, je n'en porte jamais... c'est trop chaud!

Ils sortent.

ACTE CINQUIÈME

Décor du deuxième acte.

SCÈNE PREMIÈRE

MADAME MARÉCHAL, assise au milieu de la scène et brodant; FERNANDE, allant et venant en silence.

MADAME MARÉCHAL.

Vous êtes bien agitée, mademoiselle.

FERNANDE.

Et vous bien calme, madame.

MADAME MARÉCHAL.

Je n'ai pas de raison de ne pas l'être.

FERNANDE.

Quand peut-être en ce moment mon père est à l tribune !

MADAME MARÉCHAL.

Ah ! c'est là ce qui vous occupe ?

FERNANDE.

Et quoi donc, madame? J'admire votre tranquillité.

MADAME MARÉCHAL.

Le discours de votre père est magnifique, et je suis sûre que ce sera un triomphe.

FERNANDE.

Ah! je n'en demande pas tant.

MADAME MARÉCHAL.

Je le crois; il arbore un drapeau qui n'est pas le vôtre.

FERNANDE.

Je n'ai pas de drapeau, madame; je ne me mêle pas de politique.

MADAME MARÉCHAL.

Vous m'étonnez : je vous aurais crue républicaine au fond du cœur.

FERNANDE.

Pourquoi?

MADAME MARÉCHAL.

C'est une opinion qui rapproche les distances.

FERNANDE.

Je ne vous comprends pas.

MADAME MARÉCHAL.

Vous faites encore l'ingénue après l'éclat d'hier?

FERNANDE.

L'éclat?... Il n'y a que vous, madame, pour interpréter à mal une action si simple. Je suis sûre que tous les gens de cœur m'ont approuvée, à commencer par M. d'Outreville qui est le plus intéressé dans la question.

MADAME MARÉCHAL.

Si vous croyez l'avoir enchanté par votre petite manifestation ! j'en suis encore à comprendre comment il n'a pas repris sa parole.

FERNANDE.

Si je le soupçonnais d'y avoir songé un instant, c'est moi qui reprendrais la mienne.

MADAME MARÉCHAL.

Vous êtes sévère !

FERNANDE.

Je n'admets pas qu'il doute de ma probité.

UN DOMESTIQUE.

Madame reçoit-elle ?

MADAME MARÉCHAL.

Qui ?

LE DOMESTIQUE.

Madame la baronne Pfeffers.

FERNANDE, à part.

Encore ?

MADAME MARÉCHAL.

Qu'elle entre.

SCÈNE II

Les Mêmes, LA BARONNE.

MADAME MARÉCHAL, montrant un siège à la baronne.

Savez-vous, chère baronne, que vous nous gâtez ?

LA BARONNE, debout.

Hélas ! madame, je viens aujourd'hui, bien à contre-cœur, chargée d'une mission qui ne vous surprendra certainement pas, mais dont le pénible devoir appartenait plutôt à M. d'Auberive qu'à moi... M. d'Outreville en a jugé autrement, et, malgré ma répugnance à me mêler de choses aussi délicates, il a fallu me rendre à ses instances.

MADAME MARÉCHAL.

Il reprend sa parole ? (A Fernande.) Là ! que vous disais-je ? Voilà le fruit de vos excentricités ! Après la scène d'hier, cette rupture est un désastre pour vous !

LA BARONNE.

N'exagérons pas, madame : la situation de mademoiselle Fernande reste intacte. M. d'Outreville, en vrai gentilhomme, a reculé devant une rupture tant qu'elle pouvait donner lieu à des interprétations fâcheuses pour sa fiancée ; mais le discours de M. Maréchal a levé tous ses scrupules.

FERNANDE.

Mon père a parlé ?

LA BARONNE.

Oui, mademoiselle... C'est en sortant de la Chambre que M. d'Outreville est accouru chez moi, indigné de cette volte-face inqualifiable.

FERNANDE.

Volte-face !

LA BARONNE.

Comment voulez-vous appeler cela? J'admets que M. Maréchal se soit trouvé froissé, qu'il ait refusé de comprendre les raisons de haute convenance qui ont déterminé le comité à faire choix d'un autre orateur...

MADAME MARÉCHAL.

Un autre orateur?... que voulez-vous dire?

LA BARONNE.

Ne savez-vous pas qu'on lui a retiré le discours pour le donner à M. d'Aigremont?

MADAME MARÉCHAL.

Mais nous sommes bafoués, madame !

FERNANDE.

Vous disiez cependant que mon père a parlé.

LA BARONNE.

Hélas! oui. Il s'est levé après M. d'Aigremont, à la grande surprise de nos amis, et, à leur plus grande indignation, il a lu une réponse furibonde aux nobles paroles qu'on venait d'entendre.

MADAME MARÉCHAL.

Quelle horreur! nous voilà au banc de l'opinion !

LA BARONNE.

Je le crains, madame. M. d'Outreville a quitté la séance ; il est venu chez moi : vous savez le reste.

FERNANDE.

Dites-lui, madame, qu'il n'avait pas besoin de redemander sa parole : mon père la lui a rendue.

LA BARONNE.

Cette réponse est digne de vous, mademoiselle. Adieu, madame. Je prends part, croyez-le bien, à la douleur que vous cause la conduite de M. Maréchal. (A part.) Dans un mois, je porterai d'azur à trois besants d'or.

Entre Maréchal.

FERNANDE, lui sautant au cou.

Mon père !

Maréchal salue gracieusement la baronne, qui sort sans le regarder.

SCÈNE III

MADAME MARÉCHAL, MARÉCHAL, FERNANDE.

MARÉCHAL, à Fernande.

D'où vient à la baronne cet air de princesse

MADAME MARÉCHAL.

Vous le demandez?...

MARÉCHAL.

Ah! vous savez déjà?... Eh bien, tant mieux!

MADAME MARÉCHAL.

Apostat!

Fernande se met à sa tapisserie.

MARÉCHAL.

Tout beau, madame Maréchal! S'il y a eu apostasie de ma part, c'est le jour où j'ai abandonné les principes de mes pères, et non le jour où j'y reviens. Je suis un roturier, si vous ne le savez pas!

MADAME MARÉCHAL.

Ah! si j'avais pu en douter...

MARÉCHAL.

Mon nom n'est pas même un nom, c'est un sobriquet; j'ai eu parmi mes aïeux un maréchal, pas un maréchal de France, entendez-vous? un maréchal ferrant. Libre à vous d'en rougir; moi, j'en suis fier.

MADAME MARÉCHAL.

Juste ciel! A quoi me suis-je exposée en me mésalliant!

MARÉCHAL.

Laissez-moi donc tranquille avec votre mésalliance! Vous êtes de la Vertpillière comme je suis de Saint-Cloud.

MADAME MARÉCHAL.

Monsieur!

MARÉCHAL.

Votre nom est Robillard; votre arrière-grand-père était procureur.

10.

MADAME MARÉCHAL.

Monsieur! monsieur! respectez au moins ma famille.

MARÉCHAL.

Eh! madame, elle n'est pas respectable... Je ne vous en estime que plus d'ailleurs; je n'ai pas de préjugés, moi. Je méprise la noblesse; la seule distinction que j'admette entre les hommes, c'est la fortune.

MADAME MARÉCHAL.

Si vous méprisez la noblesse, elle vous le rend bien. M. le comte d'Outreville nous a déjà signifié par la baronne qu'il n'épousait pas la fille d'un démagogue.

MARÉCHAL.

Vraiment! Il ne me fait plus l'honneur d'empocher mes écus, ce gentillâtre râpé? M. le comte d'Argencourt me casse aux gages? Il me destitue de son alliance? Comme ça se trouve! J'allais lui donner ma démission.

MADAME MARÉCHAL.

Ah! monsieur, votre langage s'abaisse avec vos sentiments; vous devenez commun.

MARÉCHAL.

Je parle à la bonne franquette, comme il sied à un homme libre. Loin de moi l'afféterie des cours :

Fredonnant.

Je suis du peuple ainsi que mes amours...

soit dit sans vous offenser, mademoiselle Robillard.

MADAME MARÉCHAL.

Vous êtes un révolutionnaire, un cannibale, voilà ce que vous êtes !

MARÉCHAL.

Tenez, vous me faites sourire! C'est tout l'effet que doivent produire sur la véritable force les emportements de la faiblesse.

MADAME MARÉCHAL.

Je vous cède la place, monsieur.

MARÉCHAL.

Rentrez dans le gynécée; et tenez-vous-y dorénavant.

Elle sort indignée.

SCÈNE IV
MARÉCHAL, FERNANDE.

MARÉCHAL, allant s'asseoir auprès du métier de Fernande.

Tu ne me dis rien, fillette? Est-ce que tu regrettes le d'Outreville? Est-ce que tu l'aimais?

FERNANDE.

Non, mon père; c'était un mariage de convenance.

MARÉCHAL.

Il n'est pas beau, ce monsieur. Je ne sais pas comment j'ai pu songer à donner une belle fille comme toi à ce noble efflanqué. Sois tranquille, les partis ne te manqueront pas avec ta fortune et... la gloire de ton père.

FERNANDE.

Tu as donc eu un grand succès?

MARÉCHAL, modeste.

Énorme, mon enfant! tel qu'on n'en as pas vu depuis dix ans. Ah! ces messieurs du comité doivent se mordre les doigts de m'avoir retiré leur discours! Je l'ai pulvérisé! tu liras le *Moniteur* demain matin. — Tu n'es pas légitimiste, toi, j'espère?

FERNANDE.

Je ne suis rien; mais je m'étonnais que tu le fusses : car tu n'avais aucune raison de l'être.

MARÉCHAL, se levant.

Je ne l'étais pas au fond... Je m'étais sottement laissé endoctriner par ta belle-mère et ce diable de marquis : j'avais cru à une alliance possible entre l'ancienne aristocratie et la nouvelle; mais le bandeau est tombé de mes yeux.

FERNANDE, lui prenant le bras tendrement.

Quoi qu'il en soit, je suis bien heureuse de ton succès, et bien heureuse surtout que ce soit fini.

MARÉCHAL.

Fini? Ce n'est que le commencement! Tous les orateurs de l'autre parti se sont inscrits pour demain. Ils vont me livrer un rude assaut; mais il ne savent pas à qui ils ont affaire! Ce sera mon tour après-demain; mes amis comptent sur moi; je ne leur ferai pas défaut.

LE DOMESTIQUE, annonçant.

M. de Boyergi!

MARÉCHAL.

Faites entrer. — Laisse-nous, Fernande. Nous avons à causer.

Il l'embrasse au front; elle sort.

SCÈNE V

GIBOYER, MARÉCHAL.

MARÉCHAL.

Eh bien, mon cher Boyergi, vous venez chercher mes remerciements?

GIBOYER.

Je vous apporte mes félicitations.

MARÉCHAL.

Je les accepte, parbleu! Mais il en revient une bonne part à votre neveu, entendez-vous? il a admirablement rendu mes idées, beaucoup mieux que je ne l'aurais fait moi-même, je ne me le dissimule pas.

GIBOYER.

Vous êtes trop modeste.

MARÉCHAL.

Non, mon cher, je ne suis que juste. Ce jeune homme ira loin, c'est moi qui vous le dis et vous pouvez m'en croire; je m'y connais. Je veux me l'attacher et me charger de sa fortune.

GIBOYER.

Je vous remercie beaucoup, mais j'ai d'autres desseins sur lui; je l'emmène en Amérique.

MARÉCHAL.

Vous l'emmenez?

GIBOYER.

Oui ; j'ai accepté la direction d'un grand journal à Philadelphie, et j'ai besoin du concours de Maximilien.

MARÉCHAL.

Mais, sapristi! moi aussi, j'en ai besoin; j'en ai plus besoin que vous! J'ai une grande position à soutenir, une grande cause à défendre.

GIBOYER.

Vous êtes bien de taille à suffire à la tâche.

MARÉCHAL.

Je n'en sais rien! Ce jeune homme m'est très utile, je ne m'en défends pas.

GIBOYER.

Utile, soit; mais indispensable, non.

MARÉCHAL.

Pardonnez-moi! Je suis habitué à sa manière de travailler; il est habitué à la mienne; il me complète, c'est mon bras droit, c'est lui qui tient ma plume. Je suis content de son style et n'en veux pas changer. — Et puis, je l'aime, ce garçon! Je veux le former sous mes yeux, à mon école. Où trouvera-t-il un apprentissage pareil à celui qu'il ferait chez moi?

GIBOYER.

La question n'est pas là.

MARÉCHAL.

Où est-elle? S'agit-il d'appointements? Vous les fixerez vous-même. Que gagnerait-il en Amérique? Je lui donne le double.

ACTE CINQUIÈME.

GIBOYER.

Mon Dieu, monsieur...

MARÉCHAL.

Il veut son indépendance? Il l'aura! Personne ne saura qu'il m'appartient... j'aime autant ça! Voyons, si vous lui portez le moindre intérêt, vous devez accepter mes offres. Elles sont belles!

GIBOYER.

Si belles, que je ne puis excuser mon refus qu'en vous disant toute la vérité. J'emmène Maximilien avec moi surtout pour le dépayser, pour l'arracher à un amour sans issue.

MARÉCHAL.

Il est amoureux? Parbleu, le beau malheur! nous l'avons tous été, et nous voilà!

GIBOYER.

Ce n'est pas une amourette, monsieur; c'est une passion.

MARÉCHAL.

Quoi? Une jeune fille qu'il ne peut pas épouser?

GIBOYER.

Précisément.

MARÉCHAL.

Que le diable emporte les jeunes gens! (A part.) Et ma réponse... après-demain. (Haut.) — Quand partez-vous?

GIBOYER.

Demain soir.

MARÉCHAL.

Donnez-moi au moins huit jours.

GIBOYER.

Pas un seul, monsieur; je suis attendu.

MARÉCHAL.

Sapristi ! N'y aurait-il pas moyen d'arranger ce maudit mariage ?

GIBOYER.

C'est tellement impossible que nous ne le désirons même pas.

MARÉCHAL.

La famille a donc des prétentions par-dessus les maisons? Car enfin votre neveu est charmant de sa personne; il a un avenir magnifique, un présent très acceptable, puisque je lui donne... Oui, j'irai jusqu'à vingt mille francs. Que diable ! c'est une position superbe ! Qu'est-ce donc qu'il leur faut, à ces imbéciles-là ?

GIBOYER.

Si je vous disais le nom de la jeune personne, vous n'insisteriez pas.

MARÉCHAL.

C'est donc une Montmorency ?

GIBOYER.

Mieux que cela, monsieur ! Pour en finir d'un mot, c'est mademoiselle Fernande.

MARÉCHAL, très pincé.

Ma fille ?... Mon secrétaire se permet de lever les yeux sur ma fille ?

GIBOYER.

Non, monsieur, puisqu'il part pour l'Amérique.

MARÉCHAL.

Bon voyage! elle n'est pas pour ses beaux yeux, mon cher monsieur.

GIBOYER, s'inclinant comme pour prendre congé.

Je le sais. Puisse-t-elle être heureuse avec M. le comte d'Outreville!

MARÉCHAL.

D'Outreville? Ah bien, oui!.. (Ramenant Giboyer en scène.) Encore une obligation que je vous ai! Tout est rompu, grâce à l'attitude que vous m'avez fait prendre.

GIBOYER, à part.

Je m'en doutais bien.

MARÉCHAL, arpentant la scène avec agitation.

Ma pauvre enfant! Un mariage annoncé partout! la corbeille achetée, les bans publiés! Comment la marierai-je à présent? Et tout cela par votre faute, monsieur.

GIBOYER, immobile et froid.

Cette rupture ne vous préoccupait guère, quand je suis arrivé.

MARÉCHAL.

Hélas! je comptais sur ma gloire pour en réparer l'effet. Ma gloire! autre crève-cœur! Vous me livrez sans défense aux ennemis que je me suis faits! Je suis la bête noire d'un parti puissant et rancunier! Les quolibets vont pleuvoir sur mon silence. Je n'ai plus qu'à me retirer de la scène politique, et aller planter mes choux.

Le désastre est complet! le père est encore plus compromis que la fille.

Il s'assied à droite.

GIBOYER.

Bah! une riche héritière n'est jamais assez compromise pour ne pas trouver un mari.

MARÉCHAL, abattu.

Oui, quelque gandin sans fortune qui la prendra pour son argent et qui la rendra malheureuse.

GIBOYER.

C'est vrai, vous avez raison... je ne songeais pas à ça. Un jeune homme désintéressé qui l'épouserait pour elle-même... c'est l'oiseau rare. Et puis, en supposant que vous mettiez la main dessus, voilà mademoiselle votre fille tirée d'embarras; mais vous, non.

MARÉCHAL.

Parbleu!

GIBOYER.

A moins que votre gendre ne fût de force à remplacer mon neveu auprès de vous; et cela ne se trouve pas non plus dans le pas d'un cheval.

MARÉCHAL.

A qui le dites-vous!

GIBOYER.

D'ailleurs, c'est bien assez d'un homme dans le secret de votre travail.

MARÉCHAL.

C'est déjà trop.

GIBOYER.

Comment sortir de cette impasse?

MARÉCHAL, se frappant le front.

Mais que nous sommes bêtes! ça va tout seul.

Il va sonner à la cheminée.

GIBOYER, à part.

Avec un peu d'aide.

MARÉCHAL, à part, redescendant en scène.

Ça me fera le plus grand honneur. D'ailleurs, je ne peux pas faire autrement. (Au domestique qui est entré.) — Priez mademoiselle de venir me parler.

GIBOYER.

Vous avez une idée?

MARÉCHAL.

Ce ne sont jamais les idées qui me manquent, mon cher, c'est le style. Je vais vous étonner.

GIBOYER.

Que méditez-vous donc?

MARÉCHAL.

Ne cherchez pas : vous ne trouveriez jamais. Ils sont rares, les hommes qui conforment leurs actes à leurs paroles; j'en suis un. — Je suis tout d'une pièce, moi, carré par la base : ce que je pense, je le dis; ce que je dis, je le fais.

GIBOYER, à part.

C'est étonnant, comme je suis roué, quand il ne s'agit pas de moi.

SCÈNE VI

Les Mêmes, FERNANDE.

MARÉCHAL.

Ma fille... je te présente M. de Boyergi, oncle de Maximilien. — Sais-tu ce qu'il vient de m'apprendre? Le départ de son neveu pour l'Amérique.

FERNANDE.

Il part? Il ne m'en avait rien dit.

GIBOYER.

C'est une résolution de ce matin, mademoiselle.

FERNANDE.

Ne viendra-t-il pas nous faire ses adieux?

GIBOYER.

Il a très peu de temps à lui; il m'a chargé de vous présenter ses devoirs.

FERNANDE.

Il nous croit donc bien peu de ses amis? Dites-lui monsieur, que j'aurais été heureuse de lui serrer la main, et que je lui souhaite tout le bonheur dont il est digne.

MARÉCHAL.

Il s'agit bien de bonheur pour lui! Sais-tu la cause de cette résolution désespérée? Monsieur ne voulait pas me la dire; mais on ne me cache rien, à moi. Ce pauvre jeune homme s'en va pour t'oublier.

FERNANDE.

M'oublier ?.. (A Giboyer.) Croyez bien, monsieur, que je ne suis coupable d'aucune coquetterie. Le hasard seul a fait naître entre nous une espèce d'intimité que je regrette profondément, puisqu'il devait en sortir pour M. Gérard autre chose que de l'amitié.

MARÉCHAL.

C'est bel et bon, mais le mal est fait. Eh bien, ça me désole. Je fais le plus grand cas de ce jeune homme, moi. C'est un garçon de rare mérite et d'une élévation de sentiments plus rare encore.

FERNANDE.

Tu ne lui rends pas plus justice que moi.

MARÉCHAL.

Il est pauvre, tant mieux! Bref, il ne dépend que de toi qu'il soit mon gendre. (A Giboyer.) Vous ne vous attendiez pas à celle-là, hein? (A Fernande.) Eh bien, acceptes-tu ?

FERNANDE.

Oui, mon père.

GIBOYER.

Ah! mademoiselle, merci! je cours lui apprendre...

LE DOMESTIQUE, annonçant.

M. Gérard.

GIBOYER.

Ah! les amoureux!.. Il voulait partir sans vous revoir!

MARÉCHAL, bas.

Chut! laissez-moi faire! (Il s'assied sur le fauteuil au milieu de la scène; Fernande debout derrière lui.) — Qu'il entre!

SCÈNE VII

Les Mêmes, MAXIMILIEN.

GIBOYER, à Maximilien, qui s'arrête un peu confus en le voyant.

Eh bien, oui, c'est moi.

MAXIMILIEN, à Maréchal.

Je vois, monsieur, que je n'ai plus à vous annoncer mon départ. Je viens prendre congé de vous et de... votre famille.

MARÉCHAL, jouant la sévérité.

Ma famille, monsieur, applaudit d'autant plus à votre résolution, qu'elle en connaît la véritable cause.

MAXIMILIEN, à Giboyer.

Que signifie...?

GIBOYER, joyeux.

J'ai tout avoué.

MAXIMILIEN.

De quel droit livres-tu mon secret?

MARÉCHAL.

Ce n'est pas sa faute : je le lui ai extirpé, si j'ose m'exprimer ainsi. Ah! mon gaillard, vous vous permettez d'aimer ma fille! vous n'êtes pas gêné.

MAXIMILIEN.

Monsieur...

MARÉCHAL, se levant.

Eh bien, moi... je vous la donne.

MAXIMILIEN.

Ah ! monsieur, cette raillerie...

GIBOYER.

Il ne raille pas !

MAXIMILIEN, très ému.

Quoi ! monsieur, malgré ma pauvreté ?

MARÉCHAL.

Votre mérite est une fortune.

MAXIMILIEN.

Malgré ma naissance ?

GIBOYER, anéanti, à part.

Je l'avais oubliée !

MARÉCHAL.

Qu'est-ce qu'elle a donc de particulier, votre naissance ?

MAXIMILIEN.

Ne le savez-vous pas ? Je ne porte que le nom de ma mère.

MARÉCHAL.

Quoi ? comment ? Père inconnu !... (A Giboyer.) Et vous n'en disiez rien ?

GIBOYER.

Hélas ! je n'y songeais plus !

MARÉCHAL.

Vous n'y songiez plus, saprelotte ! il fallait y songer. Ce n'est pas un détail indifférent !... — Si je brave les préjugés... je les respecte ! et pour le monde...

GIBOYER.

Pour le monde, mon neveu est un orphelin, et personne ne s'avisera de vérifier son état civil.

MARÉCHAL.

Au fait, c'est vrai. Personne n'ira vérifier... Et puis c'est un énorme avantage d'épouser un orphelin. On n'épouse que son mari, pas de famille !

MAXIMILIEN.

Pardon, monsieur, j'ai mon père.

GIBOYER, vivement.

Peu importe ! il n'a aucun droit sur lui, ne l'ayant pas reconnu.

MAXIMILIEN.

S'il n'a pas de droits devant la loi, il en a dans mon cœur. Tu m'entends?

MARÉCHAL, à Giboyer.

Qu'est-ce que c'est que ce père? Comment s'appelle-t-il ?

MAXIMILIEN.

Giboyer.

MARÉCHAL.

Giboyer? L'auteur des biographies, le pamphlétaire?

GIBOYER, courbant la tête.

Oui.

MARÉCHAL, à Maximilien.

Mais, mon cher ami, à un pareil père vous ne devez rien, ni devant Dieu ni devant les hommes. Vous êtes trop heureux qu'il ne vous ait pas empêtré de son nom...

MAXIMILIEN, avec éclat.

C'est pour cela qu'il ne m'a pas reconnu, et non pour se soustraire aux devoirs de la paternité. Il les a accomplis avec une abnégation surhumaine. Il m'a fait litière de son corps et de son âme. Qu'on le juge comme on voudra, je suis sa vertu, et ce n'est pas à moi de le renier !

GIBOYER, d'une voix tremblante.

S'il t'entendait, il serait trop payé ! mais laisse-le achever sa tâche ! puisqu'il a consacré sa vie à aplanir la tienne, ne lui inflige pas cette douleur, la seule qu'il n'ait jamais prévue, de devenir obstacle lui-même ; ne lui refuse pas l'amère volupté du dernier sacrifice. (A Maréchal, d'une voix ferme.) Je vous le promets en son nom, monsieur, il disparaîtra, il s'en ira... bien loin !

MAXIMILIEN.

Où il ira, j'irai : c'est mon devoir, c'est ma joie. Je ne le séparerai pas du seul homme qui puisse entourer sa vieillesse de respect et s'agenouiller à son lit de mort.

MARÉCHAL.

Ces sentiments-là vous honorent ; mais ils sont absurdes, n'est-il pas vrai, monsieur de Boyergi ?

GIBOYER.

Oui.

MARÉCHAL.

Vous pleurez? Eh! mon Dieu, croyez-vous que, moi-même, je ne sois pas ému? Je le suis! Je rends justice à ce brave monsieur Giboyer, et je lui serrerais bien volontiers la main... dans un coin; mais je ne peux en faire ma société, quand le diable y serait. Ne me demandez pas l'impossible.

MAXIMILIEN.

Je ne demande rien, monsieur.

MARÉCHAL, à part.

C'est souvent une manière de tout obtenir; je la connais. (Haut.) Je vous déclare que je suis au bout de mes concessions. Choisissez entre votre père, puisque père il y a... et ma fille.

MAXIMILIEN.

Mais, monsieur, je n'ai même pas le droit de délibérer.

GIBOYER.

Je t'en supplie, ne t'inquiète pas de lui. Tu ne connais pas ces dévouements farouches qui se repaissent d'eux-mêmes. Va, le plus doux compagnon que tu puisses donner à sa vieillesse, c'est la pensée que tu es heureux.

MAXIMILIEN.

Plus il me pardonnerait mon ingratitude, moins je me la pardonnerais, moi! — Non.

GIBOYER, tristement.

N'en parlons plus.

ACTE CINQUIÈME.

MARÉCHAL, avec humeur.

N'en parlons plus. Allez en Amérique, et grand bien vous fasse ! Vous n'aimez pas ma fille, voilà tout.

MAXIMILIEN, tombant dans le fauteuil du milieu avec un sanglot.

Je ne l'aime pas !

MARÉCHAL, de la porte.

Viens, Fernande. (Fernande, qui a suivi toute la scène du fond du théâtre, s'avance lentement vers Maximilien et, lui prenant la tête entret ses mains, lui donne un baiser au front. Puis elle se redresse et regarde son père.) Es-tu folle? Me voilà bien maintenant ! Vous triomphez, monsieur, vous êtes maître de la situation; il ne vous reste plus qu'à amener M. Giboyer chez moi et qu'à l'installer dans ma robe de chambre.

FERNANDE, à Giboyer.

Je serai heureuse, monsieur, que vous m'appeliez votre fille.

MARÉCHAL.

Quoi ! c'est lui ?

FERNANDE.

Tu ne l'avais pas deviné ?

Elle tend ses mains à Giboyer, qui les couvre de baisers.

MARÉCHAL.

Mais alors, il n'y a rien de changé dans une situation... que j'acceptais. Ce que je vous demande, monsieur de Boyergi, c'est de n'y rien changer.

GIBOYER.

Je n'en ai pas envie.

MARÉCHAL, à part.

J'aurai deux secrétaires au lieu d'un.

GIBOYER, à part.

C'est égal, je partirai pour l'Amérique après le mariage.

LE DOMESTIQUE, annonçant.

M. le marquis d'Auberive.

SCÈNE VIII

Les Mêmes, LE MARQUIS.

MARÉCHAL.

Arrivez, monsieur le marquis, et soyez le premier à apprendre le mariage de votre pupille.

LE MARQUIS, regardant Gérard et Fernande.

Avec M. Gérard? Je m'y oppose.

MARÉCHAL.

Oh! oh! vous vous y opposez! Et de quel droit? Je suis le père de ma fille, peut-être?

LE MARQUIS.

C'est vrai, mais savez-vous qui est monsieur?

FERNANDE.

Je l'aime!

LE MARQUIS, à part.

Patatras! — Non! (Haut.) Ventre-saint-gris! je m'étais habitué à l'idée que vous épouseriez quelqu'un des miens, ma chère Fernande, et, à mon âge, on ne change plus ses habitudes. — Jeune homme, vous êtes orphelin... par destination du père de famille; je n'ai pas d'enfants; je vous ai donné les soins requis par le Code : je vous adopte.

MARÉCHAL.

Hein?

GIBOYER.

Je vous remercie du fond du cœur, monsieur le marquis.

MAXIMILIEN.

Moi aussi, je vous remercie bien; mais je ne suis pas accoutumé à avoir beaucoup de pères; j'en ai trouvé un bon, et je m'y tiens.

LE MARQUIS.

Prenez garde! C'est de la grandeur d'âme aux dépens de Fernande.

FERNANDE.

Cette noblesse-là me suffit.

LE MARQUIS, à Maréchal.

Il me semble qu'on pourrait vous consulter un peu.

MARÉCHAL.

Ce ne serait que convenable, et j'avoue que je serais

enchanté que mon gendre... ah ! mais non ! Ah ! mais non ! je suis démocrate.

GIBOYER, à part.

C'est qu'il le croit !

LE MARQUIS.

Allons, puisque vous perdez tous l'esprit... (A part.) J'adopterai mon petit-fils !

FIN DU FILS DE GIBOYER

LE POST-SCRIPTUM

COMÉDIE EN UN ACTE

EN PROSE

Représentée pour la première fois, à Paris,
sur le THÉATRE-FRANÇAIS,
par les Comédiens ordinaires de l'Empereur, le 1ᵉʳ mai 1869.

A

MADAME MATHILDE GOÜIN

Son vieil ami et dévoué compère,

ÉMILE AUGIER.

PERSONNAGES

Artistes qui ont créé
les rôles.

M. DE LANCY. . . . . M. BRESSANT.

MADAME DE VERLIÈRE. . . . Mme ARNOULD-PLESSY.

La scène est à Paris, de nos jours.

LE POST-SCRIPTUM

Un boudoir élégant. — Deux portes au fond, dans des pans coupés. A droite, une cheminée. — Au milieu, une table.

SCÈNE PREMIÈRE

MADAME DE VERLIÈRE, en robe de chambre, les cheveux poudrés. Elle est assise dans une bergère, au coin de la cheminée, coupant les feuillets d'un livre. M. DE LANCY entre par la porte de droite.

LANCY, sur la porte.

Pardon, chère voisine, c'est moi. Ne grondez pas votre camériste, elle m'a déclaré de son mieux que vous n'y étiez pour personne ; mais je lui ai fait observer qu'un propriétaire n'est pas quelqu'un : ce raisonnement l'a subjuguée. Maintenant, faut-il que je m'en retourne ?

MADAME DE VERLIÈRE.

Vous êtes bien heureux que ce soit vous !

LANCY.

Ce livre est donc bien intéressant?

MADAME DE VERLIÈRE.

Je n'en sais rien : je le coupe. Puisque vous voilà, mon cher Lancy, vous m'aiderez à attendre; car j'attends.

LANCY, remarquant qu'elle a les cheveux poudrés.

Qui? le carnaval?

MADAME DE VERLIÈRE.

O mon Dieu, non. Je ne serais pas poudrée de si bonne heure pour le bal, je vous prie de le croire.

LANCY.

Alors?

MADAME DE VERLIÈRE.

Quel est donc ce mystère, n'est-ce pas? Je ne veux pas avoir de secrets pour vous : on m'a mis ce matin de l'eau athénienne, et on m'a poudrée pour sécher mes cheveux. Êtes-vous satisfait? — A propos, je vous remercie de votre bourriche. Vous êtes le roi des chasseurs et le modèle des propriétaires.

LANCY.

Va pour le premier compliment; mais le second tombe mal.

MADAME DE VERLIÈRE.

Vous m'inquiétez. Voudriez-vous m'augmenter, par hasard?

LANCY.

Pis que cela. Je viens vous signifier congé.

SCÈNE PREMIÈRE.

MADAME DE VERLIÈRE.

Est-ce une plaisanterie?

LANCY.

Hélas! l'homme du monde ne se fût pas permis de forcer votre consigne; tant d'audace n'appartenait qu'à l'homme d'affaires.

MADAME DE VERLIÈRE.

Et l'homme d'affaires ne pouvait-il pas attendre jusqu'à demain?

LANCY.

Impossible. D'après notre contrat, nous devons nous prévenir mutuellement six mois d'avance; or le terme fatal expire aujourd'hui, et, demain, vous entreriez de plein droit dans la seconde période de votre bail, ce qui me contrarierait prodigieusement.

MADAME DE VERLIÈRE.

Voilà parler en franc chasseur.

LANCY.

En homme des bois, si vous voulez.

MADAME DE VERLIÈRE.

Vous n'y allez pas par quatre chemins.

LANCY.

Peut-être.

MADAME DE VERLIÈRE.

Le *peut-être* est joli. — Et peut-on savoir ce qui vous oblige à me congédier? Car vous avez une raison, je suppose.

LANCY.

Excellente; avez-vous le temps de m'écouter?

MADAME DE VERLIÈRE.

Je l'aurai, quand je devrais le prendre; j'avoue qu'il me sera agréable de vous trouver une bonne excuse, car je serais fâchée de vous rayer de mes papiers.

LANCY.

C'est tout un récit, je vous en préviens.

MADAME DE VERLIÈRE.

Faites-m'en toujours le plus que vous pourrez, quitte à remettre la suite à demain, si l'on nous interrompt.

LANCY, s'asseyant près de la table.

Je commence. Orphelin à vingt-quatre ans...

MADAME DE VERLIÈRE.

Ah! ah! votre biographie? Pourquoi sautez-vous pardessus votre enfance?

LANCY.

Parbleu! si vous y tenez, je reprendrai les choses de plus haut encore, *ab ovo*, comme Tristram Shandy... d'autant mieux qu'il y a dans ma nativité, comme dans la sienne, une histoire de pendule.

MADAME DE VERLIÈRE.

Merci bien, alors.

LANCY.

N'ayez pas peur. Ma mère m'a souvent raconté qu'elle avait dans sa chambre une ancienne horloge à carillon, et qu'au moment où je vins au monde l'horloge me souhaita la bienvenue en carillonnant joyeusement midi, ce qui parut d'heureux augure à toute l'assistance. Et de fait, j'ai gardé de ma naissance un fonds de bonne humeur dont la vie n'a pas encore pu triompher. Il est vrai que j'ai une santé athlétique, mauvaise disposition pour la mélancolie.

MADAME DE VERLIÈRE.

Mais excellente pour l'égoïsme ; prenez garde.

LANCY.

Ne croyez donc pas cela. Il n'y a de vraiment bons que les gens bien portants. Égoïste comme un malade... Vous devez en savoir quelque chose, vous qui avez si bien soigné feu votre mari.

MADAME DE VERLIÈRE.

Hélas ! c'est vrai.

LANCY.

A vingt-quatre ans, donc, maître d'une belle fortune et porteur d'un nom honorable...

MADAME DE VERLIÈRE.

Vous vous empressiez d'écorner l'une...

LANCY.

Et de compromettre l'autre ? Que nenni ! La passion de la chasse m'a préservé des passions ruineuses ; j'ai toujours eu horreur des cartes, et, sans me donner pour un héros aussi chaste à beaucoup près que le farouche Hippolyte, je puis me vanter...

MADAME DE VERLIÈRE.

Pas de détails, je vous en conjure.

LANCY.

Le strict nécessaire. — Je puis me vanter d'avoir

passé ma vie à la poursuite de la femme honnête. Je l'ai d'abord cherchée, comme tous les débutants, dans le camp des irrégulières, et j'ai payé un large tribut à la manie de la rédemption. Mais, après avoir racheté pour quelque cent mille francs d'anges déchus, je me suis aperçu que les vierges folles sont encore moins folles que vierges, si c'est possible, et que le racheteur n'est pour elles qu'un acheteur plus naïf.

MADAME DE VERLIÈRE.

C'est plein d'intérêt... Continuez.

LANCY.

Désenchanté de ces aimables commerçantes, je transportai mes investigations dans le monde régulier. Ah! madame, pour un échappé des amours vénales, quelle ivresse dans la possession d'un cœur qui se donne en immolant tous ses devoirs ! Le malheur, c'est que je finissais toujours par m'attacher au mari, le trouvant incomparablement plus honnête que la femme, et je reconnaissais alors qu'il n'y a pas un abîme entre celles qui nous trompent pour un autre et celles qui trompent un autre pour nous... Sans compter que ces fameux devoirs dont on fait sonner si haut le sacrifice sont la plupart du temps des victimes parfaitement habituées à l'autel. — Je ne vous ennuie pas trop ?

MADAME DE VERLIÈRE.

Jamais trop, mon ami.

LANCY.

Mais assez. J'abrège donc. Le résultat de mes expériences fut cette vérité oubliée par M. de La Palisse, que la seule chance qu'on ait de posséder une honnête femme, c'est de l'épouser soi-même. — Malheureusement, j'avais passé l'âge où l'on se marie les yeux fermés; il ne me restait plus que le mariage de raison... et c'est fièrement difficile, allez, de rencontrer une femme qu'on ait raison d'épouser. Mais à la fin je crois avoir trouvé mon lot.

MADAME DE VERLIÈRE.

Ah! tant mieux!

LANCY.

Un moment! je ne suis pas encore agréé.

MADAME DE VERLIÈRE.

Vous le serez, mon ami; il est impossible que vous ne le soyez pas, car vous êtes un homme charmant, malgré ce vilain procédé... que nous perdons un peu de vue.

LANCY.

Au contraire, nous y arrivons. Comme garçon, je pouvais me contenter de mon entresol; en montant d'un grade, il faut aussi que je monte d'un étage.

MADAME DE VERLIÈRE.

Je comprends, c'est madame de Lancy que vous voulez installer dans mon appartement.

LANCY, se levant.

Vous l'avez dit.

MADAME DE VERLIÈRE.

Je vous pardonne en faveur du motif, quoiqu'il soit bien pénible de déménager. Je suis bête d'habitude; je me plaisais beaucoup ici, je l'avoue.

LANCY, appuyé au dossier du fauteuil de madame de Verlière.

Qu'à cela ne tienne, restez.

MADAME DE VERLIÈRE.

Et madame de Lancy ?

LANCY.

Elle s'y prêtera volontiers, pourvu...

MADAME DE VERLIÈRE.

Pourvu ?

LANCY.

Pourvu que vous changiez de nom.

MADAME DE VERLIÈRE.

Comment l'entendez-vous ?

LANCY.

En cessant de vous appeler madame de Verlière pour vous appeler madame...

MADAME DE VERLIÈRE.

De Lancy ? Je crois, Dieu me pardonne, que vous m'intentez une demande en mariage !

LANCY.

Franchement, je le crois aussi.

MADAME DE VERLIÈRE, se levant.

Et par quels détours, juste ciel !

LANCY.

Quand vous me reprochiez de ne pas prendre par quatre chemins !

MADAME DE VERLIÈRE, debout devant la cheminée.

Je vous faisais tort de trois. — Ainsi, c'est moi qui ai l'insigne honneur de vous représenter le mariage de raison ? Savez-vous que vous n'êtes pas poli ?

LANCY.

Permettez; il s'agit de s'entendre sur les mots. Ce que le monde appelle un mariage de raison c'est-à-dire un mariage où le cœur n'est pas plus consulté que les yeux, où l'on prend une femme dont le plus souvent on ne voudrait pas pour maîtresse, et dont on ne subit la possession qu'à condition qu'elle sera éternelle, je l'appelle, moi, un mariage d'aliéné.

MADAME DE VERLIÈRE.

A la bonne heure; mais votre phrase avait besoin de commentaire. — Vous êtes un fier original.

LANCY.

En quoi donc?

MADAME DE VERLIÈRE.

D'abord en tout, et puis en votre façon de faire votre cour.

LANCY.

Qu'en savez-vous? Je ne vous l'ai jamais faite.

MADAME DE VERLIÈRE.

Première originalité; mais, aujourd'hui même que vous demandez si singulièrement ma main, j'ai toutes les peines du monde à voir en vous un soupirant.

LANCY.

Parce que je ne soupire pas de mon naturel; donnez-moi une bonne raison de soupirer, et je m'en acquitterai tout comme un autre.

MADAME DE VERLIÈRE.

Mais êtes-vous bien sûr que vous m'aimez?

LANCY.

Sûr comme de mon existence.

MADAME DE VERLIÈRE.

Voilà un amour dont je ne me doutais guère.

LANCY.

Et moi, donc! Il n'y a pas un mois qu'on m'aurait bien étonné en me l'annonçant.

MADAME DE VERLIÈRE.

Comment cela vous est-il venu? Car je ne suis pas coquette.

LANCY.

Non, certes! — C'est cette cheminée qui est cause de tout le mal, si mal il y a.

MADAME DE VERLIÈRE.

Vraiment?

LANCY.

Je ne vous connaissais que de vue, ce qui est déjà quelque chose, mais je risquais fort de ne pas vous connaître davantage; car votre deuil m'eût fermé votre porte comme à tout le monde, si cette brave cheminée ne me l'eût ouverte en fumant.

MADAME DE VERLIÈRE.

Elle fume encore par le vent d'est, je vous en préviens.

LANCY.

J'en prends note. A partir de ce jour, je ne rêvai plus que réparations... rêve étrange chez un propriétaire et dont la bizarrerie aurait dû m'éclairer sur la pente où je glissais! Bref, de fil en aiguille et de fumiste en serrurier, je me trouvai un beau jour installé dans votre intimité charmante, respectueusement ému de la simplicité de votre chagrin, pénétré du parfum de loyauté qu'on respire autour de vous, et persuadé que je me livrais innocemment à la douceur de l'amitié la plus désintéressée. Comment et quand cette amitié s'est-elle changée en un sentiment plus vif? Je ne saurais le dire et je serais peut-être encore à m'apercevoir de la métamorphose si on ne m'avait proposé la semaine dernière un parti des plus sortables. Tout s'y trouvait; pas une objection à faire; ajoutez de ma part la résolution d'en finir avec le célibat : je devais accepter tout de suite. Mais à je ne sais quelle révolte de mon cœur j'ai senti que ce cœur vous appartenait tout entier, et voilà huit jours que je tourne autour d'une déclaration avec une timidité digne d'un âge plus tendre. Enfin, l'opération est faite, et je vous prie de croire que je n'en suis pas fâché.

MADAME DE VERLIÈRE, remontant derrière la table.

Mon pauvre ami! j'ai pour vous une véritable affection; vous êtes le plus galant homme que je connaisse.

LANCY.

Mauvais début.

MADAME DE VERLIÈRE.

J'ai été dupe de votre amitié comme vous-même, et j'ai la conscience de n'avoir rien fait pour encourager des sentiments dont il ne peut vous revenir que de l'ennui.

LANCY, passant à gauche.

Je ne vous plais pas... je m'en doutais! J'aurais mieux fait de me taire. Enfin prenez que je n'ai rien dit, et gardez-moi ma place au coin de cette cheminée... qui fume.

MADAME DE VERLIÈRE.

Vous y serez le bienvenu tant que vous consentirez à l'occuper.

LANCY.

Toujours, alors !

MADAME DE VERLIÈRE.

Même si je me remariais ?

LANCY.

Ah ! non, non certes !... mais vous n'y songez pas, je suppose ?

MADAME DE VERLIÈRE.

Et si j'y songeais ?

LANCY.

Ne me dites pas cela.

MADAME DE VERLIÈRE.

Il faut pourtant bien que vous le sachiez un jour ou l'autre.

LANCY.

Est-ce que vraiment... ? Mais non ! ce n'est pas possible ! Je n'ai rien vu chez vous qui ressemble à un prétendant.

MADAME DE VERLIÈRE.

Chez moi, non ; mais ne vous ai-je pas dit que j'attendais quelqu'un aujourd'hui ?

LANCY.

Je tombe bien !... Ah! j'étais préparé à tout, excepté à cela.

MADAME DE VERLIÈRE.

N'ayez pas cet air désespéré. Vous avez de mon cœur tout ce qu'il en restait à prendre, je vous le jure, et je n'aurais pas grande objection à votre demande si je n'aimais personne. Puis-je vous dire mieux?

LANCY.

A quoi bon ce baume sur mon amour-propre? Ce n'est pas lui qui en a besoin. J'aimerais cent fois mieux vous déplaire carrément et que personne ne vous plût. Ah! vous auriez bien pu garder votre secret! Si vous croyez me consoler !...

MADAME DE VERLIÈRE.

Non, je crois vous guérir. En pareille matière, il n'est rien de tel que de trancher dans le vif.

LANCY.

Me guérir? mensonge de médecin alors? Suis-je simple! j'aurai dû le deviner rien qu'à votre coiffure.

MADAME DE VERLIÈRE.

Mais je vous certifie...

LANCY.

Que vous attendez un absent bien-aimé? Et vous auriez choisi précisément le jour de son arrivée pour vous enfariner les cheveux?

MADAME DE VERLIÈRE.

Permettez-moi de vous raconter à mon tour une petite histoire.

Elle s'assied à droite de la table.

LANCY, s'asseyant à gauche.

Deux maintenant si vous voulez. Vous pouvez vous vanter de m'avoir fait une belle peur.

MADAME DE VERLIÈRE.

Vous connaissez madame de Valincourt?

LANCY.

Son mari est de mes bons amis.

MADAME DE VERLIÈRE.

Après trois ans de mariage, vous le savez, cette charmante petite femme eut une fièvre typhoïde dont elle sortit avec des cheveux blancs.

LANCY.

Eh bien?

MADAME DE VERLIÈRE.

Son mari l'adorait. Tant qu'elle fut en danger, c'était un désespoir à croire qu'il ne lui survivrait pas. Elle revient à la vie par miracle...

LANCY.

Ses cheveux blanchissent...

MADAME DE VERLIÈRE.

Ses cheveux blanchissent, et depuis monsieur passe toutes ses nuits au cercle. Qu'en dites-vous?

LANCY.

Dame!

MADAME DE VERLIÈRE, se levant sur place.

Comment, *dame?* Vous l'excusez?

SCÈNE PREMIÈRE.

LANCY, riant.

Jusqu'à un certain point. Voilà un brave garçon qui dispute au trépas une brune adorable; on lui rend une Eurydice poivre et sel!... Il y a évidemment substitution de personne, c'est la seule cause de nullité que reconnaisse le Code; ne soyons pas plus sévères que lui.

MADAME DE VERLIÈRE, à la cheminée.

Comme vous êtes tous les mêmes! Soyez donc bonne, intelligente et sincère; évertuez-vous à vous rendre digne de votre maître futur; préparez-lui une compagne dévouée, un gardien fidèle de son honneur; pauvres sottes! Ce n'est rien de tout cela qui le touche; c'est la nuance de vos cheveux ou la courbe de votre nez. Devenez coquettes, frivoles, égoïstes, son amour n'en diminuera pas, au contraire; mais gardez-vous d'un cheveu blanc ou d'un grain de petite vérole, car tout votre bonheur s'écroulerait et votre mari vous dirait tranquillement: « J'en suis bien fâché; il y a substitution de personne... » Et vous, que j'avais la naïveté de plaindre tout à l'heure!..

LANCY.

Permettez... il n'est pas question de moi dans tout cela, mais de Valincourt.

MADAME DE VERLIÈRE, revenant à la table.

Que vous excusez, que vous approuvez, que vous imiteriez le cas échéant. Ayez au moins le courage de votre opinion.

LANCY.

Tâchons de nous entendre : à qui faites vous le procès, à Valincourt ou à moi?

MADAME DE VERLIÈRE.

A vous, à lui, à votre sexe tout entier, à cette humiliante façon d'aimer qui nous met au rang des animaux de luxe, un peu avant les chiens de race et les chevaux de sang; est-ce clair?

<small>Elle retourne s'asseoir dans la bergère, près de la cheminée.</small>

LANCY, se levant.

Très clair. Toute femme qui se pique de délicatesse s'indigne d'être aimée pour sa beauté; elle ne veut l'être que pour son âme, c'est connu.

MADAME DE VERLIÈRE.

Prétention bien ridicule, n'est-ce pas?

LANCY.

Je ne dis pas cela; mais, que voulez-vous! l'homme est un être grossier à qui l'amour vient par les yeux.

MADAME DE VERLIÈRE.

C'est ce que je lui reproche.

LANCY.

Par malheur, c'est là une loi de nature à laquelle les deux sexes sont soumis, le vôtre comme le nôtre, malgré toute prétention contraire.

MADAME DE VERLIÈRE.

Quelle infamie!

LANCY.

Voyons, madame, la main sur la conscience : si vous aimiez quelqu'un et que ce quelqu'un vous arrivât un jour borgne ou manchot, est-ce que ce dégât ne jetterait pas un peu d'eau froide sur votre exaltation?

SCÈNE PREMIÈRE.

MADAME DE VERLIÈRE.

Que vous connaissez mal les femmes, mon pauvre ami ! Quand nous aimons un homme, sachez que nous ne le voyons qu'à travers son intelligence et son cœur. A peine savons-nous s'il est blond ou brun, et, devant ce dégât que vous dites, nous redoublons de tendresse pour le consoler et le rassurer.

LANCY.

Pendant huit jours.

MADAME DE VERLIÈRE.

Pendant toute la vie.

LANCY.

Je voudrais par curiosité vous voir à cette épreuve.

MADAME DE VERLIÈRE.

Si j'étais aussi sûre qu'il triomphera de celle que je lui prépare !

LANCY.

Qui ?

MADAME DE VERLIÈRE.

Celui que j'attends.

LANCY.

Vous persistez donc à soutenir que vous attendez quelqu'un ?

MADAME DE VERLIÈRE.

Ce n'est pas pour autre chose que je suis... enfarinée. Je vais lui raconter que j'ai blanchi en son absence, que je suis réduite à me poudrer pour ne pas étaler des cheveux... Comment disiez-vous ? poivre...

LANCY.

Et sel.

MADAME DE VERLIÈRE.

Et sel. — Et, si je vois dans ses yeux la moindre hésitation, tout est rompu.

Elle passe à gauche.

LANCY.

En êtes-vous sûre?

MADAME DE VERLIÈRE.

Je vous en fais serment.

LANCY.

Alors, permettez-moi de ne pas désespérer encore.

MADAME DE VERLIÈRE.

La rupture ne serait pas à votre profit. Je renoncerais au monde et m'irais enterrer à Verlière.

LANCY, souriant.

N'avez-vous pas quelque caveau d'ami, à Verlière?

MADAME DE VERLIÈRE.

Ne plaisantez pas, je vous en prie. Quand je songe au dé que je vais jouer...

LANCY.

Pourquoi le jouer, alors?

MADAME DE VERLIÈRE.

Pourquoi Psyché a-t-elle allumé sa lampe?

LANCY.

O fille d'Ève! — Me permettrez-vous, madame, si j'en ai le courage, de venir savoir le résultat de l'entrevue?

SCÈNE PREMIÈRE.

Car je tiens à conserver au moins les droits de l'amitié, si je n'en puis avoir d'autres.

MADAME DE VERLIÈRE.

Voilà de bonnes paroles dont je me souviendrai, quoi qu'il arrive. (Lui tendant la main.) Merci, mon ami.

UN DOMESTIQUE, ouvrant la porte de gauche.

Madame, M. de Mauléon est là.

LANCY, à part.

M. de Mauléon ?

MADAME DE VERLIÈRE.

C'est bien ; j'y vais.

Le domestique sort.

LANCY, très froid.

C'est donc lui ? Que ne le disiez-vous tout d'abord ? Je me serais retiré sans souffler mot.

MADAME DE VERLIÈRE.

Pourquoi devant lui plutôt que devant un autre ? Est-ce que vous le connaissez ?

LANCY, prenant son chapeau sur la table.

A peine. Je sais seulement qu'il est, depuis deux ans, consul quelque part, dans l'Inde.

MADAME DE VERLIÈRE.

Eh bien ?

LANCY.

Or, comme vous n'êtes veuve que depuis quatorze mois...

MADAME DE VERLIÈRE.

Je l'ai aimé du vivant de mon mari? Est-ce là ce que vous voulez dire?

LANCY.

Oubliez mon importunité, madame, et veuillez me croire toujours votre humble serviteur.

<small>Il va jusqu'à la porte de droite.</small>

MADAME DE VERLIÈRE.

Monsieur de Lancy! (Il s'arrête.) Je ne peux pourtant pas vous laisser croire ce qui n'est pas. Je tiens à votre estime.

LANCY, sur la porte.

Vous êtes trop bonne, mais on vous attend.

MADAME DE VERLIÈRE.

En deux mots : c'est moi qui ai demandé au ministre la nomination de M. de Mauléon pour éloigner un danger avec lequel une honnête femme ne doit jamais jouer.

LANCY.

Triple butor! Vous avez bien raison de ne pas m'aimer, je ne vous mérite pas! Je vous ai offensée bêtement.

MADAME DE VERLIÈRE.

Oui, mais vous ne m'avez pas déplu. Votre mouvement du moins n'était pas banal. Il prouve que mon honneur vous tient au cœur.

LANCY, descendant en scène.

Votre bonheur aussi, soyez-en sûre.

MADAME DE VERLIÈRE.

Je n'en doute pas.

SCÈNE PREMIÈRE.

LANCY.

Alors permettez-moi une simple question. Savez-vous qu'à peine installé dans son consulat, M. de Mauléon a recherché la fille d'un riche négociant?

MADAME DE VERLIÈRE.

Je le sais. — Après?

LANCY.

Puisque vous le savez, je n'ai plus rien à dire.

MADAME DE VERLIÈRE.

Je n'étais pas libre alors. Fallait-il que M. de Mauléon sacrifiât toute sa vie à un amour sans espoir? Il n'a pas de fortune; le mariage fait partie de sa carrière, et je suis bien sûre qu'il n'aurait pas manqué celui dont vous parlez s'il n'y avait pas apporté la nonchalance d'un cœur endolori.

LANCY.

A la bonne heure. Vous avez des indulgences que je ne m'explique guère.

MADAME DE VERLIÈRE.

Et vous, des sévérités que je m'explique trop bien.

LANCY.

Je suis suspect de partialité, je l'avoue. Ah! je donnerais gros pour être votre frère ou votre oncle pendant cinq minutes.

MADAME DE VERLIÈRE.

Mais vous ne l'êtes pas.

LANCY.

Aussi je me tais. — Adieu, madame; soyez heureuse.

MADAME DE VERLIÈRE.

Et moi, je veux que vous parliez ! Que signifient ces réticences à propos d'un homme que vous connaissez à peine ?

LANCY.

A peine, mais à fond. J'ai été témoin de son adversaire dans un duel qui s'est arrangé sur le terrain, et je vous prie de croire que ce n'est pas nous qui avons mis les pouces.

MADAME DE VERLIÈRE.

Témoin de M. de Saint-Jean ?

LANCY.

Vous connaissez aussi cette affaire-là ?

MADAME DE VERLIÈRE.

Parfaitement. Tous les torts étaient du côté de M. de Mauléon, mais il n'en voulait pas convenir et c'est moi seule qui ai obtenu de lui qu'il fît des excuses. Ce n'est pas la moindre marque d'amour qu'il m'ait donnée. J'en ai été si touchée que c'est le moment où j'ai senti la nécessité de l'éloigner. Vous n'êtes pas heureux dans vos attaques, mon pauvre Lancy; mais vous avez raison, je le fais attendre. Adieu.

Elle sort.

SCÈNE II

LANCY, seul.

Elle l'aime aveuglément, c'est clair, et voici ce qui va se passer : au premier mot de l'ingénieuse épreuve, le galant fait la grimace et la pauvre femme s'écrie en tremblant : « Rassurez-vous, ils sont toujours noirs comme du jais. » — Alors, qu'est-ce que j'attends ici ! Leur billet de faire part ? (S'asseyant au coin du feu.) Quel semblant d'espoir me cloue à cette place ? Qu'on a de peine à se tenir pour battu ! — C'est vrai que cette cheminée fume encore... mais du diable si je la fais réparer ! C'est bien bon pour ce favori des dames... car c'est ici qu'il établira probablement son fumoir... au-dessus du mien. J'entendrai tout le jour le bruit insolent de ses bottes : les planchers sont si minces dans ces satanées maisons neuves ! (Il se lève.) Mais j'y pense... les deux appartements ont exactement la même distribution ! Et elle a encore celui-ci pour six mois ! Je vais avoir toute sa lune de miel sur la tête ! Un supplice de Tantale... très perfectionné ! — Je n'ai qu'un parti à prendre, c'est de passer ces six mois-là dans mes terres. — Je n'ai pas de veine ; il n'y avait qu'une femme au monde qui me convînt, elle en aime un autre ! C'est toujours comme ça ! — Bah ! je renonce au mariage. J'ai essayé de payer ma dette à la patrie ; on a refusé mon offrande, je la garde. — Oh ! les femmes ! dire qu'elle me préfère un pareil... un pareil quoi, en somme ? Il en vaut bien un autre. Ce n'est pas un brave à trois poils, voilà tout... et encore je n'en sais rien ! L'explication de madame de Verlière change bien les choses. — Allons, Lancy, aie le courage de t'avouer la vérité : tu as dénigré Mauléon par pur dépit. Eh bien, c'est pitoyable, ce que tu as fait là. Ce n'est pas d'un homme d'esprit; tu t'en moques bien, mais ce n'est pas d'un galant homme, et tu ne t'en moques pas. Voilà une jolie campagne, mon ami ! Tu en sors plus mécontent encore de toi que des autres... Va t'installer dans tes bois avec tes chiens et n'en bouge plus.

SCÈNE III

LANCY, à gauche; MADAME DE VERLIÈRE. Elle entre sans voir Lancy, traverse lentement le théâtre, jette en passant une carte de visite sur la table, et va s'asseoir dans la bergère.

LANCY, à part.

Elle !... cet air pensif...

Il tousse.

MADAME DE VERLIÈRE, tournant la tête.

Ah ! c'est vous ?

LANCY.

Déjà ! Est-ce que par hasard M. de Mauléon... ?

MADAME DE VERLIÈRE, d'un air préoccupé.

Au contraire, il a été parfait. Pas une seconde d'hésitation. Il trouve même que les cheveux blancs me vont plutôt mieux.

LANCY.

Et c'est pour cela qu'il a si vite pris congé ?

SCÈNE TROISIÈME.

MADAME DE VERLIÈRE.

C'est moi qui l'ai prié de me laisser un peu à moi-même. Il reviendra prendre le thé ce soir. Mais, après une matinée si remplie, j'avais vraiment besoin de rassembler mes idées... Je suis bien aise de vous retrouver là.

LANCY.

Et moi, je veux être pendu si je sais ce que j'y fais. Adieu, madame.

MADAME DE VERLIÈRE.

Je ne vous renvoie pas... au contraire.

LANCY.

Votre triomphe serait-il incomplet si je n'y assistais pas?

MADAME DE VERLIÈRE.

Mon triomphe!... Oui, je devrais être au comble de mes vœux et pourtant... je suis presque triste.

LANCY.

Une grande joie est aussi accablante, dit-on, qu'une grande douleur.

MADAME DE VERLIÈRE.

Non, ce n'est pas cela; c'est... c'est votre faute.

LANCY.

A moi?

MADAME DE VERLIÈRE.

Tout ce que vous m'avez dit sur M. de Mauléon me revient et me trouble.

LANCY.

Parbleu! madame, j'en suis plus troublé que vous. Quand vous êtes rentrée, j'étais en train de faire mon examen de conscience et de me reprocher la légèreté de mes accusations.

MADAME DE VERLIÈRE.

Vraiment? Alors remettez-moi l'esprit; vous me rendrez un vrai service. Asseyez-vous. (Lancy s'assied sur une chaise de l'autre côté de la cheminée, tournant à moitié le dos au public.) Je fais trop de cas de vous pour estimer en toute sécurité un homme qui n'aurait pas toute votre estime.

LANCY, d'un ton résigné.

Je n'ai aucune raison de la refuser à M. de Mauléon.

MADAME DE VERLIÈRE.

Je respire. Ainsi ce mariage dans l'Inde...?

LANCY.

Vous le disiez vous-même, pouvait-il...?

MADAME DE VERLIÈRE, vivement.

Il ne s'agit pas de ce que j'ai pu dire, mais de ce que vous pensez. Déclarez-moi seulement que vous auriez agi comme M. de Mauléon, et cela me suffira.

LANCY.

J'aurais agi comme lui.

MADAME DE VERLIÈRE.

Au bout de trois mois?

LANCY.

Bah! le temps ne fait rien à l'affaire.

SCÈNE TROISIÈME.

MADAME DE VERLIÈRE.

Pardonnez-moi ; de deux choses l'une : ou M. de Mauléon m'avait oubliée trop vite, ce qui serait peu chevaleresque...

LANCY.

Son retour prouve le contraire.

MADAME DE VERLIÈRE.

Ou, ce qui serait moins chevaleresque encore, il offrait à une jeune fille un cœur tout plein d'une autre.

LANCY.

Ce n'est pas à vous de le lui reprocher. D'ailleurs le courage lui a manqué au dernier moment, puisque le mariage n'a pas eu lieu.

MADAME DE VERLIÈRE.

Est-ce bien lui qui a reculé ?

LANCY.

Oh ! pour reculer...

MADAME DE VERLIÈRE, riant.

Il est bon là, n'est-ce pas ?

LANCY.

Ce n'est pas ce que je veux dire ! — Au contraire. C'est le point sur lequel j'ai le plus à cœur de lui faire réparation.

MADAME DE VERLIÈRE.

Son duel vous avait pourtant laissé une pauvre idée de lui.

LANCY.

Parce que j'ignorais qu'il agissait par vos ordres. Mais

13.

diantre ! c'est bien différent, et je suis maintenant tout à fait de votre avis.

MADAME DE VERLIÈRE, agacée.

J'en suis charmée. Ainsi, mon cher ami, si je vous ordonnais de faire des excuses sur le terrain, vous en feriez ?

LANCY.

Certainement.

MADAME DE VERLIÈRE.

Mais vous exposeriez-vous à recevoir de pareils ordres ? Viendriez-vous, la veille d'un duel, m'annoncer que vous vous battez ?

LANCY.

Mon Dieu, madame, je voudrais bien m'en aller !

MADAME DE VERLIÈRE.

Non, non, répondez... je vous en prie.

LANCY, avec embarras.

M. de Mauléon a eu la langue un peu légère, j'en conviens ; il voulait peut-être se parer à vos yeux du danger qu'il allait courir, ce n'est pas un crime ; mais je ne puis admettre qu'il cherchât un biais pour s'y soustraire.

MADAME DE VERLIÈRE.

Il devait pourtant prévoir ce qui arriverait.

LANCY, cherchant ses mots.

Eh bien, il allait sans doute au devant du plus grand sacrifice qu'un homme puisse faire à une femme... Il y a des gens comme cela, dont la passion recherche les cilices.

SCÈNE TROISIÈME.

MADAME DE VERLIÈRE.

Le croyez-vous si passionné?

LANCY.

Dame! vous venez de le soumettre à une épreuve concluante.

MADAME DE VERLIÈRE.

Concluante? vous trouvez?

LANCY.

Sans doute.

MADAME DE VERLIÈRE.

Tâchez donc d'avoir une opinion à vous, mon pauvre Lancy, vous tournez comme une girouette.

LANCY.

Où voyez-vous cela?

MADAME DE VERLIÈRE.

Est-ce votre avis, oui ou non, que les hommes ont une façon d'aimer... très différente de la nôtre, je le maintiens, mais qu'ils n'en ont qu'une?

LANCY.

Oh! moi... vous savez bien que je suis un brutal.

MADAME DE VERLIÈRE, se levant.

Mais tous les hommes les ont plus ou moins, et, s'ils n'ont en effet qu'une façon d'aimer, et si M. de Mauléon ne m'aime pas de cette façon-là, il ne m'aime pas du tout; soyez logique.

LANCY.

Vous allez vite en besogne!

MADAME DE VERLIÈRE, se regardant dans la glace.

N'est-ce pas aussi une chose bien surprenante que cette complète indifférence à ma... Comment dirai-je ?

LANCY.

A votre beauté.

MADAME DE VERLIÈRE.

Oui. Si j'ai quelque chose de passable, c'est ma chevelure. On dirait qu'il ne s'en est jamais aperçu.

LANCY, souriant.

Il aime votre âme.

MADAME DE VERLIÈRE.

Ne plaisantez donc pas. — Et, s'il ne m'aime pas en effet, voyez à quelle horrible supposition je suis réduite.

LANCY.

Laquelle ?

MADAME DE VERLIÈRE, se rasseyant en face de Lancy.

Vous ne voulez rien comprendre aujourd'hui ! Ne vous ai-je pas dit qu'il est sans fortune ?

LANCY.

Vous lui faites injure.

MADAME DE VERLIÈRE.

Mon Dieu ! toutes mes idées se brouillent. Qui me tirera d'anxiété ? Mon cher Lancy, vous regrettiez de ne pas être mon frère ; supposez que vous l'êtes, et donnez-moi un conseil, je vous en prie.

LANCY.

Mon conseil serait trop intéressé.

SCÈNE TROISIÈME.

MADAME DE VERLIÈRE.

Non ! Vous êtes la loyauté même; je vous obéirai aveuglément.

LANCY.

Je vous conseille de m'épouser.

MADAME DE VERLIÈRE.

Ce n'est pas ce que je vous demande.

LANCY.

C'est pourtant tout ce que je peux vous dire.

MADAME DE VERLIÈRE.

En votre âme et conscience, croyez-vous qu'il m'aime?

LANCY.

Je vous aime trop pour en douter.

MADAME DE VERLIÈRE, se levant avec impatience, traverse la scène jusqu'à la table; puis, revenant à Lancy, d'un ton résolu.

Eh bien, s'il m'aime, tant pis pour lui, car je ne l'épouserai certainement pas. Désolée de vous contrarier...

LANCY, se levant.

Le pensez-vous ? —... Je suis le plus heureux des hommes.

MADAME DE VERLIÈRE.

Vous avez bien tort, mon pauvre Lancy, car je ne vous en épouserai pas davantage. Le veuvage ne me pèse pas à ce point. Si vous voulez rester mon ami, bien; sinon...

LANCY.

Je le veux ! c'est déjà une commutation de peine.

— Mais, si je ne suis pour rien dans ce revirement inespéré, qu'est-ce donc que vous a fait Mauléon?

MADAME DE VERLIÈRE.

Je vous ai tout dit.

LANCY.

Tout? Il n'y a pas de *post-scriptum ?* Les femmes en ont toujours un.

MADAME DE VERLIÈRE.

Pas l'ombre. (Elle s'assied à gauche de la table.) — Maintenant, comment faire pour me dégager? Je ne vous consulte pas, car vous êtes détestable aujourd'hui.

LANCY.

Une femme a toujours le droit de reprendre sa parole.

MADAME DE VERLIÈRE.

Je ne lui ai jamais donné la mienne.

LANCY.

Pas même tout à l'heure?

MADAME DE VERLIÈRE.

Non. Je ne sais par quelle prudence instinctive j'ai éludé sur ce point.

LANCY, debout de l'autre côté de la table.

Rien de plus simple : il vient prendre le thé ce soir...

MADAME DE VERLIÈRE.

C'est que je voudrais bien qu'il ne vînt pas.

LANCY.

Alors écrivez-lui.

SCÈNE TROISIÈME.

MADAME DE VERLIÈRE.

Je ne lui ai déjà que trop écrit.

LANCY.

Il a des lettres de vous ?

MADAME DE VERLIÈRE.

Oh ! pas beaucoup, et pas bien compromettantes ; vous pourriez les lire ; des lettres de veuve... mais enfin des lettres.

LANCY.

Renvoyez-lui les siennes, il vous renverra les vôtres.

MADAME DE VERLIÈRE.

Et s'il ne les renvoie pas ?

LANCY.

N'avez-vous pas quelque ami qui se chargerait volontiers de la négociation ? Je crois qu'avec un peu de diplomatie...

MADAME DE VERLIÈRE.

C'est que vous me faites l'effet d'un pauvre diplomate, mon ami.

LANCY.

Vous ne me connaissez pas.

MADAME DE VERLIÈRE.

Comment vous y prendriez-vous ?

LANCY.

Je lui dirais : « Monsieur, voici vos lettres à madame de Verlière ; je suis chargé de lui rapporter les siennes. »

MADAME DE VERLIÈRE.

Oui, regardez-le avec ces yeux-là ; je crois qu'il n'aura rien à répliquer. (Fouillant dans le tiroir de la table.) Voici sa correspondance.

LANCY.

Où demeure-t-il ?

MADAME DE VERLIÈRE.

Il m'a laissé sa carte.

Elle la lui montre sur la table.

LANCY prend la carte, fait quelques pas vers la porte, et se retournant.

Quand vous reverrai-je ?

MADAME DE VERLIÈRE.

Voulez-vous prendre le thé avec moi ?

LANCY, saluant.

Volontiers. (A part, en s'en allant.) Le thé de Mauléon... C'est toujours un avancement d'hoirie...

MADAME DE VERLIÈRE, tout en arrangeant le tiroir.

Ah ! j'oubliais ce médaillon. (Elle se lève et tend un petit écrin à Lancy.) Joignez-le au reste.

LANCY.

Un portrait ?

MADAME DE VERLIÈRE.

Non... des cheveux qu'il s'était avisé de m'envoyer de là-bas. Il ne sera pas fâché de les retrouver ici.

LANCY.

Est-ce qu'il n'en a plus ?

SCÈNE TROISIÈME.

MADAME DE VERLIÈRE.

Chauve comme la main !

LANCY, à part.

Voilà le *post-scriptum*.

Il sort.

FIN DU POST-SCRIPTUM

L'HABIT VERT

PROVERBE EN UN ACTE,

EN PROSE

Représenté pour la première fois, à Paris, sur le théâtre des VARIÉTÉS, le 23 février 1849.

PERSONNAGES.

Artistes qui ont créé
les rôles.

RAOUL, étudiant.	MM. CACHARDY.
HENRI, peintre.	CH. PÉREY.
MUNIUS, marchand d'habits.	RÉBARD.
MARGUERITE, grisette.	Mlle PAGE.

EN COLLABORATION

AVEC

ALFRED DE MUSSET

L'HABIT VERT

Le théâtre représente une mansarde. Porte au fond donnant sur un corridor. — Fenêtre à gauche. — Porte à droite. — Un devant de cheminée dans un coin, à droite. — Un chevalet de peintre à droite. — Une petite table de noyer à gauche, devant la fenêtre. — Trois chaises de paille. — Au fond, à gauche, une armoire de noyer.

SCÈNE PREMIÈRE

RAOUL, HENRI.

RAOUL, *assis devant la table tourné, vers la fenêtre ouverte.*

Tu diras ce que tu voudras, mais tu n'empêcheras pas que ce soit aujourd'hui dimanche.

HENRI, *assis sur une chaise renversée devant son chevalet, et arrangeant des couleurs sur sa palette.*

Eh bien, après?

RAOUL.

Après? comme je ne vois pas un nuage en l'air, j'affirme et je maintiens qu'il fait beau.

HENRI.

Ensuite ?

RAOUL.

Ensuite? je ne sais pas si je mourrai très vieux, mais je suis certainement né très jeune; j'ai du plaisir à voir le ciel.

HENRI.

Enfin, où veux-tu en venir ?

RAOUL.

Je ne veux pas en venir, je voudrais m'en aller, m'en aller voir de quelle couleur est l'herbe, comme qui dirait à Chaville ou à Fleury.

HENRI.

Pourquoi à Chaville ? Tu voudrais aller à Chaville ?

RAOUL.

Ou à Fleury.

HENRI.

Mais tu sais bien que nous n'avons pas d'argent.

RAOUL.

Je ne dis pas que nous en ayons; je dis que j'ai envie de voir de la campagne.

HENRI.

La belle découverte ! tu voudrais avoir tes aises, satisfaire toutes tes fantaisies, faire le grand seigneur, rouler en carrosse, être aimé d'une princesse.

RAOUL, se levant.

Pas du tout. Je voudrais que tu prisses ton chapeau

et que tu t'en allasses au mont-de-piété mettre ta montre en gage pour vingt-cinq francs, avec lesquels nous dînerions très bien.

HENRI.

Je ne veux pas mettre ma montre en gage. Ma montre est le seul héritage que m'ait laissé ma grand'mère. (Il se lève, sa palette à la main.) C'est une superbe montre à répétition.

RAOUL.

A quoi cela sert-il?

HENRI.

Quoi? qu'elle soit à répétition?

RAOUL.

Oui.

HENRI.

Parbleu! cela sert à savoir l'heure quand on veut, même dans l'obscurité.

RAOUL.

Eh bien, mets-la en gage; — nous achèterons un briquet.

HENRI.

C'est fort spirituel, je veux le croire; mais je garde ma montre.

RAOUL.

Elle a bonne mine dans ta poche.

HENRI.

Elle y reste du moins, tandis que l'argent n'y reste pas.

RAOUL.

Bel avantage! Mets-y un oignon véritable, il te sera aussi utile. Une montre peut servir à un commerçant qui a des affaires, à un amoureux qui a des rendez-vous, à un médecin qui a des malades. Mais, pour rester enfermés comme nous dans une mansarde, moi à dormir le nez dans un code, toi à m'empester avec ton badigeon, à quoi bon savoir l'heure qu'il est? Tu ressembles à un homme qui aurait un thermomètre accroché à la cheminée et pas une bûche à mettre dedans.

HENRI.

Fais de l'esprit tant que tu voudras. Tu n'as pas d'autre plaisir que de me taquiner, ainsi il faut bien que j'en prenne mon parti.

RAOUL.

Qu'est-ce que tu veux dire par là?

HENRI.

Je veux dire que ton unique passe-temps est de me tourmenter et de m'impatienter. Tu sais aussi bien que moi combien nous sommes pauvres; quand nous avons loué ensemble ce grenier, c'était une misère qui en aidait une autre, et tes parents t'ont refusé autant de fois que les miens de t'envoyer cent écus.

RAOUL.

Oui, avec deux morceaux de toile percée nous avons fait un sac. Le malheur est qu'il n'y a rien dedans.

HENRI.

Puisque tu en conviens, comment peux-tu en plaisanter?

SCÈNE PREMIÈRE.

RAOUL.

Cela ne coûte pas plus cher que de fondre en larmes. Veux-tu mettre ta montre au mont-de-piété?

HENRI.

Non, non et non. Quelle singulière idée as-tu aujourd'hui?

Il pose sa palette.

RAOUL.

Parce que c'est dimanche.

HENRI.

Mais, mon Dieu, est-ce un autre jour que les autres?

RAOUL.

Oui, un fort autre jour. C'est dimanche, il fait beau, je veux m'amuser, je veux voir quelque chose, j'ai envie de vivre... que diable veux-tu que je t'explique!... Me prends-tu pour un feuilleton?

HENRI.

Si tu étais capable une fois de mettre un terme à tes plaisanteries, je te dirais quelque chose de sérieux, mais tu ne veux jamais m'écouter.

RAOUL.

Parle.

HENRI.

Non, tu ne fais aucune attention à ce que je te dis.

RAOUL.

Mais tu vois bien que je t'écoute.

HENRI.

Pas du tout.

RAOUL.

Voyons, par quel serment faut-il m'engager, quelle attitude dois-je prendre, sur laquelle de nos trois chaises faut-il que je m'assoie pour te prouver que je t'écoute? (S'asseyant sur une chaise près de la table à gauche.) Suis-je bien là? tu es forcé de parler, puisque tu prétends avoir une idée.

HENRI.

Eh bien, nous pouvons nous tirer d'affaire très aisément, d'une manière sérieuse et honorable. (Il va prendre le devant de cheminée et l'apporte au milieu de la scène.) Voici un paravent que j'ai peint de ma main; tu n'as jamais voulu le regarder.

RAOUL.

Non! je me doute trop de ce qu'il peut y avoir dessus.

HENRI.

C'est Roméo et Juliette.

RAOUL.

Ça?

HENRI.

Oui... Ne vas-tu pas encore me chicaner là-dessus? Tu sais que j'y travaille depuis six semaines. Je crois aujourd'hui mon œuvre achevée et je me détermine à m'en défaire.

RAOUL, se levant.

Les marchands, crois-le bien, ne se prêteront qu'avec peine à un tel sacrifice.

SCÈNE PREMIÈRE.

HENRI.

Je connais un papetier, homme de goût.

RAOUL.

Ah! si le papetier que tu connais s'y connaît, tu as le droit de le lui donner pour rien.

HENRI.

Il l'estimera à sa juste valeur.

RAOUL.

C'est ce que je dis.

HENRI.

Ça ne vaut donc rien?

RAOUL.

C'est un sujet usé. Si tu nous avais fait Daphnis et Chloé, je suppose, ou un invalide qui pêche une savate, ou tout simplement cet enfant, tu sais bien, qui gâte le pot-au-feu, tu pourrais te lancer dans le commerce... mais ça!

HENRI.

J'avoue que ce sujet-là est un peu sérieux pour un paravent.

RAOUL.

Tu l'as pourtant égayé et rajeuni par quelques détails heureux; ainsi Juliette a une jambe de moins et un œil de trop.

HENRI.

Comment un œil de trop? c'est son nez. Je ne sais même pas pourquoi je te consulte. J'emporte ce paravent, et tu vas voir que nous pouvons vivre de mes pinceaux.

Il charge le devant de cheminée sur son épaule.

RAOUL.

Vivre de tes pinceaux! mais tes pinceaux eux-mêmes ne te rapporteraient rien si tu voulais les vendre.

Au moment où Henri va sortir, on entend la voix de Marguerite qui chante dans le couloir pendant tout ce qui suit.

HENRI.

Tiens, voilà mademoiselle Marguerite qui sort de chez elle.

RAOUL.

Qu'est-ce que ça te fait?

HENRI.

Ça me fait que je ne veux pas qu'elle me voie avec un paravent sur le dos.

RAOUL.

Monsieur y met de la coquetterie?

HENRI.

Je n'aime pas avoir l'air gauche devant les femmes.

RAOUL.

Tu renonces donc à te marier?

MUNIUS, dans l'escalier.

Habits, galons! vendez vos vieux habits!

HENRI.

Voilà le juif Munius qui monte à son galetas.

RAOUL.

Le gredin! nous a-t-il assez grugés!

SCÈNE PREMIÈRE.

MUNIUS, en dehors.

Hé! hé! c'est mademoiselle Marguerite! bonjour, voisine. Ça va bien?

MARGUERITE, de même.

Toujours chantant, voisin. Et les galons?

MUNIUS, de même.

La matinée est bonne, je viens de vendre une superbe friperie.

MARGUERITE, de même.

Quand on vend du galon on n'en saurait trop vendre.

MUNIUS, de même.

Je rapporte un jaunet.

RAOUL.

Si nous le lui empruntions à un intérêt exorbitant?

HENRI.

Ne dis donc pas de billevesées.

MARGUERITE, en dehors.

Finissez donc, vieil homme, finissez!

RAOUL.

Voyez-vous, l'infâme séducteur!

On entend le bruit d'un soufflet.

MUNIUS.

Ah! pour le coup, je vous embrasse!... Ça vaut un baiser.

Second soufflet.

MARGUERITE.

Vous me devrez la paire et je vous fais crédit... Je vais me fâcher.

RAOUL.

Se fâcher après deux soufflets? Volons au secours de l'innocence en péril. (Il ouvre la porte du fond.) Qu'est-ce que c'est, monsieur Munius?

SCÈNE II

RAOUL, HENRI, MARGUERITE, MUNIUS.

MUNIUS, paraissant au fond dans le corridor.

Habits, galons! avez-vous de vieux habits?

RAOUL.

Passez votre chemin, effronté. Notre défroque est pour nos gens.

Munius disparaît dans le corridor.

MARGUERITE, entrant.

Merci, monsieur Raoul. (Apercevant Henri qui cherche à se cacher.) Ah! ah! ah! qu'il est drôle!

HENRI.

Là! je ne devais pas l'échapper.

Il passe à droite.

MARGUERITE.

Pourquoi donc vous promenez-vous en paravent?

HENRI.

Je ne me promène pas, je sors.

MARGUERITE.

Mais il ne fait pas de vent! vous pouvez sortir sans tant de précautions.

HENRI, bas, à Raoul.

Ce qui m'arrive là es fort désagréable, tu en conviendras.

Henri sort par le fond. Le paravent s'embarrasse dans la porte. Marguerite et Raoul rient aux éclats.

RAOUL, à Marguerite qui remonte.

De grâce, mademoiselle, laissez-le suivre sa pensée. Il va nous débarrasser d'un meuble qui nous encombrait.

SCÈNE III

MARGUERITE, RAOUL.

MARGUERITE.

En faire cadeau sans doute à sa maîtresse.

RAOUL.

Parlez-en mieux. Il va le vendre pour le prix en être distribué aux pauvres.

MARGUERITE.

Ah! vous avez vos pauvres?

RAOUL.

Oui, nous en avons chacun un.

MARGUERITE.

Ne serait-ce pas le vôtre qui vient de sortir?

RAOUL.

Je crois que oui... Mais que chantiez-vous donc tout à l'heure?

MARGUERITE.

Une romance ou une chanson, comme il vous plaira.

RAOUL.

Les deux me plaisent, car cela ressemblait à Jean qui pleure et Jean qui rit. Une larme qui court dans le pli d'un sourire, quoi de plus charmant? Chantez-moi cela, je vous prie.

MARGUERITE.

Je ne suis pas en train; on m'a coupé la voix.

RAOUL.

Qui donc?

MARGUERITE.

Ce pauvre paravent qui va vous chercher à dîner.

RAOUL.

Vous m'y faites songer; voulez-vous monter en carrosse avec nous? nous allons à Chaville.

MARGUERITE.

Vous m'invitez?

RAOUL.

Je vous invite positivement.

MARGUERITE.

Et avec quoi, mon Dieu?

RAOUL.

Avec toute la courtoisie dont je suis capable.

MARGUERITE.

Hélas! on ne fait plus crédit là-dessus.

RAOUL.

Et pour quoi comptez-vous notre paravent, s'il vous plaît? un paravent superbe qu'Henri a peint, une œuvre d'art, que nous allons troquer contre son pesant d'or.

MARGUERITE.

Vous croyez?

RAOUL.

Parbleu! il représente Roméo et Juliette.

MARGUERITE.

C'est le sujet de ma chanson. Oui, monsieur, Roméo et Juliette, ni plus ni moins. Vous connaissez l'histoire. Il s'en va, ce jeune homme! il quitte sa maîtresse, il a un pied sur l'échelle de soie, ça lui fait de la peine et il dit... M'écoutez-vous?

RAOUL, qui s'est mis à cheval sur une chaise à droite.

Je suis au balcon des Italiens... Eh bien, il lui dit?

MARGUERITE, chante.

Air :

 L'heure a sonné... pourtant ta main
  Est encor dans la mienne;
 Il est déjà presque demain...
  De moi qu'il te souvienne!
 Épargne-moi : ne pleure pas...

Je pars, voici l'aurore,
Non, Margot, pas encore ! (*Bis.*)
Souffrir tant que tu voudras;
Mais dire adieu, je ne sais pas.

RAOUL, applaudissant.

Bravo ! bravo ! Si je vous dis que vous êtes charmante, ça me fera ressembler à tout le monde. (Se levant.) Mais, dites donc, dans cet air-là, au lieu du nom de Juliette, il me semble qu'il y a Margot, mademoiselle Marguerite... Tant mieux pour Roméo, s'il existe !

MARGUERITE.

En musique et en peinture seulement.

RAOUL.

Tant mieux encore. J'aurais été fâché que la place fût prise.

MARGUERITE.

Vous allez me parler d'amour, je suppose.

RAOUL.

J'en conviens.

MARGUERITE.

A quoi bon ?

RAOUL.

Quand cela ne servirait qu'à intéresser le jeu.

MARGUERITE.

Bah! il sera si court, qu'il n'aura pas le temps de nous ennuyer.

RAOUL.

Qu'importe ! Nous sommes deux ; il ne sera pas dit que

nous n'aurons pas parlé d'amour. La belle collaboration!
le beau chef-d'œuvre!

MARGUERITE.

Est-ce que vous tenez à faire un chef-d'œuvre?

RAOUL.

Point; mais à collaborer. Quel plaisir plus divin qu'une conversation d'amour! O Juliette! pourquoi pensez-vous que le bon Dieu ait fait le soleil, les bois et le dimanche, sinon pour que deux jeunes gens marchent sur l'herbe et baissent les yeux en se disant qu'ils s'aiment? Oh! la belle chose que l'amour!

MARGUERITE.

Oui, le dimanche, comme vous le dites; mais le reste de la semaine, on n'en sait quoi faire. Est-ce que vous oubliez, par hasard, que je travaille du matin au soir? Écoutez-moi, et, une fois pour toutes, je vous dirai là-dessus ma façon de penser. Ne vous semble-t-il pas que ces belles dames, ces jolis petits messieurs, qui ont sans cesse ce mot charmant d'amour sur les lèvres, passent leur vie dans un désœuvrement tout royal, et que ce sont les plus habiles gens du monde à ne rien faire? C'est pour eux que l'amour a été inventé; car, sans lui, que deviendraient-ils? Ils ont besoin de rêver pour ne pas dormir; et plus ces rêves sont variés, nouveaux, plus ils les chérissent! Sans quoi, ils périraient d'ennui un beau jour, entre deux coups de lansquenet. Moi, je vais en journée, je taille des robes, je raccommode de la dentelle... Vous comprenez que, si j'ai autre chose en tête, je vais broder de travers ou me piquer les doigts. Ah! si j'avais dans le cœur un sentiment bien vrai, je ne dis pas, ces choses-là ne sont pas gênantes; mais vos amourettes! non, mon voisin, je n'ai pas le temps. Il faut que je pense à mon petit ménage, il faut que je songe à tout et à personne; vous voyez bien que je n'aimerai jamais, à moins que je n'aime toute ma vie.

RAOUL.

Soit! mais je maintiens mon dire, voisine. Vive l'amour! le nom même en est doux!

MARGUERITE.

C'est pourquoi il n'en faut pas parler ici.

RAOUL.

Bah! ça ne l'abîme pas; qu'est-ce qui pourrait l'abîmer?

MARGUERITE, écoutant.

Je l'entends...

RAOUL.

Qui?

MARGUERITE.

Roméo.

On entend comme le bruit d'une chute.

RAOUL.

Patatras!

MARGUERITE, passant à droite et remontant.

Qu'est-ce qui lui arrive!

RAOUL.

En montant nos six étages, le pied lui aura manqué sur l'échelle de soie... Décidément vous ne voulez pas être Juliette?

MARGUERITE.

Très décidément.

<small>Raoul ouvre la porte du fond, Henri entre avec son devant de cheminée cassé et troué, et son pantalon déchiré au genou.</small>

SCÈNE IV

HENRI, RAOUL, MARGUERITE.

MARGUERITE.

Êtes-vous blessé, monsieur Henri?

HENRI.

Non, mademoiselle, le mal n'est pas grand, mais le malheur est irréparable. (Il montre son devant de cheminée crevé.) Ah! mademoiselle, si vous saviez...

RAOUL.

Et ton papetier?

HENRI.

C'est un crétin. Si vous saviez....

RAOUL.

Et ton pantalon?

HENRI.

C'est un accident... Vous ne savez pas...

MARGUERITE, montrant une chaise.

Mettez votre pied là. Voici ma ménagère et je vais vous

prouver que, de fil en aiguille, il est avec le ciel des raccommodements. Je vais vous faire une reprise.

<small>Henri, qui a été mettre son devant de cheminée contre le mur à droite revient poser son pied sur la chaise que lui présente Marguerite.</small>

HENRI.

Vous êtes bien bonne; mais en ferez-vous jamais une à cette malheureuse peinture? Ah! mademoiselle, vous ne savez pas...

RAOUL.

Accoucheras-tu une fois?

HENRI.

Vous ne savez pas ce que c'est que les souffrances d'un artiste!

MARGUERITE, cousant.

Pardon, je fais quelquefois de l'art, sur mon genou, lorsque je brode et que je compte mes points.

RAOUL.

Comme moi au billard. Mais pressez le ravaudage, mademoiselle Margot; car les talons démangent à ce pauvre Henri.

HENRI.

Encore une commission?

RAOUL.

J'ai invité mademoiselle Margot à dîner avec nous; dans cette conjoncture, prends conseil de ton cœur, tu me comprends?

HENRI.

Nullement.

SCÈNE QUATRIÈME.

RAOUL.

Montre-toi! (Lui faisant un signe.) Montre... toi!

HENRI.

Va te promener!... Aïe! vous me piquez.

Il retire son genou.

MARGUERITE.

Aussi pourquoi remuez-vous?

HENRI.

Pourquoi? il veut que je mette ma montre en gage, mademoiselle; vous savez, ma montre!

MARGUERITE.

En êtes-vous là?

HENRI.

Sans doute, nous en sommes là, nous n'en bougeons pas.

RAOUL.

Henri est un imbécile, un alarmiste; ne l'écoutez pas.

MARGUERITE.

Cependant...

RAOUL.

Non! il voit tout en noir. Jamais nos affaires n'ont été plus florissantes.

HENRI.

Jamais plus, c'est vrai!

MARGUERITE.

Voyons, pas de mauvaise honte, mes pauvres amis.

Laissez-moi vous dire quelque chose sans vous fâcher. Je ne suis pas bien riche, mais vous êtes de grands fainéants! et, moi, je suis une petite économe qui gagne vingt-cinq sous par jour. S'il vous faut vingt-cinq francs...

RAOUL.

Merci, ma bonne Margot; nous n'empruntons jamais à nos amis.

HENRI.

Et nous n'avons pas d'ennemis.

MARGUERITE.

Et Munius?

HENRI, avec éclat.

Oh! ne me parlez jamais de cet homme. C'est un maître filou.

RAOUL, de même.

Le fait est qu'il nous a volés d'une façon bien condamnable.

MARGUERITE.

Comment cela?

HENRI.

Figurez-vous que nous avions un gilet. Dans la poche de ce gilet, il y avait une pièce de cinq francs que j'avais amassée.

MARGUERITE.

Vous m'étonnez.

HENRI.

Eh bien, c'est comme ça. Pendant mon absence Raoul

a vendu le gilet à Munius, il l'a vendu quarante sous. La pièce était dans le gousset droit, j'en suis sûr. Munius a emporté le tout, et quand j'ai réclamé mon bien, il a nié la chose et finalement il l'a gardée.

MARGUERITE.

C'est inconcevable, une chose pareille.

HENRI.

Demandez plutôt à Raoul.

RAOUL.

Je confesse ma légèreté et celle du juif.

MARGUERITE.

Eh bien, il me vient une idée! oui, très bonne. Fiez-vous à moi, nous irons dîner.

HENRI.

Serait-il vrai?

MARGUERITE.

Je vous en réponds. Avez-vous par hasard un vieil habit?

HENRI.

Le hasard serait que nous en eussions un neuf.

MARGUERITE.

En avez-vous un vieux?

RAOUL.

Certainement nous en avons un. Nous avons le fameux habit vert!... Est-ce que vous ne le connaissez pas?

MARGUERITE.

Non!

RAOUL.

L'habit vert, surnommé Conquérant... Eh bien, je vais vous le montrer! — Conquérant va paraître!... Conquérant va sortir de son tabernacle!...

Il va au fond, frappe avec solennité trois coups sur l'armoire.

HENRI.

As-tu peur qu'il ne soit déjà sorti?

RAOUL.

Il ne sort jamais seul. (*Il ouvre l'armoire et en tire un habit vert.*) Le voilà! mais... n'en demandez pas davantage.

Il étale l'habit vert sur une chaise, à gauche.

MARGUERITE.

Et qu'est-ce que vous faites de cet habit-là?

HENRI.

Nous le mettons, mademoiselle, nous le mettons à tour de rôle, lorsqu'une ténue décente est de rigueur.

MARGUERITE.

Un habit pour deux? Je serais curieuse de voir comment il vous va.

RAOUL.

Il est un peu large à Henri, je l'avoue.

HENRI.

C'est-à-dire qu'il étrangle Raoul.

RAOUL.

Vous allez en juger. (*Il le met et passe à droite.*) N'ai-je pas l'air d'un lion en négligé?

SCÈNE QUATRIÈME.

MARGUERITE.

Ou d'un parapluie dans un étui trop court.

Raoul ôte l'habit et retourne à gauche.

HENRI.

Bravo ! il ne voulait pas le croire. Je l'avais pensé ce mot-là... A moi, maintenant. Vous allez voir.

Il passe l'habit.

MARGUERITE.

Tiens, vous passez la main gauche la première?

HENRI.

Je suis gaucher.

RAOUL.

C'est la seule excuse de sa peinture.

HENRI, passant à gauche.

N'ai-je pas l'air d'un homme étoffé, d'un fils de famille ?

MARGUERITE.

Oui, d'un orphelin qui use son père.

RAOUL.

Attrape, outrecuidant mortel !

MARGUERITE, à Henri.

L'aviez-vous pensé aussi, celui-là ?... Cette harde ambiguë vous va très mal à tous deux, et vous devriez la vendre par coquetterie.

RAOUL.

Jamais ! nous y tenons.

HENRI, *retirant l'habit et allant le poser sur une chaise à droite.*

Et, d'ailleurs, on ne nous en offre que six francs.

RAOUL.

Et il nous en faut vingt pour aller à Chaville.

MARGUERITE.

J'en aurai ce que je voudrai si vous me laissez faire. C'est pain béni de voler un voleur.

HENRI.

Quel est votre projet?

MARGUERITE.

Vous voulez tout savoir sans rien payer.

MUNIUS, *dans le corridor.*

Habits, galons!

RAOUL.

Tiens, Munius qui travaille le chant jusque sur le palier!... quel amour de son art!...

MARGUERITE.

Voici l'occasion... et le larron. Laissez-moi seule avec le brocanteur et l'habit. (Henri le lui donne.) Retirez-vous dans votre dortoir, et retenez votre souffle.

RAOUL.

Je vous préviens qu'Henri eternuera; il a le nez intempestif.

MARGUERITE.

C'est bon; je ne demande à son nez que cinq minutes de continence, montre en main, le temps de cuire un œuf à la coque. Prêtez-moi votre montre, monsieur Henri!

SCÈNE QUATRIÈME.

HENRI.

Pour quoi faire?

MARGUERITE.

Puisque je vous demande cinq minutes, montre en main.

HENRI, tirant sa montre.

C'est qu'elle est à répétition.

MARGUERITE.

Avez-vous peur que je ne la garde? Me prenez-vous pour un mont-de-piété?

HENRI.

Non; mais...

MARGUERITE.

Allons; faites ce qu'on vous dit.

HENRI, donnant la montre.

Prenez bien garde au moins à ne pas la secouer. Elle est très quinteuse.

MARGUERITE.

Je le crois bien : à son âge! Maintenant, allez vous tapir sous votre lit, et n'éternuez pas.

RAOUL, passant près de Henri.

Je lui tiendrai le nez.

HENRI, faisant des efforts depuis un instant pour réprimer
une envie d'éternuer.

Que c'est bête de parler de ces choses-là!... (Éternuant.) Atchi!...

Raoul et Henri entrent dans la chambre à droite.

SCÈNE V

MARGUERITE, puis MUNIUS.

MARGUERITE, seule.

Elle met la montre dans la poche de portefeuille de l'habit, qu'elle pose sur une chaise à gauche; puis elle ouvre la porte du fond.

Hé, Munius !

MUNIUS, dans l'escalier.

Qu'est-ce qu'il y a ?

MARGUERITE.

Montez, qu'on vous parle.

MUNIUS.

Avez-vous encore des soufflets à placer ?

MARGUERITE.

Peut-être ; ça dépend de vous. (Munius paraît à la porte. Il est chargé de toutes sortes de friperies.) Entrez.

MUNIUS.

Chez ces mauvais sujets ?

MARGUERITE.

Ils sont sortis et je range leur chambre. Entrez, nous causerons tout en époussetant... (Munius entre.) Fermez la porte.

MUNIUS.

Petite capricieuse ! je vous disais bien que vous ne l'enverriez pas toujours promener, le père Munius.

SCÈNE CINQUIÈME.

MARGUERITE.

Qu'imaginez-vous donc, Gédéon? Je veux faire un marché avec vous.

MUNIUS.

C'est ce que j'imaginais.

MARGUERITE.

Pas celui que vous pensez, Mardochée. Un simple marché d'habits.

MUNIUS.

Je veux bien. Je vous achète tous ceux que vous avez sur vous... (Riant.) Hé! hé! hé!

MARGUERITE, passant près de l'habit.

En vérité?... Regardez toujours celui-ci.

MUNIUS.

J'aimerais mieux vous regarder, mam'selle.

MARGUERITE.

Je le crois, mais ce n'est pas le moment.

MUNIUS.

Quand donc ça sera-t-il le moment? Ah! mam'selle, vous refusez votre bonheur. Je vous parle pour le bon motif, savez-vous?

MARGUERITE.

Est-ce qu'il y en a un bon, à votre âge?

MUNIUS.

Oui-da, très présentable.

MARGUERITE.

Je vous dis de regarder cet habit.

<small>Elle le fait passer à gauche.</small>

MUNIUS.

Je le connais déjà. J'en ai offert six francs, il y a quinze jours.

MARGUERITE.

Il en vaut vingt à présent.

MUNIUS.

Parce qu'il a vieilli? Vous voyez bien que la vieillesse a son prix. Allez, si vous m'épousiez, vous ne vous en repentiriez pas. Je suis très vieux, et je décéderais au bout de six mois.

MARGUERITE.

Taisez-vous, brocanteur. Vous me voleriez un an.

MUNIUS.

Non, je vous jure. J'ai eu une jeunesse très orageuse, très évaporée. Je vous laisserais tout mon bien.

MARGUERITE.

Nous en reparlerons de demain en quinze. Voulez-vous me donner vingt francs de cet habit?

MUNIUS.

J'ai huit cents livres de rente sur le grand-livre, savez-vous, et un catarrhe, un vrai catarrhe.

MARGUERITE.

Malin! Vous voulez placer votre cœur en viager. On connaît ces tricheries-là.

SCÈNE CINQUIÈME.

MUNIUS.

Si on peut dire ! voyez plutôt...

Il tousse.

MARGUERITE.

Vous ne savez pas faire. (Elle tousse.) Voilà ce qu'on appelle tousser... Je suis poitrinaire. Allez, mon petit Munius, vous n'attraperez personne. Vous êtes frais comme une rose.

MUNIUS.

Son petit Munius ! frais comme une rose ! Cueillez-moi donc, méchante !

MARGUERITE.

Vous êtes un enfant.

MUNIUS.

Oui, c'est le mot ! Vous me mènerez par le bout du nez... un véritable enfant. Tout ce que vous voudrez, vous l'aurez. Aimez-vous les mouchoirs de soie, les boucles d'oreilles en similor, les chaînes de sûreté, les cannes à pommes d'argent ? Je vous couvrirai de guipures ; j'ai des monceaux de percaline et bien d'autres choses... O Marguerite !

MARGUERITE.

Comme vos yeux brillent ! Pourquoi dit-on que vous êtes si laid ?

MUNIUS.

Ce sont les mauvaises langues ; n'en croyez rien ; si vous voulez m'aimer, je ferai de la toilette ; je mettrai une redingote à brandebourgs que j'ai, avec des olives et de l'astrakan au collet ; j'aurai l'air distingué ; vous verrez.

MARGUERITE, passant à gauche.

Vous seriez bien plus comme il faut avec cet habit-là. Il est à peine décati.

MUNIUS.

On nous prendrait pour des gens huppés. Je vous donnerais une petite robe de taffetas couleur d'araignée turbulente, à peine mangée sous les bras.

MARGUERITE.

C'est bien tentant, mais...

MUNIUS.

Voulez-vous que j'aille vous chercher une croix en filigrane avec des glands pareils et le tour de cou en velours? C'est joli, ça.

MARGUERITE.

Nous verrons plus tard. Pour l'heure, voulez-vous m'être agréable?

MUNIUS.

Si je le veux, Marguerite de mon cœur! Vierge de Sion! Rose de Saarons!... Ton cou ressemble à la tour de David!

MARGUERITE.

Vous vous enthousiasmez, Munius!

MUNIUS.

Oui, je m'exalte! Descends du Liban, mon épouse, descends avec moi!

MARGUERITE.

Écoutez-moi donc.

SCÈNE CINQUIÈME.

MUNIUS.

Oui, je t'écoute... ta poitrine ressemble à une grappe de raisin. — Je voudrais bien grappiller.

MARGUERITE.

Vous êtes insupportable, à la fin !

MUNIUS.

Je me tais.

MARGUERITE.

Il s'agit...

MUNIUS.

Parle !

MARGUERITE.

Il s'agit, pour me plaire...

MUNIUS.

De changer de religion ? Jamais. Tout, excepté ça.

MARGUERITE.

Il s'agit de regarder cette friperie en honnête fripier.

MUNIUS.

Ah !... Voilà tout ?

MARGUERITE.

Pour le moment... Voyons, examinez cette harde.

Elle lui donne l'habit.

MUNIUS, l'examinant.

Je l'ai vue. Il y a une reprise perdue dans le pan gauche, les boutonnières s'effilent et les parements sont râpés au pli. Cela vaut trois francs comme un liard.

MARGUERITE.

Vous ne savez ce que vous dites. C'est moi qui vous donne la berlue, je pense; — je vais m'éloigner pour vous éclaircir la visière.

<small>Elle se met à la fenêtre à gauche en fredonnant.</small>

MUNIUS, <small>sur le devant de la scène, l'habit à la main.</small>

Ils le vendraient mieux comme amadou que comme habit. (<small>Il le secoue.</small>) Tiens, il y a quelque chose dans la poche... (<small>Tirant la montre...</small>) Oh!... une montre... en or massif! (<small>La pesant.</small>) elle est lourde!... Sont-ils étourdis ces jeunes gens! Voilà la seconde fois... Fi! Munius! La première fois, il ne s'agissait que de cinq francs. Mais une montre, ce serait un vol, car enfin ça représente un joli denier, ce bijou... ça vaut bien... Peuh! Elle est vieille! c'est une casserole. On n'en tirerait que le poids de l'or!... Est-elle en or? En tout cas, la boîte est bien mince. Voyons donc un peu : l'habit vaut trois francs, bien payé. En en donnant vingt, est-ce que je ne paye pas la montre à peu près?

<small>Il la remet dans la poche de l'habit.</small>

MARGUERITE, <small>revenant à Munius.</small>

Eh bien, qu'en dites-vous?

MUNIUS.

Ça vous ferait donc bien plaisir?

MARGUERITE.

Sans doute!

MUNIUS.

Eh bien, mam'selle, vous allez voir si je vous aime. Voilà les vingt francs.

<small>Il lui donne quatre pièces de cinq francs.</small>

MARGUERITE.

Non pas! vous avez un jaunet, je crois. Donnez-le-moi. C'est une fantaisie que j'ai d'une pièce d'or; c'est plus gentil.

MUNIUS.

Hum! l'or est très cher.

MARGUERITE.

Je vous paye le change.

MUNIUS.

Un petit baiser?

MARGUERITE.

Doucement! c'est plus cher que l'or. (Elle lui prend la pièce des mains.) Merci, mon petit Munius. (Allant à la porte à droite.) Monsieur Raoul!

MUNIUS.

Qu'est-ce que vous faites donc?

Entrent Raoul et Henri.

SCÈNE VI

HENRI, RAOUL, MARGUERITE, MUNIUS.

MARGUERITE.

Tenez, mes voisins; voici votre voyage à Chaville, en or.

Elle donne la pièce à Raoul.

RAOUL, passant près de Munius.

Ce brave Munius ! La vertu redescend sur la terre !

MARGUERITE.

Sous ce déguisement.

HENRI, à Marguerite.

Et ma montre ?

MARGUERITE.

Votre montre ? (A part.) Amusons-nous un peu du juif et du chrétien.

MUNIUS, remontant.

Bonsoir, la compagnie. Je m'en vais.

MARGUERITE, le retenant.

Restez donc. On a quelque chose à vous dire.

HENRI, à Marguerite.

Mais ma montre ?

MARGUERITE.

Je l'ai posée sur la table. (Henri va chercher sur la table.) Munius, comme vous avez été grand, je vous invite à venir dîner à Chaville...

Elle fait un signe d'intelligence à Raoul.

RAOUL.

C'est trop juste. Vertueux Munius, nous folâtrerons sur l'herbette.

HENRI, qui cherche toujours.

Je ne la trouve pas. Vous avez dit sur la table ?

MARGUERITE.

Ou sur la chaise, je ne sais plus.

MUNIUS.

Il faut que j'aille faire un bout de toilette.

Il veut sortir.

MARGUERITE, le retenant encore.

Vous êtes très bien comme ça ; c'est sans façon.

RAOUL.

Munius, je vous donne le droit de choisir un plat. Pensez-y bien.

HENRI, qui est revenu à droite.

Je ne déteste pas une plaisanterie de temps en temps; mais il y en a pourtant... Voyons, mademoiselle Marguerite, rendez-moi ma montre.

MARGUERITE.

Est-ce que vous ne la trouvez pas?

MUNIUS, cherchant à s'éloigner.

Je vais déposer mes habits chez moi.

MARGUERITE, le retenant toujours.

On dirait que notre société vous déplaît. Restez donc.

RAOUL.

Que vous semble un pigeon aux petits pois, arrosé de ce bon petit vin d'Orléans?

MUNIUS.

Hé! hé!

HENRI.

J'ai beau chercher.

MARGUERITE.

C'est singulier; je l'avais à la main il n'y a pas un quart d'heure.

HENRI.

Me voilà propre si elle est perdue ! Je suis un garçon rangé, moi. Je ne peux pas vivre sans savoir l'heure qu'il est.

MUNIUS.

Elle aura roulé sous un meuble.

HENRI.

Il n'y en a pas.

RAOUL, passant près de Henri.

Laisse-nous donc tranquilles avec ta montre; elle se retrouvera demain.

HENRI.

Si elle ne se retrouve pas tout de suite, elle est perdue.

RAOUL.

Eh bien, tu en achèteras une autre.

HENRI.

Ce ne sera plus la même. Celle-là, je la connaissais. Elle ne ressemblait pas aux autres. Elle avait sur le cadran un petit soleil d'émail bleu auquel j'étais habitué. C'était ma montre enfin, ma pauvre montre !

Marguerite suit tous les mouvements de Munius pour l'empêcher d'ôter la montre de la poche de l'habit.

MUNIUS, à part.

Je voudrais bien m'en aller.

SCÈNE SIXIÈME.

RAOUL, à Henri.

Qu'est-ce que tu as donc?

HENRI.

J'ai... que je ne l'ai plus.

MARGUERITE.

Aidez-moi donc à la chercher, Munius.

HENRI.

Ah! oui, vous ne la trouverez pas. C'est fini!

Il s'assied à droite d'un air chagrin.

MARGUERITE.

Il faut qu'elle soit envolée.

MUNIUS.

Volée! Par qui? Il n'est entré personne.

MARGUERITE.

J'ai dit envolée.

RAOUL.

C'est plus vraisemblable; mais ce pauvre Henri a l'air d'avoir perdu son fils aîné.

Munius cherche encore à s'esquiver; Marguerite le retient.

HENRI.

Moque-toi de moi si tu veux. Je l'aimais; je l'avais admirée longtemps à la cheminée de ma grand'mère, dans la chambre verte, où il y avait si bon feu. Je ne savais pas alors ce que c'est qu'être pauvre. Je jouais tout le long du jour dans un coin devant cette montre. Il semblait qu'elle me regardait tranquillement. Il est passé, le bon temps des confitures et des lits bassinés...

Ma montre s'en souvenait, et son tic tac m'en parlait tout bas... Je l'aimais !

MARGUERITE, à part.

Il me fait de la peine, ce bon garçon !

RAOUL.

Voyons ! voyons ! ne vas-tu pas pleurer ?

HENRI.

Et quand je pleurerais ? Est-ce que je suis un viveur, moi ? un dépensier, un joueur de dominos comme toi ? mon seul plaisir est de rester chez moi à travailler. J'avais ma montre, qui me tenait compagnie... Elle est perdue !

MARGUERITE.

Attendez donc... je me rappelle à présent !... Je l'ai mise par mégarde dans la poche de votre habit.

MUNIUS, à part.

Aïe !

HENRI, s'élançant sur Munius, retirant la montre de la poche de l'habit, et l'élevant en l'air.

La voilà ! la voilà ! (Il la baise en dansant.) Le verre est cassé, j'en ferai mettre un autre ! Qu'est-ce que ça me fait ! je l'ai.

Il repasse à droite.

MUNIUS.

Rendez l'argent alors.

MARGUERITE.

Quel argent ?

SCÈNE SIXIÈME.

MUNIUS.

Est-ce que vous croyez que j'aurais payé cette loque vingt francs?

RAOUL.

Tout beau, Munius! Vous saviez donc que la montre était dans la poche?

MUNIUS.

Je ne dis pas cela.

<small>Marguerite a repris l'habit des mains de Munius et est allée le poser sur une chaise à droite.</small>

MARGUERITE, redescendant entre Henri et Raoul.

Quelle idée avez-vous là, monsieur Raoul? Ce pauvre Munius! la crème des honnêtes gens!

RAOUL.

Ce ne serait pas son coup d'essai. Nous avons déjà oublié dans un gilet un louis...

MUNIUS.

Ce n'est pas vrai : il n'y avait que cinq francs.

RAOUL.

Il en convient. Je vous prends à témoins.

<small>Il passe à gauche.</small>

MARGUERITE.

Ah! Munius! je n'aurais jamais cru cela de vous.

HENRI.

Il a gardé ma pièce, le scélérat! comme il voulait garder ma montre!

MUNIUS.

Je vous assure que, pour la montre, j'ignorais... Quant

aux cinq francs, c'était plutôt par plaisanterie ou encore pour vous donner une leçon d'ordre... car je vous regarde comme mes enfants, ainsi que je fais de toutes mes pratiques... Il est bien dur d'être soupçonné à mon âge, devant une dame !

MARGUERITE.

Ne pleurez pas, honnête Munius. Le commissaire ne sera pas averti.

RAOUL et HENRI.

Vive Margot !

HENRI.

Embrassons-la.

MARGUERITE.

Pas de ça, mes amis. Voisine et voisins, mais pas de si près. Habillez-vous et partons ! Seulement, c'est vous qui m'avez invitée, et c'est moi qui paye, sans reproche. (Passant près de Munius.) Eh bien, mon pauvre Munius, à trompeur, trompeur et demi !

Pendant ces derniers mots, Raoul et Henri s'approchent de l'habit que Marguerite a accroché sur le dos de la chaise ; Henri passe la main gauche, Raoul la droite en regardant tous deux Marguerite. Ils cherchent un instant l'autre manche, puis se retournent l'un vers l'autre. L'habit se déchire en deux par le dos.

RAOUL.

C'est ta faute ! il faut que tu sois toujours fourré dans cet habit !

HENRI.

Eh bien, tant mieux, nous ne nous disputerons plus.

RAOUL et HENRI, jetant les morceaux de l'habit à Munius.

A vous, Munius !

MARGUERITE.

Voilà une fière reprise à faire ! Mais partons, ou nous manquerons le coche.

TOUS.

Partons ! partons !

CHŒUR FINAL.

Air : *C'est la grisette étudiante. (Les Étudiants.)*

Nous n'avons ni pain sur la planche,
Ni doux loisir pour les amours !
Ne perdons pas notre dimanche :
Dieu n'en fait qu'un tous les huit jours.

FIN DE L'HABIT VERT

LA CONTAGION

COMÉDIE EN CINQ ACTES

EN PROSE

Représentée pour la première fois, à Paris, sur le théâtre de l'ODÉON,
le 17 mars 1866.

PERSONNAGES

Artistes qui ont créé
les rôles.

ANDRÉ LAGARDE.	MM. Got.
LE BARON RAOUL D'ESTRIGAUD.	Berton.
TENANCIER DE CHELLEBOIS.	Brindeau.
LUCIEN DE CHELLEBOIS.	Porel.
CANTENAC.	Thiron.
LA MARQUISE ANNETTE GALÉOTTI.	Mmes Thuillier.
NAVARETTE.	Doche.
ALINE.	L. Gérard.
VALENTINE DE REUILLY.	Petit.
AURÉLIE BRIAT.	Damain.
QUENTIN.	MM. Clerh.
BRAGELARD.	Bricard.
WILLIAM.	Roger.
GERMAIN.	Étienne.
UN DOMESTIQUE.	

La scène se passe à Paris, de nos jours.

LA CONTAGION

ACTE PREMIER

La bibliothèque de Tenancier. — Porte au fond, portes latérales. — Cheminée à gauche, au premier plan, devant laquelle est placé un bureau.

SCÈNE PREMIÈRE

TENANCIER, en robe de chambre, assis à son bureau, dans une bergère. Il achève d'écrire et cachette des papiers.

Allons ! me voilà encore une fois en règle. Tous les ans, à pareille époque, les folies de monsieur mon fils m'obligent à retoucher mon testament, et ce n'est pas une occupation réjouissante à mon âge. (Ouvrant le tiroir de son bureau.) Serrons cela, et n'y pensons plus. (Tout en rangeant des papiers.) Quand l'heure viendra, je suis prêt... (Prenant dans le tiroir un paquet de lettres attachées par un ruban noir.) Il faut pourtant me décider à brûler ces lettres; je ne veux pas qu'après moi elles tombent entre des mains indifférentes... Chers souvenirs de la jeunesse ! qu'on a de peine à se détacher de vous ! (Il tourne la bergère vers la cheminée, sans se lever, dénoue le ruban, ouvre une lettre et la lit des yeux.) Ah! brûlons sans lire, si je veux avoir le courage de brûler...

Il jette la lettre au feu.

LUCIEN, frappant à la porte du fond.

Tu es enfermé?

TENANCIER, à part.

Mon fils!... (Haut.) Un moment! (Il se lève, fait sonner un timbre, rassemble précipitamment les lettres et les remet dans le tiroir, qu'il ferme à clef. — A Germain qui entre.) Ouvrez la porte à M. Lucien, priez-le de m'attendre, et venez m'habiller.

Il sort par la porte de gauche. Germain ouvre la porte du fond.

SCÈNE II

LUCIEN, ANNETTE, GERMAIN.

LUCIEN.

Tiens! mon père n'est plus là?

GERMAIN.

Monsieur est allé s'habiller, et vous prie de l'attendre un instant.

Il sort par la gauche.

LUCIEN.

S'habiller, tu l'entends, petite sœur! Va donc chercher tes enfants.

ANNETTE.

Pour quoi faire?

LUCIEN.

Comme renfort, parbleu ! L'affaire sera chaude. Quand papa s'habille pour me gronder, il faut m'attendre au plus grand style; c'est le Buffon de la mercuriale. J'espérais le surprendre en robe de chambre; mais il a vu le coup.

Il s'assied devant la cheminée sur la bergère où était assis son père.

ANNETTE.

Si j'ai un conseil à te donner, c'est de n'opposer à ses remontrances qu'un silence respectueux.

LUCIEN.

Sois tranquille, je te passe parole. Tâche de détourner un peu sur toi le cours de son indignation.

ANNETTE, s'accoudant sur le dossier de la bergère.

Je ne suis pas montée pour autre chose.

LUCIEN.

Baisez ce frère ! (Il lui tend son front qu'elle embrasse.) Tiens ! je ne te connaissais pas ce bracelet.

ANNETTE.

C'est ton ami d'Estrigaud qui me l'a envoyé.

LUCIEN.

Eh bien, il ne se gêne pas !

ANNETTE.

Ce sont des médailles romaines... objet d'art.

LUCIEN.

C'est vrai, cela peut s'offrir, et s'accepter. — Brrr ! il faudra que je fasse cadeau à papa d'une voie de bois. Il fait des feux de pauvre.

ANNETTE.

Frileux !

LUCIEN.

Tu en parles à ton aise, toi ! Tu sors de ton appartement bien chaud... un étage à monter... Moi, je viens de chez moi, à travers les frimas.

ANNETTE.

De chez toi? si matin?

LUCIEN.

Est-ce assez correct, hein? — Il faut dire qu'hier on m'avait intenté une scène à trente-six carats.

ANNETTE.

Qui cela, *on* ?

LUCIEN.

Une personne qui m'est... horriblement chère.

ANNETTE.

Je m'en doute bien. Comment s'appelle-t-elle pour le moment?

LUCIEN.

Curieuse !

ANNETTE.

As-tu peur de la compromettre?

LUCIEN, imitant la voix de son père.

Non, madame ; mais un frère ne doit pas initier sa sœur aux mystères de nos Phrynés modernes.

ANNETTE.

Voyons, papa ; je ne suis plus une ingénue.

ACTE PREMIER.

LUCIEN, même jeu.

Il n'importe. L'oreille d'une honnête femme doit ressembler à son corps; après la pureté, la chasteté. Du moins était-ce ainsi de mon temps.

ANNETTE.

Tu m'ennuies. Tu te fais trop prier.

LUCIEN.

Aurélie Briat, — vingt-deux ans, — taille d'un mètre cinquante; signes particuliers...

ANNETTE.

Assez! assez!

LUCIEN.

Tu vois! — Va, ma pauvre amie, tu as beau vouloir mettre ton bonnet sur l'oreille, il te retombera toujours sur les yeux.

ANNETTE.

Signes particuliers?

LUCIEN.

Un grain... de jalousie.

ANNETTE.

Elle t'aime donc?

LUCIEN.

Ta surprise m'honore; mettons, si tu veux, que sa jalousie soit une petite flatterie dont elle me régale par-dessus le marché; cela n'a rien qui me choque. — Seulement, hier, elle m'a trop flatté; j'ai vu le moment où elle me cassait l'encensoir sur le nez...

ANNETTE.

Est-ce qu'elle te bat?

LUCIEN.

Fi donc! Je le lui ai formellement défendu.

ANNETTE.

Par où cette jeune fille-là peut-elle te plaire?

LUCIEN.

Par un point capital : c'est un sauvageon, et ils deviennent de plus en plus rares. Si tu voyais les autres, on dirait des élèves de Saint-Denis. — Alors autant se marier tout de suite, n'est-il pas vrai?

ANNETTE.

Comment! le bon ton fait de tels ravages dans ce monde-là?

LUCIEN.

Mais oui. Tandis que les femmes comme il faut s'évertuent à avoir l'air de biches, les biches s'évertuent à avoir l'air de femmes comme il faut; c'est un chassé-croisé avec égal succès de part et d'autre. Tiens, par exemple, Navarette, à la ville...

ANNETTE.

Navarette elle-même?

LUCIEN.

Oui, cette même Navarette qui est si fantaisiste sur les planches, à la ville elle a toutes les manières de l'ancienne cour.

ANNETTE.

M. d'Estrigaud l'a dressée.

ACTE PREMIER.

LUCIEN.

Comme pour lui. Quand ce gaillard-là se mêle de l'éducation d'une femme, je te réponds qu'il y paraît. Il n'y a qu'Aurélie qu'il n'ait pu styler : réfractaire aux belles manières, celle-là !

ANNETTE.

Il a été aussi l'amant de mademoiselle Aurélie?

LUCIEN.

De qui n'a-t-il pas été l'amant, le bandit?

ANNETTE.

Ah!

LUCIEN.

Et il faut le voir, ma chère, avec ses anciennes amours! admirable! paternel et magnifique! il a toujours à leur service un bon conseil et un billet de mille francs... sans intérêts. Aussi, elles l'adorent toutes, et il les fait marcher au doigt et à l'œil... Ah! c'est un homme fort!

ANNETTE.

Très fort.

LUCIEN.

Une lame d'acier dans un fourreau de velours! Quel dommage qu'il ne soit pas né quarante ans plus tôt! Quel homme de guerre c'eût été! Toutes les qualités du grand général! une promptitude de coup d'œil, une soudaineté de décision!...

Il se rassied dans la bergère.

ANNETTE.

Oui, oui, c'est convenu... Raconte-moi plutôt la scène avec mademoiselle... comment dis-tu?

LUCIEN.

Aurélie. — A peine nous sortions... de la première représentation des *Argonautes*...

ANNETTE, derrière lui, debout, appuyée sur le dossier du fauteuil.

A propos, la pièce a-t-elle réussi ?

LUCIEN.

Oh! succès énorme! jamais on n'avait tant ri aux *Cascades-Dramatiques*! Ça aura deux cents représentations, comme *les Œufs de Léda*; pour ma part, je compte y retourner une quinzaine de fois.

ANNETTE.

Et Navarette ?

LUCIEN.

Étourdissante! Il y a une chanson qu'elle enlève avec une verve, tu verras... Ça s'appelle *le Fils du gorille*... ça fera fureur dans les salons.

Il se lève.

ANNETTE.

Tu perds une lettre.

LUCIEN, prenant une lettre sur la bergère et la gardant machinalement à la main.

Et quel argot! sous prétexte que la parole est aux Argonautes !

ANNETTE.

Le calembour est dans la pièce?

LUCIEN.

Et bien d'autres! un feu roulant! Il y a la scène où Médée endort le dragon, vois-tu, c'est un chef-d'œuvre! Naturellement elle l'endort avec du champagne, dans un cabinet particulier. C'est Lardier qui fait le dragon. Il a un *Mon casque me gêne* à se tordre ; et quand on lui apporte l'addition !... il a une façon de la lire, comme ça... (il ouvre la lettre pour imiter l'acteur.) Tiens... Qu'est-ce que c'est que ça ?

ANNETTE.

C'est une lettre à toi.

LUCIEN, lisant.

« Oui, je vous aime.... » Ce n'est pas à moi... Moi, on m'écrit : « Mon bébé, envoie-moi quinze louis. »

ANNETTE.

Alors d'où cela peut-il venir ?

LUCIEN.

Dame ! c'était sur le fauteuil de papa, et puisque ça n'y est pas tombé de ma poche...

ANNETTE.

Tu crois que c'est de la sienne ?

LUCIEN.

Oh ! non ! la poche est la boîte aux lettres courantes; or celle-ci est jaunie par le temps, elle a le parfum mélancolique des feuilles sèches; elle se sera détachée d'un herbier du cœur, que papa était en train de compulser à huis clos, et qu'il aura serré précipitamment à notre arrivée.

ANNETTE.

Comment !... papa lui-même ?... — Je serais bien curieuse...

LUCIEN, l'arrêtant.

Curieuse de quoi, madame ? Jetons le manteau du

respect filial sur les égarements du patriarche... et remettons ce document où nous l'avons trouvé.

ANNETTE.

Pour qu'un domestique le trouve à son tour, n'est-ce pas?

LUCIEN.

C'est juste... je ne peux pourtant pas le mettre dans la main de papa, au beau milieu de la harangue qu'il me prépare. Un fils dénaturé n'y manquerait pas; mais moi, bon Japhet à Noé. Et alors si je ne peux ni lui rendre cette lettre, ni la laisser traîner, qu'en faire?

ANNETTE.

Brûle-la.

LUCIEN.

Et si papa y tient? Je ne veux pas non plus lui dépareiller sa collection. Non! je trouverai moyen de la couler dans sa poche par une pieuse prestidigitation.

ANNETTE.

Et il dit que le respect s'en va!

LUCIEN.

L'ingrat! Le voici!... défends-moi

SCÈNE III

Les Mêmes, TENANCIER, en redingote.

TENANCIER.

Bonjour, Annette. Je ne te savais pas là. Tu n'es pas

de trop. Asseyons-nous! (Il s'assied devant son bureau, Lucien sur une chaise en face de lui; Annette reste debout.) Mon cher Lucien, je suis très mécontent de toi.

ANNETTE.

Je demande la parole. Avant de gronder mon frère, laisse-moi développer une idée que j'ai. La cérémonie du payement des dettes nécessite une fois l'an, entre toi et ce garçon que tu adores, une froideur de deux ou trois jours, aussi désagréable pour l'un que pour l'autre... et, tiens, vous vous regardez déjà comme deux parents de faïence! Supprimons cette solennité désobligeante. J'ai une combinaison financière qui te dispensera de payer ses dettes. Il est maintenant acquis que ses revenus personnels sont de vingt mille francs au-dessous de ses besoins; fais-lui une pension de vingt mille francs, une fois pour toutes, et embrassons-nous.

TENANCIER.

Ses dettes sont le moindre de mes griefs. Elles représentent à peu près le montant de mes économies annuelles; puisqu'elles tombent dans la poche de ses créanciers, au lieu de grossir le capital partageable après moi, je l'avantage d'une somme égale dans ma succession : il n'en est que cela.

ANNETTE.

C'est beaucoup trop!... mes enfants et moi, nous sommes assez riches d'autre part...

TENANCIER.

Ce n'est pas la question. Ton frère a une allure générale qui ne me convient pas, et je veux le prier d'en changer.

LUCIEN, très soumis.

Je ne demande pas mieux!... Qu'y trouves-tu à reprendre?

TENANCIER.

Et d'abord, je m'appelle Tenancier et tu t'appelles de Chellebois.

ANNETTE.

Pardon, père, tu t'appelles Tenancier de Chellebois... Mon frère n'a fait que supprimer la moitié de ton nom.

TENANCIER.

Oui, la moitié qui implique roture. Cette suppression est une usurpation, mon fils.

ANNETTE.

Eh! mon Dieu! mon mariage a lancé Lucien dans un monde où cette usurpation est très bien portée, je t'assure; et moi-même, je ne suis pas fâchée que le nom de mon frère ne crie pas sur les toits que le marquis Galéotti s'était mésallié en m'épousant. D'ailleurs Lucien ne se donne pas pour gentilhomme; il n'a que la prétention d'être ce qu'il est en effet, un gentleman.

TENANCIER, sèchement.

Je ne sais pas l'anglais.

ANNETTE, souriant.

C'est-à-dire un moyen terme entre le bourgeois et le noble, tenant de l'un par la naissance, de l'autre par l'élégance, la fortune, les relations...

TENANCIER.

Et l'oisiveté! Les petits-fils des hommes de 89 travestissent leurs noms et se consacrent à l'inutilité! Prenez garde, messieurs! nous vivons dans un temps où la stérilité est une abdication. Au-dessous de vous, dans l'ombre et sans bruit, se prépare un nouveau tiers état qui vous remplacera par la force des choses, comme vos grands-pères ont remplacé la caste dont vous reprenez les errements, et ce sera justice! (A Annette.) Eh bien, je ne veux pas que ton frère fasse plus longtemps partie de cette mascarade aristocratique; je ne l'ai pas élevé pour cela.

ANNETTE.

Mais quelle profession veux-tu qu'il embrasse... puisque cela s'appelle embrasser?

TENANCIER.

Il n'aurait que l'embarras du choix, ayant passé par l'École polytechnique...

ANNETTE.

Justement; il a fait ses preuves, et tu sais que quand on a fait ses preuves, on a le droit de refuser toutes les affaires.

TENANCIER.

On n'a jamais le droit d'être inutile à son pays.

LUCIEN, étourdiment.

A la belle France!

TENANCIER.

La belle France, oui, ta patrie!... — Ah! ce vieux mot te fait sourire... Laisse ces petites ironies à ton ami d'Estrigaud.

LUCIEN.

Si tu prends toutes les blagues au sérieux!...

17.

TENANCIER.

Je t'ai déjà prié souvent de me parler français.

LUCIEN, se levant.

Eh bien, blague est un mot français. S'il n'est pas encore au Dictionnaire de l'Académie, il y sera, parce qu'il n'a pas d'équivalent dans la langue. Il exprime un genre de plaisanterie tout moderne, en réaction contre les banalités emphatiques dont nous ont saturés nos devanciers.

TENANCIER.

Banalités emphatiques?

LUCIEN.

Oui, ils ont tant usé et abusé des grands mots, qu'ils nous en ont dégoûtés.

TENANCIER, se levant.

Tant pis, monsieur, tant pis pour vous! Les grands mots représentent les grands sentiments, et du dégoût des uns on glisse facilement au dégoût des autres. Ce que vous bafouez le plus volontiers après la vertu, c'est l'enthousiasme, ou simplement une conviction quelconque... Non que vous fassiez profession de scepticisme, Dieu vous en garde! vous n'allez pas plus haut que l'indifférence, et tout ce qui dépasse vous semble un pédantisme. Ce détestable esprit a plus de part qu'on ne croit dans l'abaissement du niveau moral à notre époque. La dérision de tout ce qui élève l'âme, la blague, puisque c'est son nom, n'est une école à former ni honnêtes gens, ni bons citoyens.

LUCIEN.

Je t'assure que je n'ai dérobé personne, et que je fais monter régulièrement ma garde.

ACTE PREMIER.

TENANCIER.

Malgré cette réponse gouailleuse, tu en es encore à valoir mieux que tes paroles, je l'espère; mais ton héros, ton modèle, M. d'Estrigaud, a commencé aussi par valoir mieux que les siennes.

LUCIEN.

Et il continue, papa, je t'en réponds. C'est un très galant homme.

TENANCIER.

A qui je ne confierais ni mon pays, ni mon honneur, ni ma bourse.

LUCIEN.

Tranchons le mot, c'est un monstre!

TENANCIER.

Hélas! non, ce n'est pas un monstre, ce n'est pas une exception : c'est un des plus brillants représentants d'une école qui s'étend tous les jours comme une lèpre, et qui finira par vicier le sang de la France, si on n'y met ordre.

LUCIEN.

Tu es le premier qui suspecte l'honorabilité de Raoul.

TENANCIER.

C'est encore un signe du temps que personne ne songe à suspecter l'honorabilité d'un homme qui, sans patrimoine et sans profession, trouve moyen de dépenser cent cinquante mille francs par an.

LUCIEN.

Sans profession? D'abord il est administrateur de quatre ou cinq grandes entreprises financières, il a là plus de quatre-vingt mille francs de traitement.

TENANCIER.

Et pour le reste ?

LUCIEN.

Pour le reste, il joue à la Bourse.

TENANCIER.

Et il joue de manière à ne rester honnête qu'à la condition de toujours gagner. Le jour où il perdra, sais-tu avec quoi il soldera ses différences ? Avec son honneur.

LUCIEN.

Ce jour-là, il se fera sauter, tous ses amis le savent ; et ses créanciers se rembourseront rien qu'avec la vente de ses meubles et de ses objets d'art.

TENANCIER.

Pourquoi se ferait-il sauter, s'il laissait de quoi faire face à ses engagements ?

LUCIEN.

Il a un mot énergique en réponse à ta question : il appelle son luxe sa dépouille mortelle. C'est un homme trempé, va ! Il dit souvent : « La vie ne vaut pas qu'on l'accepte sans conditions ; tant qu'elle se laissera mener à grandes guides, j'y consens ; le jour où elle m'obligera à trottiner, bonsoir ! »

ANNETTE.

Et il est homme à le faire comme il le dit.

TENANCIER.

Vous croyez cela, vous autres ? Pour que vous vous laissiez prendre aux grands mots, il suffit donc qu'ils soient malhonnêtes ? C'est pitoyable ! — Au surplus, que ce monsieur se tienne ou non parole, peu m'importe. Je ne

ACTE PREMIER. 301

veux pas que mon fils reste sur une pente au bout de laquelle on peut entrevoir la liquidation par le suicide. Tu as vingt-huit ans, c'est le bon âge pour se marier...

LUCIEN.

Oh! père!

TENANCIER.

Le mariage est la rupture la plus naturelle avec la vie que tu mènes. Mon notaire et ami, M. Duperron, me propose un parti très convenable : jolie figure, bon caractère, cinq cent mille francs de dot...

LUCIEN.

J'ai bien le temps de penser à cela.

TENANCIER.

Mais, moi, je me fais vieux et j'ai hâte de revivre dans tes fils.

LUCIEN.

Si tu n'as pas assez de petits-enfants, fais convoler ma sœur; c'est l'état des femmes...

ANNETTE.

Merci bien! J'ai satisfait à la loi du recrutement.

TENANCIER.

Tu es pourtant trop jeune pour rester veuve.

ANNETTE.

Et pour me remarier donc! — Non; j'ai une belle fortune, de beaux enfants, le meilleur des chaperons, qui est mon père... Que m'apporterait le mariage? Rien! et il me prendrait ma liberté et mon titre de marquise. — Mauvaise affaire!... — Revenons à ce jeune garçon qui n'a pas, lui, d'objection sérieuse.

LUCIEN.

Pardon, j'en ai une.

TENANCIER.

Laquelle ?

LUCIEN, se tournant vers sa sœur.

Je ne me soucie pas d'avoir des gredins de fils qui m'apporteraient tous les ans vingt mille francs de dettes, et à qui je n'aurais pas le droit de faire de la morale pour mon argent. Me vois-tu leur disant : « Sont-ce là, messieurs, les exemples que vous a donnés... votre grand-père ? Votre grand-père était un homme sérieux, qui a édifié sa fortune par son travail; un homme vertueux, qui a le droit d'être sévère aux peccadilles de la jeunesse, parce qu'il ne les a pas connues, parce qu'il n'a jamais aimé que votre grand'mère... »

TENANCIER.

C'est bien, en voilà assez. On perd son temps à parler raison à un fou.

LUCIEN, bas, à sa sœur.

Sésame, ferme-toi.

SCÈNE IV

Les Mêmes, GERMAIN, puis ANDRÉ et ALINE.

GERMAIN, du fond.

M. Lagarde demande si monsieur peut le recevoir.

ACTE PREMIER.

TENANCIER.

Quel Lagarde?

GERMAIN.

Dame! celui qui sortait chez nous quand il était à l'École polytechnique avec M. Lucien.

LUCIEN.

André?

TENANCIER.

Faites entrer tout de suite.

LUCIEN.

Ah! quelle joie de le revoir! Te voilà donc, vieil ami...

Il s'avance vers André les bras ouverts, et s'arrête en voyant Aline.

ANDRÉ.

C'est ma sœur... (A Tenancier en lui serrant la main.) Bonjour, cher monsieur.

TENANCIER, à Aline.

Vous voyez le meilleur ami de votre pauvre père, mon enfant.

ALINE.

Je le sais, monsieur.

Elle lui présente son front, il l'embrasse.

ANNETTE.

Voulez-vous m'embrasser aussi, mademoiselle?

TENANCIER, présentant Annette.

Ma fille.

ALINE.

Ah! madame la marquise, mon frère m'a bien souvent parlé de vous.

ANNETTE.

Merci, monsieur André.
Elle lui tend la main.

ANDRÉ, à Lucien.

Ah çà! tout le monde s'embrasse, excepté nous; c'est injuste.

LUCIEN, avec emphase.

Dans mes bras, sur mon cœur!
Ils s'embrassent et puis se regardent.

ANDRÉ.

Tu es toujours le même, toi... toujours jeune!

LUCIEN.

Vingt-huit ans, pas d'infirmités!... Mais, toi, mon pauvre ami, tu t'es furieusement bronzé, sans compliment.

ANDRÉ.

Dame! j'étais déjà ton aîné à l'École, et, depuis, j'ai fait toutes les campagnes de la misère, qui comptent triple.

TENANCIER.

Tu as mené la vie dure, mon pauvre garçon?

ANDRÉ.

Oui; mais j'ai été plus dur qu'elle, et, aujourd'hui, je peux me dorloter... relativement. Tel que vous me voyez, je vais être bourgeois de Paris. Je vais louer un logement pour ma sœur et moi, et nous aurons une bonne... en attendant le reste de nos gens.

LUCIEN.

Tu as donc gagné le lot de cent mille francs?

ANDRÉ.

J'ai tout simplement une fortune dans les mains.

ANNETTE.

Contez-nous donc cela, monsieur André.

ANDRÉ, à Tenancier.

Ah! vous avez eu une fameuse idée, quand vous m'avez conseillé d'entrer dans le génie civil, en sortant de l'École.

TENANCIER.

Il fallait te mettre le plus tôt possible en état d'aider ta mère. Ton éducation avait épuisé sa petite réserve; il ne lui restait que sa pension de veuve de colonel d'artillerie... peu de chose!

ANDRÉ.

Au bout de deux ans, je gagnais ma vie. J'avais fait un rude apprentissage aussi! J'avais vécu avec les ouvriers, travaillant comme eux dans les ateliers, pour bien connaître les métaux et l'outillage; j'avais été chauffeur et mécanicien, dur! pour bien connaître le combustible et la traction; j'ai passé dix mois, jour ou nuit, la face au feu et le dos à la bise, très dur! Mais je savais mon métier à fond et l'ingénieur en chef du Chemin du midi de l'Espagne a pu m'employer à cinq mille francs par an. J'étais bien fier du premier argent que j'ai envoyé à ma mère!... il a servi à l'ensevelir. Pauvre sainte femme!... Pardon, monsieur.

TENANCIER.

Ne te contrains pas, mon enfant, je l'ai pleurée aussi.

ANDRÉ.

Oui, vous la connaissiez !... La vertu sur la terre ! la loyauté ! l'abnégation !... Enfin, elle est morte. Je suis accouru... trop tard. Elle avait rejoint mon père... et nous voilà tous les deux... Pardon, je fais l'enfant... Alors, comme j'étais obligé de revenir en Espagne, je mis ma sœur en pension chez notre pasteur, qui avait cinq filles; sa femme était grande amie de ma mère, en sorte qu'Aline se trouva dans une seconde famille, et je retournai à mon poste. J'avais déjà entrevu mon idée, qui est quelque chose comme la suppression de Gibraltar.

TENANCIER.

Supprimer Gibraltar?

ANDRÉ.

Soyez tranquille, je ne suis pas fou. Il ne s'agit pas de démanteler la forteresse; je n'ai pas assez de canons à ma disposition... Gibraltar est la clef de la Méditerranée; il s'agit d'ouvrir une autre porte en creusant un canal navigable de vingt-cinq lieues entre Cadix et Rio-Guadiario.

LUCIEN.

C'est le pendant du canal de Suez.

ANDRÉ.

Tout simplement.

TENANCIER.

L'idée est plus belle que pratique.

ANDRÉ.

Erreur! L'affaire est magnifique au point de vue financier... mais ce serait trop long à vous expliquer... Qu'il vous suffise pour le moment de savoir que le gouvernement espagnol accorde une subvention de quatre millions.

TENANCIER.

Vraiment, l'affaire en est là?

ANDRÉ.

Parfaitement! j'ai ma concession en poche.

LUCIEN.

Comment t'y es-tu pris, vil intrigant?

ANDRÉ.

Oh! mon cher, une chance infernale! un accident sur notre chemin de fer... encore trop long à raconter! Bref...

LUCIEN.

La brièveté dans la narration n'est une qualité qu'à la condition de ne pas nuire à la clarté.

ALINE.

N'espérez pas de détails, l'affaire est trop à sa gloire. Il a sauvé un train, en passant comme un boulet à travers une charrette de moellons.

LUCIEN.

Diable! c'est crâne!

ANDRÉ.

Non, ce n'est que de la simple prudence : il n'y avait d'autre chance de salut que de pulvériser l'obstacle. Bref...

LUCIEN.

Tu étais donc sur la machine?

ANDRÉ.

Oui, pour faire honneur au maréchal Cardoga, que nous emmenions... et c'est là ma chance! Le maréchal m'invita à dîner, et je n'eus garde de manquer le coche. Il fut tout de suite très féru de mon idée; il en parla au conseil des ministres... etc., etc... Tout allait comme sur des roulettes, quand les Anglais sont venus se mettre en travers.

TENANCIER.

Je les reconnais.

ANDRÉ.

Ils ont dépêché à Madrid une espèce d'agent à moitié diplomatique, un certain sir James Lindsay. Je ne sais pas comment il a manœuvré, mais les capitaux espagnols sont peureux, et la Compagnie du canal de Gibraltar, qui commençait à s'organiser, s'est tout à coup dérobée sous moi! Alors, le maréchal m'a conseillé de m'adresser aux capitalistes français; je suis parti pour Paris; en passant à Poitiers, j'ai pris ma sœur, que je peux dorénavant garder auprès de moi; nous sommes arrivés hier au soir, et nous voilà!

LUCIEN.

Eh bien, mon cher, tu tombes bien. Je suis l'ami intime d'un homme qui va te mettre en rapport avec tous les gros bonnets de la finance.

TENANCIER.

Encore d'Estrigaud?

LUCIEN.

Toujours! partout! Mais, s'il aide André à rogner les ongles au léopard britannique, ne lui marqueras-tu pas un bon point?

TENANCIER.

Deux! un pour André, un pour la France!

LUCIEN, à André.

Tu sauras que papa est toujours atteint d'anglophobie.

ANDRÉ.

Et moi aussi, parbleu!

LUCIEN.

Tiens! pourquoi?

ANDRÉ.

Mon père était à Waterloo.

LUCIEN.

Bah! *Gladiateur* nous a vengés... Si d'Estrigaud ne suffit pas, nous mettrons en jeu les puissances occultes.

ANDRÉ.

Les esprits?

LUCIEN.

Mieux que cela. Je connais un coulissier nommé Cantenac, qu'on soupçonne d'être le bras gauche de spéculateurs qui ont le bras droit fort long; et il est certain qu'il a un flair surnaturel. Le rôle mystérieux qu'on lui prête, à tort ou à raison, lui donne beaucoup d'influence à la Bourse, et une affaire patronnée par lui...

TENANCIER.

Tu as de jolies connaissances. J'aime encore mieux d'Estrigaud.

LUCIEN.

Nous commencerons par lui. Je te présenterai aujourd'hui même.

ANDRÉ.

Merci, c'est entendu. — Allons, petite fille, prenons congé.

TENANCIER.

Un moment, mon cher André. Tu vas entrer dans une vie d'activité fiévreuse; la journée n'aura pas assez de douze heures pour toi; tu la passeras en courses, en démarches de toute espèce, prenant tes repas où et quand tu pourras, ne rentrant chez toi que pour dormir. Que fera ta sœur pendant ce temps-là?

ALINE.

Je l'attendrai. Soyez tranquille, je ne m'ennuierai pas; je ne m'ennuie jamais.

TENANCIER.

C'est possible; mais une jeune fille toujours seule avec sa bonne, c'est à peine convenable.

ANDRÉ.

Je n'avais pas songé à cela, moi.

ALINE.

Oh! ne me renvoie pas à Poitiers! Tu m'as promis que je ne te quitterais plus.

TENANCIER.

Il y a un moyen de tout concilier. Prends, toi, une

ACTE PREMIER.

chambre à l'hôtel pendant le premier coup de feu de tes affaires; ta sœur viendra demeurer chez nous.

ALINE.

Oh! monsieur, que vous êtes bon!

ANDRÉ.

Je suis très touché, monsieur, de cette offre paternelle; mais les convenances dont vous parliez...

TENANCIER, bas, à André.

Lucien ne demeure pas dans la maison.

ANNETTE.

Mademoiselle Aline habiterait dans mon appartement; trouvez-vous que je sois un chaperon suffisant?

ANDRÉ.

Ah! marquise, vous avez gardé le cœur de ma petite amie Annette! Voyons, Aline, que te semble de cet arrangement?

ALINE.

Oh! moi, j'en serais bien contente... mais tu es le maître.

ANDRÉ, lui passant la main sur les cheveux.

Et un maître farouche, n'est-ce pas? — Ma foi, monsieur, devant tant de cordialité, je serais un sot de faire de la discrétion. Vous nous traitez comme des parents, et vous avez raison. (Tendant la main à Lucien.)... Il y a des amitiés héréditaires qui sont de véritables parentés.

LUCIEN.

Et des meilleures!... mais ne nous amollissons pas. J'ai précisément rendez-vous avec d'Estrigaud; accompagne-moi, nous allons emmancher ton affaire tout de suite.

ANDRÉ.

Volontiers... mais Aline?

ANNETTE.

Nous la gardons.

TENANCIER.

Tu passeras par ton hôtel, et tu nous enverras ses bagages.

LUCIEN, à son père.

M'invites-tu à dîner?

TENANCIER.

Ah! méchant garçon, quand tu dînes chez moi, l'invité c'est moi.

LUCIEN.

Tu es gentil, quand tu ne me grondes pas!

TENANCIER.

Je ne te gronderai plus. C'est André qui te prêchera... d'exemple.

LUCIEN.

A charge de revanche.

TENANCIER.

Ah! je te l'abandonne! Il est à l'abri de la contagion, celui-là.

LUCIEN.

Je ne prétends pas le corrompre, mais seulement lui rendre son ancienne tournure d'homme civilisé... Car je ne te dissimulerai pas, mon bon, que tu as pris un peu l'air d'un contre maître. Y tiens-tu ?

ANDRÉ.

Pas le moins du monde.

LUCIEN.

Eh bien, il faudra t'en défaire à la première occasion avantageuse. En route, je suis attendu... Au revoir, cousine.

ALINE, riant.

Au revoir, cousin.

ANDRÉ.

Pardonnez, cher monsieur, à ma reconnaissance de ressembler à de l'ahurissement...

LUCIEN.

Bien rédigé, ami Chauvin... *All right!*...

Ils sortent.

SCÈNE V

TENANCIER, ANNETTE, ALINE.

ANNETTE.

Vous aimez beaucoup votre frère ?

ALINE.

Oh ! madame... Est-ce que vous n'aimez pas le vôtre ?

ANNETTE.

Si fait.

ALINE.

Eh bien, j'aime le mien cent fois plus.

ANNETTE.

Qu'en savez-vous ?

ALINE.

Il n'y a plus personne pour lui disputer ma tendresse, tandis que vous...

TENANCIER.

Et puis André vaut mieux que Lucien, n'est-ce pas ?

ALINE.

Oh ! je ne dis pas cela ! La différence que je vois entre eux, c'est qu'André se montre tel qu'il est, et que M. Lucien est timide.

TENANCIER.

Lucien vous a paru timide ?

ALINE.

Il m'a semblé qu'il se moquait de son émotion... n'est-ce pas de la timidité ?

TENANCIER.

Et où avez-vous appris à apprécier ces nuances-là ?

ALINE.

Avec des personnes qui ont le défaut contraire. J'étais à Poitiers dans une famille excellente, mais douée d'une sensibilité un peu fastueuse pour mon goût. Est-ce vraiment respecter son cœur que d'en faire parade à tout propos ?

TENANCIER.

L'homme qui vous épousera ne sera pas à plaindre.

ALINE.

Moi non plus.

TENANCIER.

Vous le connaissez déjà ?

ALINE.

Sans doute. Toutes les jeunes filles n'ont-elles pas un mari idéal ? Seulement, elles en épousent un autre... tandis que, moi, je coifferai plutôt sainte Catherine.

ANNETTE.

Et peut-on savoir de quoi se compose votre idéal ?

ALINE.

De mon père, de mon frère... et d'un étranger.

TENANCIER.

Nous vous aiderons à le trouver.

ALINE.

Oh ! je ne suis pas pressée.

GERMAIN, entrant.

Il y a en bas un commissionnaire avec des bagages. Où faut-il les mettre ?

ANNETTE.

Chez moi. Venez voir votre appartement, ma chère Aline... vous voulez bien que je ne vous appelle plus mademoiselle ?

ALINE.

A condition que je continuerai à vous appeler madame.

ANNETTE.

A cause de mon grand âge, oui. Je sens que je vous aimerai de tout mon cœur.

TENANCIER.

Moi, c'est déjà fait.

ACTE DEUXIÈME

Un petit salon chez la marquise.

SCÈNE PREMIÈRE

TENANCIER, ALINE.

ALINE, entrant par la gauche.

Les enfants ne sont pas encore prêts.

TENANCIER, assis à droite.

Eh bien, attendons ces messieurs. En quoi les déguise-t-on aujourd'hui ?

ALINE.

En Russes. Ils sont charmants avec leurs petites bottes.

TENANCIER.

Aujourd'hui en Russes, hier en Écossais, demain en Espagnols... Je pense qu'au carnaval on les habillera en Français. De mon temps, on ne faisait pas tant de frais pour les bambins, et ils ne s'en portaient que mieux.

ALINE.

Franchement, je ne vois pas quel tort un peu d'élégance peut faire à leur santé.

TENANCIER.

Soit; mais je n'aime pas qu'on élève des garçons comme des poupées. Où est ma fille ?

ALINE.

Elle va venir; elle est avec son tailleur.

TENANCIER.

Allons ! je me ferai habiller par une couturière. — Que vous semble de nos mœurs parisiennes, ma chère Aline, depuis quinze jours que vous assistez à ces aberrations ?

ALINE.

Mon Dieu, je n'attache pas assez d'importance à la mode pour m'insurger contre elle.

TENANCIER.

Alors, pourquoi ne vous mettez-vous pas du blanc et du rouge ?

ALINE.

Je ne saurais pas.

TENANCIER.

Et vous n'en avez pas besoin.

SCÈNE II

Les Mêmes, LUCIEN, en paletot, avec des patins dans sa poche de côté.

LUCIEN.

Bonjour, papa. — Votre serviteur, cousine. — Ma sœur est-elle prête ?

ALINE.

A quoi ?

TENANCIER.

A patiner, parbleu ! regardez les patins de ce jeune homme.

LUCIEN.

Eh bien, quel mal y vois-tu ? Il est plus dangereux de glisser... etc.

TENANCIER.

Pendant ce temps-là, Aline et moi, nous menons ses enfants à la promenade.

LUCIEN.

Et tu serais bien fâché qu'elle ne te déléguât pas cette fonction maternelle.

TENANCIER.

Fâché ! fâché !...

ALINE.

Mais oui, monsieur, très fâché, et moi aussi.

LUCIEN.

Vous aimez donc bien les bébés, mademoiselle?

ALINE.

Sans doute, et, quand j'en aurai, je serai bien trop égoïste pour les confier à leur grand-père.

LUCIEN.

Soyez bénie du citoyen de Genève et du patriarche de Ferney, ces nobles garnitures de cheminée!

ALINE, à Tenancier.

Pourquoi se moque-t-il de moi? Est-ce que c'est ridicule d'aimer les enfants? (A Lucien.) Je parie que vous les aimez.

LUCIEN.

Certainement... quand ils ont tiré à la conscription.

ALINE, à Tenancier.

Quel plaisir trouve-t-il à se faire plus mauvais qu'il n'est?

LUCIEN.

Voulez-vous que je me fasse meilleur?

TENANCIER.

Je vous assure qu'il ne vaut pas grand'chose.

ALINE.

Je finirai par le croire.

TENANCIER.

Et vous aurez raison... Voici, à l'appui, une petite anecdote toute fraîche, que vous garderez pour vous parce qu'elle le couvrirait de confusion. La scène se passe, dans un grand bal chez monsieur... Trois-Étoiles. Quelques jeunes gens aimables se sont retirés du commerce des dames dans un arrière-salon où ils ont installé une table de baccarat, les uns assis, les autres debout. Monsieur mon fils joue debout; il a la veine et met négligemment son gain dans son chapeau, qu'il tient derrière son dos. Tout à coup il entend crier : « Voleur! » Il se retourne et voit un petit jeune homme de dix-sept ans, blanc comme un linge, à qui un joueur venait de saisir le poignet au moment où il glissait la main dans le chapeau. Qu'auriez-vous fait à la place de Lucien?

LUCIEN.

Ajoute que le pauvre garçon jouait avec moi de compte à demi, et qu'il avait droit de puiser à la masse commune. Cette simple explication a suffi, et il n'y a eu là dedans de confusion que pour ce gros bêta de Saint-Julien, qui a fait ses excuses au petit bonhomme.

ALINE.

Je ne vois pas en effet...

TENANCIER.

Écoutez la fin de l'histoire, et vous verrez que ce garnement ne se calomnie pas quand il dit du mal de lui-même. Figurez-vous que le petit jeune homme le volait bel et bien...

LUCIEN.

Mais pas du tout!

TENANCIER.

Qu'il n'y avait pas la moindre association entre eux...

LUCIEN.

Où prends-tu cela?

TENANCIER.

Et qu'une immense compassion a seule inspiré ce mensonge à l'homme sans entrailles que voici. — Je suis content de toi, mon ami; embrasse-moi.

LUCIEN.

Non! ce serait approuver l'écriture ci-dessus et je ne l'approuve pas; il n'y a pas un mot de vrai. Qui t'a pu conter cette bourde-là?

TENANCIER.

Quelqu'un de mal informé peut-être : le père du jeune homme. — Son fils lui avait fait sa confession le lendemain même en lui demandant, d'après ton conseil, la permission de s'engager; et le pauvre père, ne t'ayant trouvé ni chez toi ni chez moi pour te remercier, n'a pas pu retenir plus longtemps sa reconnaissance et l'a versée dans mon cœur.

LUCIEN.

Il avait droit de croire qu'elle y resterait.

TENANCIER.

Oui, mon cher enfant; mais la marque de haute confiance que je donne à notre Aline peut te montrer quel prix j'attache à son estime et combien il m'était pénible de te la voir perdre par tes fanfaronnades de perversité.

ALINE.

Oh! monsieur, je vous remercie.

LUCIEN.

Je ne vous ferai pas l'injure, mademoiselle, de vous recommander le secret le plus absolu. Vous voyez par le repentir de ce pauvre petit diable qu'il est digne de tout intérêt. — Quant à moi, je l'avoue, j'ai été purement sublime, mais que voulez-vous! j'aime à sauver, c'est mon tic; le laurier des oies du Capitole m'empêche de dormir.

ALINE.

Oh! maintenant, vous pouvez vous dénigrer autant qu'il vous plaira, on ne vous croit plus.

LUCIEN.

Ce que c'est pourtant qu'un coup de magnanimité bien réussi!... On en est quitte pour toute sa vie.

SCÈNE III

Les Mêmes, ANNETTE, en robe de chambre un peu excentrique.

ANNETTE.

Bonjour, père; les enfants t'attendent.

TENANCIER.

Comment donc es-tu habillée?

ANNETTE.

C'est une robe de chambre qu'on vient de m'apporter. Comment la trouves-tu, Lucien?

LUCIEN.

Elle a beaucoup de cachet... Mais tu ne comptes pas patiner dans ce costume?

ANNETTE.

J'ai bien le temps d'en changer, il n'est qu'une heure.

— Ma chère Aline, vous aurez soin que les enfants ne prennent pas froid, n'est-ce pas? c'est à vous que je les confie. Papa a des idées par trop lacédémoniennes sur l'élève des bébés.

TENANCIER.

L'élève! Sois tranquille, nous les ramènerons sains et saufs à leurs *boxes*... L'élève! Venez-vous, Aline?

ALINE, à Annette.

J'en aurai bien soin.

Elle sort avec Tenancier par la gauche.

SCÈNE IV

LUCIEN, ANNETTE.

LUCIEN.

C'est quelqu'un, cette petite fille-là.

ANNETTE.

Certainement. Elle est bien la sœur de son frère.

LUCIEN.

Avec la grâce en plus. Une nature fine et ferme à la fois, un esprit bien portant qui a la fraîcheur de la santé comme son visage; pas plus de maquillage à l'un qu'à l'autre...

Et toujours la nature
Embellit la beauté,

comme dirait papa.

Il s'étend sur le canapé.

ACTE DEUXIÈME.

ANNETTE.

Elle est charmante, mais elle n'est pas pour toi, ni toi pour elle.

LUCIEN.

Qui songe à cela?

ANNETTE.

Hum! tu viens dîner bien souvent à la maison depuis qu'elle y est.

LUCIEN.

Elle me plaît, je n'en disconviens pas; nous nous faisons une petite guerre de taquineries affectueuses qui m'amuse. Mais tu penses bien qu'à mon âge je n'irai pas m'amouracher d'une fille honnête. Va t'habiller.

ANNETTE.

J'attends quelqu'un.

LUCIEN.

Alors, je m'en vais.

ANNETTE.

Tu peux rester; je ne serai même pas fâchée que tu restes.

LUCIEN.

Qui est-ce donc?

ANNETTE, à demi-voix.

Navarette.

LUCIEN.

Navarette? Et que vient-elle faire ici?

ANNETTE.

Elle vient me donner une leçon (A part.) qui ne profitera pas à moi seule.

LUCIEN.

Une leçon?

ANNETTE.

Eh bien, oui : elle vient me faire répéter mon rôle. Grand Dieu! si papa savait que je joue la comédie!

LUCIEN.

Oh! la comédie de société! (Il se lève.) C'est de son temps.

ANNETTE.

Mais, de son temps, on ne jouait pas *les Argonautes* en société.

LUCIEN.

Et surtout on ne prenait pas de leçons de Navarette. On n'avait peut-être pas tort.

ANNETTE.

Trouverais-tu que je mets trop mon bonnet sur l'oreille cette fois?

LUCIEN.

Mon Dieu, je sais bien que c'est admis. C'est égal, ça me produit un singulier effet de penser que tu vas parler à Navarette!

ANNETTE.

Vraiment, monsieur Prudhomme?

LUCIEN.

Bah! tu as raison! il faut faire comme les autres.

Quel mal y a-t-il après tout?... C'est d'Estrigaud qui t'envoie Navarette ?

ANNETTE.

Non pas ! je crois qu'il ne se soucierait pas de me la présenter... Tu sais qu'il me fait un brin de cour. Je lui ai tout simplement écrit à elle-même. Elle m'a répondu un petit mot charmant, et je l'attends d'un moment à l'autre.

LUCIEN.

Alors je me sauve.

ANNETTE.

Reste donc.

LUCIEN.

Impossible !... je la tutoie.

ANNETTE.

Ce serait gênant pour moi, je l'avoue... Mais je veux aller au lac après la séance.

UN DOMESTIQUE.

Mademoiselle Navarette.

ANNETTE.

Faites entrer. (A Lucien.) Va m'attendre chez papa.

LUCIEN.

Tiens, oui, je lirai les *Débats* !

Il sort par la droite, Navarette entre par le fond.

SCÈNE V

ANNETTE, NAVARETTE, en toilette de ville élégante et sévère.

ANNETTE, allant s'asseoir sur le canapé de gauche.

Que vous êtes bonne, mademoiselle, d'avoir bien voulu vous rendre à mon désir !

NAVARETTE.

Il est trop flatteur pour moi, madame la marquise.

ANNETTE, avec un entrain factice.

Asseyez-vous donc. Voulez-vous ôter votre chapeau, voulez-vous une cigarette ?

NAVARETTE.

Merci, madame, je ne fume pas.

ANNETTE, allumant une cigarette.

C'est du tabac turc... vous permettez ? Que vous êtes donc charmante dans ce rôle de Médée !... Quelle désinvolture et en même temps quelle distinction !

NAVARETTE.

Vous y serez beaucoup plus charmante que moi, madame, si tant est que cette épithète puisse m'être appliquée. C'est, je crois, chez la duchesse de Somo-Sierra qu'on joue la pièce ?

ANNETTE.

Oui, dans huit jours, et ce ne sera pas trop mal

joué, si je parviens à être passable. C'est le vicomte de Bucy qui joue le dragon.

NAVARETTE.

Il doit y être très amusant.

ANNETTE.

Quel bon toqué, n'est-ce pas?

NAVARETTE.

Il est très original et même un peu braque.

ANNETTE.

Témoin l'abandon qu'il fait de sa jeune et charmante femme pour cette Valentine de Reuilly, qui n'est pas même jolie. Comprenez-vous cela?

NAVARETTE.

Oui, madame... mais je me garderai bien de vous l'expliquer. Ne dit-on pas, d'ailleurs, que la vicomtesse se console avec M. Gaston de Valdebras?

ANNETTE.

C'est un horrible cancan inventé par mademoiselle Angélina.

NAVARETTE.

Oh! Angélina n'est pas une personne inventive.

ANNETTE.

La preuve que Valdebras ne l'a pas quittée pour la vicomtesse, c'est qu'il épouse ces jours-ci mademoiselle de Sainte-Radegonde.

NAVARETTE.

La fille de l'ancien pair de France?

ANNETTE.

Précisément.

NAVARETTE.

Mais alors ce mariage n'est pas trop catholique : M. de Sainte-Radegonde a fort compromis jadis madame de Valdebras.

ANNETTE.

Vous le saviez? Mais il y a longtemps !

NAVARETTE.

N'importe, il y a là quelque chose de choquant. M. Gaston va devoir respect et affection à un homme qui a déshonoré son père.

ANNETTE.

Mais il n'en sait rien.

NAVARETTE.

Sa mère, qui le sait, ne devrait pas permettre ce mariage.

ANNETTE, souriant.

Elle est moins rigoriste que vous.

NAVARETTE.

Elle devrait l'être davantage, vous en conviendrez. Mais nous voilà bien loin de Médée; nous faisons l'école buissonnière.

ANNETTE, se levant.

Et nous ne sommes pas là pour nous amuser. Revenons par le plus court; voici la brochure : je vais, si vous le voulez bien, vous réciter le rôle.

UN DOMESTIQUE, annonçant du fond.

M. le baron d'Estrigaud.

SCÈNE VI

ANNETTE, NAVARETTE, D'ESTRIGAUD.

D'ESTRIGAUD.

Je m'empresse de me rendre à vos ordres, chère marquise. (Apercevant Navarette.) Vous ici, mademoiselle?

ANNETTE, jouant la surprise.

Vous vous connaissez?

NAVARETTE.

De longue date, madame. Le baron veut bien avoir quelque amitié pour moi.

D'ESTRIGAUD, à Navarette.

Comment vous êtes-vous portée depuis huit jours?

NAVARETTE.

Aussi bien qu'on peut se porter sans vous voir. Je vous le présente, madame, pour le plus intermittent des hommes. Il y a des semaines où je le vois tous les jours, et des mois où il ne me donne pas signe d'existence. Mais je ne suis pas avare de mes amis et je les cède sans murmure à qui en est plus digne.

ANNETTE.

Je ne suis pour rien dans ces intermittences, mademoiselle, et je ne les comprends pas depuis que j'ai le plaisir de vous connaître.

D'ESTRIGAUD.

Je suppose, mesdames, que vous ne vous êtes pas réunies uniquement pour vous complimenter à mes dépens?

ANNETTE.

Cela seul en vaudrait pourtant bien la peine, cher baron. Mais nous avons un autre but, en effet : mademoiselle consent à me faire répéter le rôle de Médée.

D'ESTRIGAUD.

Alors je ne veux pas troubler la séance.

ANNETTE.

Oh! une première séance ne sert jamais qu'à rompre la glace entre l'écolière et... la maîtresse.

NAVARETTE.

Vous avez beaucoup de dispositions, madame, et je vous assure que vous jouerez mon rôle à m'en rendre jalouse.

ANNETTE.

Rassurez-vous, je ne suis pas une rivale dangereuse.

D'ESTRIGAUD.

Vous vous faites tort, madame; à la place de mademoiselle, je tremblerais.

ANNETTE, à part.

Impertinent! (A Navarette.) Pouvez-vous venir demain?

NAVARETTE.

Demain... je ne suis pas libre; après-demain, si vous voulez, à la même heure?

ACTE DEUXIÈME.

ANNETTE.

Très bien. Mais ne m'oublierez-vous pas? Je me défie un peu de votre mémoire. Permettez-moi de faire un nœud à votre mouchoir.

<small>Elle va à un petit meuble au fond.</small>

NAVARETTE, bas, à d'Estrigaud.

Tu lui fais donc la cour?

D'ESTRIGAUD.

Un peu.

NAVARETTE.

Elle est jolie... A propos, je voulais t'écrire; j'ai vu Cantenac.

D'ESTRIGAUD.

Il t'a donné un renseignement?

NAVARETTE.

Grande baisse demain.

D'ESTRIGAUD.

Merci.

ANNETTE, revenant avec un bracelet.

Veuillez mettre à votre bras ce modeste mémento.

NAVARETTE.

Je vous le rapporterai fidèlement après-demain.

ANNETTE.

Oh! ce sont des médailles romaines; cela n'a de valeur que le prix d'affection qu'on veut bien y attacher; demandez plutôt au baron, qui s'y connaît.

NAVARETTE.

Alors je le garde, madame.

ANNETTE.

A après-demain.

NAVARETTE.

A quinzaine, monsieur le baron... (A part.) Il m'a tout l'air de ne pas faire ses frais. (Haut.) A après-demain, madame la marquise.

Elle sort par la porte du fond à gauche.

SCÈNE VII

ANNETTE, D'ESTRIGAUD.

ANNETTE.

Voilà une charmante personne, pleine de tact et de véritable distinction. Je suis enchantée de la connaître. Savez-vous, cher baron, que son éducation vous fait le plus grand honneur?

D'ESTRIGAUD.

Mal joué, marquise. Je marque une école.

ANNETTE, assise sur le canapé de droite.

Comment cela?

D'ESTRIGAUD, s'appuyant au dossier du canapé.

Votre billet était un piège, n'est-ce pas? vous vouliez me mettre en présence de Navarette, jouir de ma confusion et me cribler de ces demi-mots qui sont le triomphe des femmes? Eh bien, il ne fallait pas casser les vitres;

vous venez de perdre tout votre avantage. Vous autorisez des explications que je n'eusse jamais osé aborder de front et dont je sentais que j'avais grand besoin.

ANNETTE.

Mais cela s'explique de soi; après avoir vu mademoiselle Navarette, on ne peut s'étonner du goût que vous avez pour elle.

D'ESTRIGAUD.

Certes, c'est une liaison si plausible, que personne n'a soupçonné qu'elle en cachait une autre.

ANNETTE.

Une autre?

D'ESTRIGAUD.

Qui a duré cinq ans, avec une femme dont la situation exigeait les plus grands ménagements, et dont la réputation n'a pas été effleurée, grâce à ma pauvre Navarette.

ANNETTE.

Cette dame s'accommodait du partage?

D'ESTRIGAUD.

Elle savait, à n'en pouvoir douter, que depuis longtemps Navarette n'est qu'une amie pour moi.

ANNETTE.

Et mademoiselle Navarette acceptait ce rôle de paravent?

D'ESTRIGAUD.

Il a tant de compensations! D'abord il lui laisse toute la liberté compatible avec les vraisemblances dont j'ai besoin; ensuite il lui fait, dans son monde, une position très enviée, permettez-moi cette fatuité; enfin il lui constitue une riche sinécure.

ANNETTE.

En somme, c'est un expédient assez dispendieux.

D'ESTRIGAUD.

Qu'est-ce qu'une cinquantaine de mille francs par an, au prix du repos de la femme qu'on aime?

ANNETTE.

Vous l'aimez donc beaucoup?

D'ESTRIGAUD.

Je l'ai beaucoup aimée jusqu'au jour où une autre...

ANNETTE.

A propos d'amourettes, empêchez donc mon frère de s'amouracher de la petite Aline.

D'ESTRIGAUD, à part.

Elle rompt les chiens.

ANNETTE.

Mon père a un très beau parti pour lui, cinq cent mille francs, et je ne voudrais pas qu'Aline fût compromise, pour rien au monde.

D'ESTRIGAUD.

Hum! il est peut-être un peu tard.

ANNETTE.

Fi donc! ils en sont encore aux coquetteries les plus innocentes.

D'ESTRIGAUD.

Croyez-vous?

ANNETTE.

Est-ce que Lucien vous a fait quelque confidence?

D'ESTRIGAUD.

Au contraire... il évite ce sujet de conversation avec un soin... qui prouve que les choses sont plus avancées que vous ne pensez.

ANNETTE.

C'est impossible! Il faudrait admettre qu'Aline est l'hypocrisie en personne, car elle est aussi naturelle avec lui qu'avec moi-même.

D'ESTRIGAUD.

L'hypocrisie étant une vertu essentiellement féminine...

ANNETTE, lui faisant place sur le canapé.

C'est bon à dire... Voyons, que savez-vous? car vous me faites peur.

D'ESTRIGAUD, s'asseyant près d'elle.

En ma qualité d'homme vertueux, j'ai la confiance de beaucoup de jolies femmes, et je sais bon nombre de petits secrets... mais je les garde. Tout ce que je peux vous dire, et je vous le dis très sérieusement, c'est que j'arrêterai cette sotte intrigue d'où il ne peut sortir rien de bon ni pour votre frère ni pour votre protégée.

ANNETTE.

Eh bien, cela me suffit... puisqu'il faut que cela me suffise. Mais je ne vous croyais pas si discret.

D'ESTRIGAUD.

Le grand art est de l'être sans le paraître. Le secret

d'une femme est plus en sûreté avec moi qu'avec son confesseur...

Il lui prend la main.

ANNETTE, se levant.

Eh bien, mon cher confesseur, donnez-moi un conseil.

D'ESTRIGAUD, à part.

Elle rompt trop.

ANNETTE.

Que dois-je offrir à mademoiselle Navarette pour prix de ses leçons?

D'ESTRIGAUD.

Le bracelet de ce matin vous acquitte amplement.

ANNETTE, près de la table du milieu, jouant avec un album.

Je regrette presque de le lui avoir donné.

D'ESTRIGAUD.

Voilà un mot qui me dédommage.

ANNETTE.

Si je lui proposais un échange... très avantageux?

D'ESTRIGAUD.

Laissez-lui ce brimborion et faites-moi la grâce d'en venir choisir un autre dans ma collection.

ANNETTE.

Chez vous?

D'ESTRIGAUD.

Croyez-vous que ce soit l'antre du lion? Je vous jure qu'on en sort comme on y est entrée. Toutes ces dames

ACTE DEUXIÈME.

m'ont fait l'honneur de venir visiter mes antiquités, et cela n'a pas donné lieu à la moindre médisance.

ANNETTE.

Eh bien, j'irai avec mon frère.

D'ESTRIGAUT.

Avec votre frère seulement? C'est bien hardi. A votre place, j'emmènerais mon père, mes enfants et leur gouvernante.

ANNETTE.

Je ne peux pourtant pas y aller seule.

D'ESTRIGAUD.

Ne dites pas cela devant la duchesse de Somo-Sierra, ni devant la marquise de Villejars, ni devant...

ANNETTE.

Pourquoi?

D'ESTRIGAUD.

Parce que ces dames, étant venues seules chez moi, vous trouveraient un peu bien collet monté et se demanderaient dans quel couvent de la rue Saint-Denis vous avez été élevée.

ANNETTE.

Ces dames ont été chez vous... seules?

D'ESTRIGAUD.

Je vous le jure. Après cela, ce sont de fort grandes dames, qui ne font à aucun mortel l'honneur de le trouver dangereux.

ANNETTE.

Et vous imaginez-vous par hasard que je vous trouve dangereux, moi?

D'ESTRIGAUD.

Ma foi ! vous réduisez ma modestie à quelque supposition analogue.

ANNETTE.

Ah ! vous mériteriez bien...

SCÈNE VIII

Les Mêmes, LUCIEN.

LUCIEN.

Tiens, Raoul ! bonjour. (A Annette.) Comment, flâneuse ! Navarette est partie depuis une demi heure et ta toilette n'est pas plus avancée ?

ANNETTE.

Ne t'en prends qu'à ton ami. Mais je vais réparer le temps perdu. Au revoir, baron. (Bas, à d'Estrigaud.) Entreprenez-le donc au sujet d'Aline.

Elle sort par la gauche.

D'ESTRIGAUD, à part; il s'assied sur le canapé de gauche.

Elle viendra. (Haut.) Eh bien, Saint-Preux, quoi de nouveau ?

LUCIEN.

Pourquoi Saint-Preux ?

D'ESTRIGAUD.

N'était-ce pas un jeune homme romanesque et épistolaire ?

LUCIEN.

Eh bien?

D'ESTRIGAUD.

Mon rêve a toujours été de te voir épouser une orpheline vertueuse et pauvre.

LUCIEN.

A qui en as-tu?

D'ESTRIGAUD.

Les joies du foyer, mon ami! le berceau près du lit! la mère, la jeune mère. qui nourrit son huitième enfant...

LUCIEN.

Ah çà! quelle mouche t'a piqué?

D'ESTRIGAUD.

Tu prendras un état, tu deviendras un homme sérieux et utile; tu aspireras aux honneurs municipaux, et tu ne mourras que décoré.

LUCIEN.

Va-t'en au diable!

D'ESTRIGAUD.

Pas de décorations?... non? Au fait, ta femme doit être démocrate comme son vertueux frère.

LUCIEN.

Ah! ah! — Assez, mon bon. La mouche qui t'a piqué, c'est la mouche du coche. Je ne cours aucun des dangers auxquels tu m'arraches. Si jamais je me marie, ce sera pour faire une fin, et je ne me laisserai administrer... qu'à bonnes enseignes.

D'ESTRIGAUD.

Alors pourquoi fais-tu la cour à la petite Aline?

LUCIEN.

Un ragot de ma sœur !

D'ESTRIGAUD.

Pas seulement de ta sœur. Le bruit court que tu te ranges.

LUCIEN.

Je fermerai la bouche à la calomnie. Quant à mademoiselle Aline, je n'y pense pas plus qu'au grand Turc, et tu sais si ce potentat me préoccupe.

D'ESTRIGAUD.

A la bonne heure. Mais permets-moi, pour clore, de te rappeler ce principe immortel : le sage ne doit écrire qu'à son bottier, et encore doit-il tâcher de rattraper sa lettre.

LUCIEN.

Que veux-tu dire?

D'ESTRIGAUD.

Rien. Je ne te demande pas tes confidences. Fais ton profit de mon précepte, voilà tout.

LUCIEN.

Tu me crois plus jeune que je ne suis.

D'ESTRIGAUD.

Tant mieux! J'ai rempli le premier devoir de l'amitié, qui est d'être désagréable à son ami ; je laisse le reste aux dieux.

LUCIEN.

Trouves-tu sérieusement que c'est le devoir de l'amitié?

D'ESTRIGAUD.

Très sérieusement, puisque je le remplis.

LUCIEN.

C'est juste. Tu me tires d'une indécision où j'étais : j'ai quelque chose sur le cœur que je n'osais pas te dire...

D'ESTRIGAUD.

Va! je suis prêt à tout.

LUCIEN.

Eh bien, Navarette... te trompe.

D'ESTRIGAUD.

Est-il possible?

LUCIEN.

Avec ce petit drôle de Cantenac.

D'ESTRIGAUD.

En es-tu bien sûr?

LUCIEN.

Si tu veux des preuves...

D'ESTRIGAUD.

Merci, mon cher enfant. Ou je le sais, ou je l'ignore. Si je l'ignore, tu troubles inutilement ma douce quiétude; mais, si je le sais... regarde-toi dans la glace.

LUCIEN.

Bah?

D'ESTRIGAUD.

Apprends qu'un gentilhomme doit se laisser tromper par sa maîtresse aussi bien que par son intendant. Navarette fait partie de mon train, comme mes chevaux.

LUCIEN.

Je comprends jusqu'à un certain point qu'on n'entrave pas la carrière de ces demoiselles ; mais Cantenac ne rapporte rien à celle-ci : il est l'amant de cœur.

D'ESTRIGAUD.

Pardine ! je voudrais bien voir que ce maroufle se permît de payer mes gens !

LUCIEN.

D'Estrigaud ! tu es plus grand que nature !... Je ne serai jamais qu'un enfant à côté de toi.

D'ESTRIGAUD.

J'ai de la peine à t'ouvrir les idées, mais je n'en désespère pas. Silence ! voici l'homme de Plutarque.

SCÈNE IX

Les Mêmes, ANDRÉ.

ANDRÉ.

Bonjour, ami. — Je viens de chez vous, monsieur.

D'ESTRIGAUD.

M'apportez-vous des nouvelles?

ANDRÉ.

J'en allais chercher.

D'ESTRIGAUD.

Les affaires ne se font pas si vite. Ces messieurs ne m'ont pas encore rendu réponse ; mais ils étudient votre projet très sérieusement, et je crois que l'idée les mord ; autrement ils auraient déjà refusé.

ANDRÉ.

Vous croyez qu'ils accepteront?

D'ESTRIGAUD.

Dame ! je trouve l'affaire magnifique. Dans deux ou trois jours, nous saurons à quoi nous en tenir. Un peu de patience.

ANDRÉ.

J'en ai beaucoup ordinairement ; mais je ne sais que faire de mon corps dans ce Paris où je ne connais plus personne.

D'ESTRIGAUD.

Justement vous trouverez chez vous une invitation pour demain.

ANDRÉ.

Une invitation? De qui?

D'ESTRIGAUD.

D'une jolie femme à qui j'ai inspiré une grande envie de vous connaître ; en un mot, de Navarette.

ANDRÉ.

Navarette ? Pardonnez à l'ignorance d'un provincial...

D'ESTRIGAUD.

C'est ma maîtresse.

ANDRÉ.

Tiens!

D'ESTRIGAUD.

Cela vous étonne?

ANDRÉ.

Oui. Je croyais que vous pensiez à vous marier.

D'ESTRIGAUD.

Moi? Ah! monsieur, je n'ai rien fait qui justifie ce soupçon.

ANDRÉ.

Pardon, je me rétracte.

D'ESTRIGAUD.

J'accepte vos excuses. Vous viendrez, n'est-ce pas? Vous trouverez là quelques financiers bons à connaître, sans compter votre ami Lucien.

ANDRÉ.

Je suis très reconnaissant.

D'ESTRIGAUD.

Adieu, messieurs. J'ai un ordre à donner à mon agent de change et je ne le trouverais plus à la Bourse. A demain.

Il sort.

SCÈNE X

ANDRÉ, LUCIEN.

LUCIEN.

Hein ! quel homme charmant !

ANDRÉ.

Savais-tu qu'il ne veut pas se marier ?

LUCIEN.

Parbleu !

ANDRÉ.

Alors, tu ne t'aperçois donc pas qu'il fait la cour à ta sœur ?

LUCIEN.

Allons donc !

ANDRÉ.

Cela saute aux yeux les moins clairvoyants. Tant que j'ai cru que c'était pour le bon motif, je ne t'ai rien dit, et pourtant il y aurait peut-être eu beaucoup à dire... mais du moins ne faut-il pas que ton amitié pour ce faux ami t'aveugle ici plus longtemps.

LUCIEN.

Mon bon, ou je le sais, ou je l'ignore. Si je l'ignore...

ANDRÉ.

Je te l'apprends.

LUCIEN.

Oui ; mais, si je le sais, regarde-toi dans la glace.

ANDRÉ.

Si tu le sais, c'est toi que je regarde, et entre les deux yeux. — Allons ! voilà encore que je donne dans le panneau ! Je me couvre de ridicule comme toujours... mais, franchement, pouvais-je m'attendre à une charge quand il s'agit de ta sœur.

LUCIEN.

Comment veux-tu, bêta, que d'Estrigaud fasse à ma sœur une cour sérieuse quand il a une maîtresse officielle ? Il est en coquetterie avec Annette, rien de plus.

ANDRÉ.

A la bonne heure ; mais c'est déjà trop. Je te déclare que, si un homme était en coquetterie pareille avec Aline...

LUCIEN.

C'est tout différent : Annette est veuve, elle sait ce qu'elle fait, et je te prie de croire qu'elle est honnête femme.

ANDRÉ.

Tu n'as pas besoin de m'en prier. Mais une honnête femme est peut-être plus facile à compromettre qu'une autre, parce qu'elle ne se croit pas vulnérable. Enfin, veille au grain. Fille, femme ou veuve, une sœur est toujours sous la garde de son frère.

LUCIEN.

Ventre-de-biche ! ami Lagarde, tu es bien nommé.

SCÈNE XI

Les Mêmes, un Domestique, puis ALINE.

LE DOMESTIQUE.

Madame la marquise attend M. Lucien.

LUCIEN.

J'y vais. (A Aline qui entre.) Les enfants ont été bien sages, cousine ? Ils se sont amusés ? ils n'ont pas eu froid ? Je vais faire mon rapport à leur mère.

Il sort.

ANDRÉ.

Je ne sais plus que penser de ce garçon-là. Il se moque des choses les plus sacrées !

ALINE.

Ne t'arrête pas à cela. Sa perversité n'est que méchante affectation... C'est l'âme la plus délicate, la plus généreuse...

ANDRÉ.

Qu'en sais-tu ?

ALINE.

Je ne peux pas te le dire ; mais Lucien s'est conduit, vois-tu, comme toi seul serais capable de te conduire, toi ou mon père. Si je n'avais pas promis de me taire, tu adorerais celui que tu condamnes.

ANDRÉ.

Vraiment? — Dis-moi, mon enfant : tu sais qu'il est très riche ?

ALINE.

Qu'importe !

ANDRÉ.

Tu ne peux pas l'épouser, ne l'oublie pas,

ALINE.

Mais je n'y songe pas.

ANDRÉ.

Je t'avertis. M. Tenancier m'a parlé de ses projets sur son fils... Il a en vue un très beau parti.

ALINE.

Un parti?.. Tu as raison; emmène-moi.

ANDRÉ.

En es-tu déjà là?

ALINE.

Je n'en sais rien... Tu m'as donné un coup... Emmène-moi.

ANDRÉ.

Nous avions bien besoin de ce malheur-là ! Ah ! c'est ma faute ! j'aurais dû prévoir ce qui arrive !

ALINE.

Ne t'afflige pas, va ! Tu m'as avertie à temps; je l'oublierai... ou si je ne l'oublie pas, tu en seras quitte pour me garder près de toi toute ma vie... En seras-tu faché ?

ANDRÉ.

O chère Aline! cher portrait de ma mère ! tu as son âme comme tu as son visage et son nom. (Il l'embrasse.) Allons, je vais chercher un nid; dans deux jours, nous serons installés... (A part, en sortant.) Elle l'oublierai.

ACTE TROISIÈME

Chez d'Estrigaud. — Un cabinet plein d'objets d'art. — Un déjeuner au chocolat est servi sur un guéridon.

SCÈNE PREMIÈRE

WILLIAM, en livrée du matin; QUENTIN, en habit noir, la serviette sur le bras.

WILLIAM.
Monseigneur n'est pas encore levé, monsieur Quentin?

QUENTIN.
Je l'attends.

WILLIAM.
En voilà un fainéant ! Il est midi.

QUENTIN.
Si vous étiez rentré chez vous à huit heures du matin, monsieur William...

WILLIAM.
Quelle bonne charge ! Il s'est couché hier soir à dix heures.

QUENTIN.

Vous êtes nouveau dans la maison, mon cher. Apprenez que, deux fois par semaine, M. le baron se couche à dix heures pour se relever à deux et ne rentrer chez lui qu'au jour.

WILLIAM.

Est-il bête !

QUENTIN.

Vous sortez d'une maison de parvenus, où les domestiques méprisent les maîtres, monsieur William ; ce n'est pas dans les allures d'ici. M. le baron en remontrerait au plus malin d'entre nous. Quand il se couche à dix heures et se relève à deux, c'est pour arriver frais au jeu tandis que les autres sont fatigués.

WILLIAM.

Ah ! c'est différent.

SCÈNE II

Les Mêmes, D'ESTRIGAUD, en veste de soie.

D'ESTRIGAUD.

Que faites-vous là, William ?

WILLIAM.

Je venais prendre les ordres de M. le baron pour la voiture.

D'ESTRIGAUD.

Quand j'aurai lu mes lettres. (William sort. — D'Estrigaud

se met à table, et mange tout en décachetant ses lettres.) Ce n'est pas mon chocolat ordinaire, Quentin.

QUENTIN.

Pardon, monsieur le baron.

D'ESTRIGAUD.

Je vous dis que non. Ce coquin de Coutelard aura changé de fournisseur pour gagner dix sous. Je veux bien qu'il me vole, mais je ne veux pas qu'il liarde. Vous le lui direz. Emportez cette drogue-là.

QUENTIN.

Monsieur le baron veut-il une aile de volaille?

D'ESTRIGAUD.

Euh!... non. Je n'ai pas faim. J'ai soupé au cercle. (Quentin sort en emportant le plateau et la petite table, qu'il range dans un coin. — D'Estrigaud, resté seul, ouvre une lettre.) De mon agent de change. Tiens, je ne pensais plus à mes ordres d'hier au soir... Ils valent pourtant la peine qu'on y songe. — Eh bien, c'est aujourd'hui la baisse annoncée, demain la liquidation; dans huit jours, j'aurai réalisé mon bénéfice. Ma foi!... ce sera fort à propos. Il y avait longtemps que ce petit drôle de Cantenac n'avait donné de renseignements à Navarette. Il manque à tous ses devoirs. Se croirait-il aimé pour lui-même, l'imbécile? Si jamais je me raccommode avec son patron, comme je le consignerai à la porte! (Ouvrant une autre lettre.) Comtesse de Saint-Gilles... surnommée la bête du bon Dieu. (Lisant.) « Cher baron, la marquise Galéotti m'a inspiré une folle envie de voir votre fameuse collection, et nous devons lui rendre visite aujourd'hui même. » (Il se lève.) Que le diable emporte les bourgeoises et la bourgeoisie! La belle Annette peut bien rester chez elle si elle ne veut venir que sous bonne escorte! Je croyais pourtant l'avoir piquée au jeu... Mais sa prudence native a été la plus forte. (Lisant.) « Nous avons tout simplement pris rendez-vous chez vous. » Oh! oh! rendez-vous chez moi au lieu de venir ensemble? Voilà qui me paraît moins simple qu'à vous, bonne Saint-Gilles... (Lisant.) « ... Rendez-vous chez vous, la marquise ayant à faire, dans votre quartier, quelques visites qui l'empêchent de me venir chercher. » Cette explication vous a suffi, ange de candeur? — Que peut donc manigancer la petite marquise sous l'égide de votre naïveté? (Lisant.) « Nous avions comploté de vous surprendre. » Vous vous croyez du complot? (Lisant.) « Mais j'ai peur que nous ne nous cassions le nez. » Le vôtre serait à jamais regrettable, madame. (Lisant.) « ... Et je crois prudent de vous avertir que nous serons chez vous à trois heures précises. » Très prudent, on ne peut pas plus prudent, et je vous remercie. Ou je ne sais plus déchiffrer une femme, ou le plan de la marquise est d'arriver seule cinq minutes avant la comtesse, en me disant : « Vous voyez, baron, qu'on n'a pas peur de vous. » Ah! rusée, vous voulez faire vos preuves de lionnerie sans rien risquer! avoir la crânerie des grandes dames sans vous départir de votre prud'homie originelle! Heureusement pour moi, vous n'avez pas osé mettre votre escorte dans votre confidence, et je vous tiens. (Il se dirige vers la table de droite et écrit.) « Chère comtesse, je suis au désespoir; j'attends précisément à trois heures des personnes qui vous gêneraient beaucoup, et que vous ne me donnez pas le loisir de contremander. Ce sera donc partie remise, si vous le voulez bien. Je préviens la marquise par le même messager. Votre bien respectueusement dévoué, D'ESTRIGAUD. » (Il sonne; entre Quentin.) Vous allez faire porter tout de suite cette lettre par William. A trois heures moins cinq minutes, il viendra une dame; vous l'introduirez et vous ne laisserez plus entrer personne sous aucun prétexte. Est-ce compris?

QUENTIN.

Oui, monsieur le baron.

D'ESTRIGAUD.

Quentin !

QUENTIN.

Monsieur le baron ?

D'ESTRIGAUD.

William me rapportera le cours de la Bourse.

QUENTIN.

Oui, monsieur le baron. (Il ouvre la porte, apeçoit Lucien et annonce.) M. de Chellebois.

Il sort.

SCÈNE III

D'ESTRIGAUD, LUCIEN.

LUCIEN.

Bonjour, seigneur. Comment se porte aujourd'hui Votre Grâce ?

D'ESTRIGAUD, assis.

Comme hier et comme demain.

LUCIEN.

Tu es de fer, c'est connu. Entre nous, quel âge peux-tu bien avoir ?

ACTE TROISIÈME.

D'ESTRIGAUD.

Eh! eh!.. la quarantaine... bien sonnée!

LUCIEN.

Bah! Je te donnais vingt-cinq ans.

D'ESTRIGAUD.

Mauvais plaisant!

LUCIEN.

Ma parole... et plutôt deux fois qu'une.

D'ESTRIGAUD, sèchement.

Jette donc ton cigare; j'attends une femme.

LUCIEN, jetant son cigare dans la cheminée.

Oh! tu es encore nubile, je n'en doute pas! La preuve, c'est que je songe à te marier.

D'ESTRIGAUD.

Hein?

LUCIEN.

Et je viens dans l'intention expresse de te sonder adroitement à ce sujet.

D'ESTRIGAUD.

Quelle est cette charge?

LUCIEN.

Rien de plus solennel. Le mariage est-il absolument exclu de ton programme, oui ou non?

D'ESTRIGAUD.

Absolument, non...

LUCIEN.

Eh bien, si tu admets la possibilité de te marier, voilà le moment. Tu peux encore choisir; dans quelques années, tu ne le pourras plus. J'ai un parti pour toi : une veuve de vingt-cinq à trente ans, fort riche, très belle, avec un nom aristocratique.

D'ESTRIGAUD.

Taratata ! Tu ne m'as pas laissé développer ma pensée. (Il se lève.) Le mariage est pour moi la manœuvre désespérée de la frégate qui s'échoue à la côte plutôt que d'amener son pavillon. C'est l'expédient suprême auquel je ne recourrai qu'à la dernière extrémité; et, si je m'y prends en effet trop tard, il me restera toujours la ressource héroïque du capitaine : je me ferai sauter.

LUCIEN.

C'est ton dernier mot?

D'ESTRIGAUD.

Le premier et le dernier.

LUCIEN.

Alors, mon cher Raoul, je te prie amicalement de modérer tes assiduités auprès de ma sœur.

D'ESTRIGAUD.

Comment ! c'est d'elle qu'il s'agissait? Tu voulais être mon frère, petit Caïn?

LUCIEN.

Ce m'eût été une grande joie, je l'avoue; mais, ne pouvant être ton frère, je tiens à rester ton ami; et c'est pourquoi je te prie...

D'ESTRIGAUD.

Bien, bien! c'est convenu. Je ne croyais pas mes assiduités excessives; si tu en juges autrement, il suffit.

LUCIEN.

Tu ne m'en veux pas, j'espère?

D'ESTRIGAUD.

Au contraire; je serais désolé de compromettre une femme quelconque, à plus forte raison ta sœur. Mais, dis-moi, est-ce qu'elle n'est plus résolue à rester veuve?

LUCIEN.

Si bien, mais nous l'aurions fait changer d'avis à nous deux.

D'ESTRIGAUD.

Je n'ai pas la fatuité de le croire... Elle a de trop bonnes raisons de ne pas se remarier! Je m'étonne même que tu l'y pousses. Je comprendrais plutôt qu'au besoin tu l'en détournasses dans l'intérêt de ses enfants comme dans le sien propre.

LUCIEN.

Note bien que je ne tiens pas autrement à la voir se rengager. Je dirai même que je ferais une guerre acharnée à tout prétendant qui ne serait pas toi.

D'ESTRIGAUD.

Merci, mon cher. Mais permets à un homme absolument désintéressé dans la question de te faire une petite observation.

LUCIEN.

Va!

D'ESTRIGAUD.

Moi, si j'avais une sœur dans la position de la tienne, et si, en qualité d'homme pratique, je lui interdisais un second mariage, je ne me croirais pas le droit de venir ensuite, en qualité d'homme vertueux, gêner la liberté de ses mouvements.

LUCIEN.

Qu'entends-tu par ces paroles?

D'ESTRIGAUD.

Le monde vit de sous-entendus, mon cher. Il y a une foule de circonstances dans lesquelles un homme de bon ton doit fermer les yeux, tant qu'on ne l'oblige pas à les ouvrir.

LUCIEN.

Tu permettrais un amant à ta sœur?

D'ESTRIGAUD.

Je ne permettrais rien, mais j'ignorerais tout.

LUCIEN.

Sais-tu que tu es horriblement immoral?

D'ESTRIGAUD.

Pas plus que toi ; seulement, je suis logique. Suppose, par impossible, que ta sœur, qui est jeune, qui est libre, se laisse aller à un entraînement bien naturel, en somme, que ferais-tu?

LUCIEN.

Ce que je ferais? Je l'obligerais à épouser son amant.

D'ESTRIGAUD.

Et si elle refusait de ruiner ses enfants?

LUCIEN.

Je me brouillerais avec elle, donc! et je souffletterais le monsieur.

D'ESTRIGAUD.

Ce serait la conduite d'un pédant et non d'un gentleman.

LUCIEN.

Pédant tant que tu voudras... On voit bien que tu n'as pas de sœur.

D'ESTRIGAUD.

C'est possible. Quant à la tienne, dors en paix ; la sœur d'un ami m'est aussi sacrée que sa femme. (A part.) Ni plus ni moins.

QUENTIN, annonçant.

M. Lagarde.

SCÈNE IV

Les Mêmes, ANDRÉ.

LUCIEN.

Que t'arrive-t-il donc? Tu as l'air bouleversé.

D'ESTRIGAUD.

C'est vrai.

ANDRÉ.

On le serait à moins. J'ai appris que sir James Lindsay est à Paris.

D'ESTRIGAUD.

Qui ça, sir James Lindsay?

ANDRÉ.

L'agent anglais qui a déjà fait manquer l'affaire en Espagne. Il est descendu hier au Grand Hôtel... Je viens de vérifier le fait.

D'ESTRIGAUD.

Eh bien, mon cher, il vient trop tard, voilà tout. Nouvelle pour nouvelle : j'ai causé cette nuit au cercle avec nos financiers; décidément ils épousent votre affaire.

ANDRÉ.

Quel bonheur!

D'ESTRIGAUD.

Nous signerons l'acte de société un de ces matins, et je vous certifie que sir James Lindsay n'apporte pas assez de guinées pour faire lâcher prise à nos loups-cerviers.

ANDRÉ.

Vous me mettez du baume dans le sang. Que de remerciements!..

D'ESTRIGAUD.

C'est nous qui vous en devrions, si cette monnaie avait cours en affaires. Vous nous apportez une spéculation magnifique...

LUCIEN.

Et nationale!

D'ESTRIGAUD.

Et nationale... j'oubliais ce point. A combien estimez-vous votre part dans cette entreprise patriotique?

ACTE TROISIÈME.

ANDRÉ.

Je ne sais trop... Après complète exécution, à quatre ou cinq cent mille francs.

D'ESTRIGAUD.

Avouons qu'il est doux de servir sa patrie à ce prix-là.

LUCIEN.

On la trahirait pour moins.

ANDRÉ.

Oh! Lucien, prends garde.

LUCIEN.

A quoi, Marc-Aurèle?

ANDRÉ, riant.

Prends garde de déprécier la trahison par le bon marché.

LUCIEN.

A la bonne heure! Mais tu avais mis le pied sur l'échelle.

ANDRÉ.

Avoue que je l'ai retiré à temps.

LUCIEN.

Tu te formes.

ANDRÉ, à d'Estrigaud.

Que vous ont dit ces messieurs?

D'ESTRIGAUD.

A plus tard les détails. Il faut que je m'habille pour recevoir des dames. Je vous conterai les choses en long et en large ce soir chez Navarette... Vous n'oubliez pas que vous y dînez? Vous me permettez de procéder à ma toilette, n'est-ce pas?

ANDRÉ.

Je vous en prie.

D'ESTRIGAUD.

A ce soir.

Il sort.

SCÈNE V

ANDRÉ, LUCIEN.

LUCIEN.

Commences-tu à revenir de tes préventions sur son compte?

ANDRÉ.

Ma foi, il me rend là un fier service, et je voudrais de bon cœur n'avoir que du bien à penser de lui.

LUCIEN.

Eh bien, ne te gêne pas; nous venons d'avoir une explication à l'endroit d'Annette; en somme, il a été tout ce que tu peux souhaiter.

ANDRÉ.

Voilà qui me raccommode tout à fait avec lui... et avec toi. Oui, je t'en voulais de ta légèreté sur un point qui touche de si près à l'honneur. Je te méconnaissais.

LUCIEN.

Hélas! le sort des belles âmes n'est-il pas d'être méconnues de leurs contemporains? Vois Aristide!

ANDRÉ.

Et Cartouche!

LUCIEN.

Dis donc, toi! sais-tu que tu marches à pas de géant?

ANDRÉ.

Que veux-tu! Tu m'as prouvé qu'on peut rester vertueux sans être toujours à cheval sur le sérieux des choses... Je mets pied à terre.

LUCIEN.

Ne t'excuse pas!

ANDRÉ.

Et puis je suis si content! mon affaire prend si bonne tournure!

LUCIEN.

Ce ne sera pas désagréable, non! dans un an ou deux, d'avoir vingt bonnes mille livres de rente!

ANDRÉ.

A la rigueur!... Mais d'abord, mais surtout, de mettre mon idée en œuvre, d'attacher mon nom à une grande chose, à un grand... pourquoi ne le dirais-je pas? à un grand bienfait!

LUCIEN.

Oh! oh! la gloire?

ANDRÉ.

Eh donc! s'il y a un orgueil légitime, n'est-ce pas celui d'être utile?

LUCIEN.

Utile et décoré, nous y voilà!... Eh! t'imagines-tu, créature primitive et printanière, que le monde accorde la moindre attention à un homme utile? Apprends qu'il s'incline, non pas devant les gens qu'il estime, mais devant ceux qu'il envie. La richesse ou la célébrité, pour lui tout est là!

ANDRÉ.

Mais je serai célèbre.

LUCIEN.

Le canal de Gibraltar le sera, et non pas toi! Qui connaît en France le nom de Riquet? Vois-tu, mon pauvre bonhomme, les œuvres d'utilité pratique sont condamnées à rester anonymes! Le bienfaiteur disparaît dans le bienfait. C'est inique, c'est absurde, mais c'est comme ça.

ANDRÉ.

Tu n'es pas encourageant.

LUCIEN.

Je t'épargne des mécomptes! Tu as la clef de la fortune et non celle de la célébrité; ne va pas te tromper de porte.

ANDRÉ.

Je croyais les avoir toutes les deux.

LUCIEN.

Tu n'es pas dégoûté. Rabats la moitié de tes ambitions... et console-toi. La part qui te reste est encore la meilleure... Mais oui! sois donc franc!

ANDRÉ.

Peut-être bien, après tout.

LUCIEN.

Voyons, depuis quinze jours que tu assistes, les mains dans tes poches, au défilé des voluptés parisiennes, ne sens-tu pas grouiller en toi les convoitises de la jeunesse?

ANDRÉ.

Je ne dis pas non... Quand je rencontre, emportés au grand trot de deux chevaux à bouffettes roses, un jeune homme et sa maîtresse, les jupes flottant sur les roues... il me passe parfois des éblouissements dans la cervelle! Ça fait le même effet que le soupirail de Chevet sur un abonné de la pension Balèche.

LUCIEN.

Parbleu! la frugalité n'est qu'une impuissance, comme les autres vertus.

ANDRÉ, avec un rire forcé.

Eh! eh! eh!

LUCIEN.

Brûler la chandelle par le plus de bouts possible, voilà le vrai problème de la vie!... De tous les sages de l'antiquité, Sardanapale est le seul qui ait eu le sens commun.

ANDRÉ.

Ah! ah! ah!

LUCIEN.

Aussi comme sa mort enfonce celle de Socrate!

ANDRÉ, timidement.

LUCIEN.

L'un meurt piteusement par obéissance aux lois, trépas de robin monomane! L'autre, révolté sublime, se fait un bûcher de son palais et y traîne avec lui les voluptés dont le destin vainqueur croyait le séparer!

ANDRÉ.

Tu es lyrique... un peu lyrique...

LUCIEN.

Eh bien, Sardanapale, c'est d'Estrigaud.

ANDRÉ.

Alors, il ferait bien d'avertir ses femmes.

LUCIEN.

On ne peut pas causer sérieusement avec toi!

ANDRÉ.

Tu étais donc sérieux?

LUCIEN.

Oui, jeune néophyte, je l'étais, et vous me répondez par des calembredaines!

ANDRÉ.

Que le diable t'emporte! On ne sait sur quel pied on danse avec vous autres.

LUCIEN.

Tu tombes rarement en mesure, j'en conviens; mais tu te rattrapes, il y a progrès.

ACTE TROISIÈME.

ANDRÉ.

N'est-ce pas? je ne sens plus trop la province?

LUCIEN.

Plus assez du moins pour incommoder. — Ah çà! observe-toi ce soir chez Navarette; tu vas entrer, je t'en préviens, dans le temple même de la blague... Tiens-toi bien!

ANDRÉ.

Mon Dieu, c'est l'aplomb qui me manque. Tu ne te doutes pas à quel point vous m'intimidez.

LUCIEN.

L'aplomb te viendra avec la fortune.

ANDRÉ, examinant le salon.

Il est certain qu'un gaillard logé comme ça n'a pas lieu d'être timide; c'est un autre homme que le pauvre diable qui loge en garni.

LUCIEN.

Parbleu! Les philosophes ont beau dire, l'écaille fait partie du poisson.

ANDRÉ.

On ne peut pas se défendre d'un certain respect pour le propriétaire de tant de belles choses.

LUCIEN.

Et c'est juste : la richesse est une puissance dont le luxe est la présence visible.

ANDRÉ.

Je n'avais pas idée d'un luxe pareil.

LUCIEN.

Et ce que tu vois n'est rien. En fait de luxe, le plus raffiné et le plus cher est celui qui ne saute pas aux yeux.

ANDRÉ.

Combien donc dépense le baron ?

LUCIEN.

Cent cinquante mille francs par an.

ANDRÉ.

Cent cinquante ! et il est garçon... Alors, que peut-on faire en famille avec vingt mille ?

LUCIEN.

Dame ! on peut vivre à son aise... dans l'acajou, la porcelaine opaque, les fiacres à quarante sous, les gants nettoyés et les chemises de coton ; que te faut-il de plus ?

ANDRÉ.

Oh ! rien !... nous sommes habitués aux privations, nous autres ! — Il y a des gens heureux.

LUCIEN.

Bah ! la richesse ne fait pas le bonheur... Une simple chaumière... dans un beau quartier...

SCÈNE VI

Les Mêmes, D'ESTRIGAUD, en redingote.

LUCIEN.

Déjà! Tu n'as pas été long...

D'ESTRIGAUD.

Le temps vous a semblé court, messieurs.

ANDRÉ.

Nous admirions votre appartement, monsieur le baron.

D'ESTRIGAUD.

Il est joli, n'est-ce pas? (Bas, à Lucien.) Emmène-le donc...

LUCIEN, à André.

N'importunons pas monsieur plus longtemps; les devoirs de sa charge le réclament.

D'ESTRIGAUD.

Excusez-moi de ne pas vous retenir, mon cher; je ne m'appartiens pas.

ANDRÉ.

Vous êtes un homme public.

LUCIEN.

A ce soir.

Ils sortent.

SCÈNE VII

D'ESTRIGAUD, seul.

S'il savait qui j'attends, il faudrait nous couper la gorge. Je le croyais plus fort. Cette circonstance ne laisse pas que de modifier la situation. Ce que je cherche, moi, c'est une liaison de convenances, l'association pacifique d'un veuvage et d'un célibat sous le consentement tacite de la famille et du monde. Je croyais avoir trouvé la pie au nid : train de maison honorable, enfants bien élevés, beau-frère de bonne humeur, femme charmante, toutes les conditions du confort et de la sécurité. Mais ce n'est plus cela du tout, du moment que le frère a un double fond tragique ; il faudrait ou me cacher comme un Castillan, ou m'exposer à des arias de tous les diables, à un scandale, à des scènes dramatiques... toutes choses parfaitement ridicules et désagréables. — D'un autre côté, la marquise en elle-même est-elle bien mon lot? A y bien regarder, sa petite machination d'aujourd'hui indique une furieuse ténacité de vertu bourgeoise. Je parviendrais à la réduire, que ses préjugés classiques repousseraient comme du chiendent ; ce serait une succession perpétuelle de scrupules à combattre ou de remords à éponger... Elle est de la pâte des femmes légitimes et non des maîtresses. Elle ne peut rendre heureux qu'un mari... et je n'en suis pas encore là, grâce au ciel ! Décidément, j'ai eu tort de contremander la bonne Saint-Gilles. Eh bien, quoi ! je serai respectueux, voilà tout, et je profiterai même de l'occasion pour battre honorablement en retraite... Notre bail n'est pas signé, après tout...

QUENTIN, annonçant.

Madame la marquise Galéotti.

SCÈNE VIII

D'ESTRIGAUD, ANNETTE.

ANNETTE.

Vous voyez, baron, qu'on n'a pas peur de vous.

D'ESTRIGAUD.

Quelle bonne surprise, madame!

ANNETTE.

Je passais dans votre rue, j'avais fini mes courses plus tôt que je ne pensais, je me suis dit : « Voilà une belle occasion de visiter les antiques, » et j'ai arrêté à votre porte.

D'ESTRIGAUD.

Vous êtes la plus grande dame que je connaisse. Voulez-vous que nous passions dans ma galerie?

ANNETTE.

Tout à l'heure. — C'est très joli chez vous. Je n'avais pas encore vu d'appartement de garçon... Nous ne nous figurons pas du tout ce que c'est.

D'ESTRIGAUD.

Vous vous imaginiez le temple du désordre et de l'inconfortable?

ANNETTE.

A peu près... mais je fais amende honorable. C'est mieux tenu que chez moi. On dirait qu'une femme de goût a présidé au moindre détail.

D'ESTRIGAUD.

Merci pour Navarette.

ANNETTE.

Ah! c'est elle?

D'ESTRIGAUD.

Le soin de mon appartement fait partie de ses chastes attributions, et elle vient de temps en temps y donner le coup d'œil de la...

ANNETTE.

Du maître.

D'ESTRIGAUD.

De la gouvernante. Mais le jour va baisser, et, si vous voulez visiter ma collection...

ANNETTE.

Tout à l'heure.

D'ESTRIGAUD.

Qu'attendez-vous donc ?

ANNETTE.

Personne.

D'ESTRIGAUD.

Et vous avez raison ; elle ne viendra pas.

Il lui donne la lettre de la comtesse.

ANNETTE, après avoir lu.

Que cette Saint-Gilles est gauche! Mais qui vous dit qu'elle ne viendra pas?

D'ESTRIGAUD.

Je lui ai vivement répondu qu'elle trouverait visage de bois, et que je vous avertissais en même temps qu'elle. Ainsi ne lui dites pas que vous êtes venue.

ANNETTE, mettant la table entre elle et d'Estrigaud.

Mais, monsieur, c'est un guet-apens.

D'ESTRIGAUD.

Bien innocent, je vous jure. Vous avez voulu jouer au fin avec moi, vous êtes battue ; cette victoire me suffit, et je prétends la couronner en vous prouvant à quel point vos précautions me faisaient injure.

ANNETTE.

Soit, monsieur; mais vous m'exposez à être surprise dans un tête-à-tête...

D'ESTRIGAUD.

Rassurez-vous : ordre est donné de ne laisser entrer personne.

ANNETTE.

Mais c'est bien pire, monsieur! que va penser de moi votre valet de chambre?

D'ESTRIGAUD.

Absolument rien; c'est sa consigne chaque fois qu'il me vient des curieuses.

ANNETTE.

Il vous vient des curiosités de toute espèce; je n'entends pas que cet homme, qui sait mon nom, se méprenne sur la mienne.

Elle sonne.

D'ESTRIGAUD.

Que faites-vous ?

ANNETTE.

Vous allez lui dire que sa consigne ne me concernait pas.

QUENTIN, *entrant avec un papier sur un plateau d'argent.*

C'est le cours de la Bourse que monsieur demande ?

D'ESTRIGAUD.

Oui, mettez ça là. (*Quentin pose le papier sur la table à droite.*) Ne vous avais-je pas dit de fermer ma porte ?

QUENTIN.

Oui, monsieur le baron.

D'ESTRIGAUD.

Eh bien, c'est par erreur. Vous laisserez entrer comme à l'ordinaire.

QUENTIN.

Tout le monde ?

D'ESTRIGAUD.

Eh! oui, tout le monde.

QUENTIN.

Bien, monsieur le baron.

D'ESTRIGAUD.

Êtes-vous satisfaite ?

ACTE TROISIÈME.

ANNETTE.

Maintenant, je m'en vais.

D'ESTRIGAUD.

Pas tout de suite, ou ce drôle croira qu'on peut entrer parce que vous n'y êtes plus.

ANNETTE.

C'est vrai... mais s'il arrive quelqu'un?

D'ESTRIGAUD.

Il n'arrivera personne; la consigne a dû descendre jusqu'à la loge du concierge, qui ne sait pas votre nom, lui. Sacrifiez encore cinq minutes à l'opinion de M. Quentin, et permettez-moi d'en profiter pour moi-même. Aussi bien ai-je une explication à vous donner.

ANNETTE.

Sur quoi, mon Dieu?

Elle s'assied près de la table.

D'ESTRIGAUD.

Sur la rareté de mes futures visites. Je serais désolé que vous puissiez l'attribuer à un pur caprice. Votre frère sort d'ici. Il trouve mes assiduités compromettantes, — ce sont ses propres expressions, — et il me prie de les suspendre.

ANNETTE.

De quoi se mêle-t-il? Ne suis-je pas d'âge à me conduire?

D'ESTRIGAUD.

Sans doute; mais ce n'est pas à moi de le lui dire : je suis trop son ami pour lui résister sur un point si délicat.

ANNETTE.

Et je crois que votre condescendance ne vous coûte guère.

D'ESTRIGAUD.

Du moins, le respect que je dois à votre réputation et à votre tranquillité...

ANNETTE, ironiquement.

Oh! vous êtes très respectueux, c'est incontestable.

D'ESTRIGAUD.

Les femmes sont toutes les mêmes! Si je touchais le bout de votre gant, vous me trouveriez odieux; et, parce que je reste dans les bornes du plus profond respect, vous me trouvez presque ridicule; avouez-le.

ANNETTE, qui joue depuis un moment avec la cote de la Bourse.

Un franc de hausse sur la rente.

D'ESTRIGAUD.

Plaît-il?

ANNETTE.

Un franc de hausse.

D'ESTRIGAUD, stupéfait.

C'est impossible!

ANNETTE.

Voyez plutôt. (Elle lui donne la cote.) Cela vous contrarie?

D'ESTRIGAUD.

Non... cela m'étonne. (A part.) Ruiné!...

ANNETTE, se levant.

Les cinq minutes que je dois à M. Quentin sont écoulées. — Ne me regardez pas de cet œil farouche et accompagnez-moi jusqu'à l'antichambre avec force salamalecs pour achever d'édifier vos gens sur mon compte.

D'ESTRIGAUD, l'arrêtant par la main.

De grâce, madame, encore un instant...

ANNETTE.

Que vous reste-t-il à me dire?

D'ESTRIGAUD.

Que je vous adore!

ANNETTE.

Ah! vous aviez raison, monsieur; ici, c'est odieux!

D'ESTRIGAUD.

Pourquoi? Toutes les portes sont ouvertes; vous êtes aussi en sûreté que chez vous. Et si je ne vous le dis pas ici, où vous le dirai-je? Ce n'est pas une déclaration que je vous fais, c'est un adieu éternel.

ANNETTE.

Un adieu éternel? voilà un bien grand mot.

D'ESTRIGAUD.

Mon amitié pour votre frère ne me sépare-t-elle pas de vous à jamais?

ANNETTE.

Tout ce qu'il peut vous demander, c'est de venir moins souvent chez moi.

D'ESTRIGAUD.

Sans doute. Mais il m'a ouvert les yeux; je ne m'apercevais pas que je vous aime follement!... Oh! laissez-moi vous le dire pour la première et pour la dernière fois !

ANNETTE.

Pourquoi avez-vous parlé ? Ce n'est pas mon frère qui nous sépare maintenant, c'est votre aveu.

D'ESTRIGAUD.

Je m'étais juré de me taire jusqu'au bout, mais l'effort a dépassé mes forces !... Et puis qu'importe ? Maintenant que je vois clair dans mon cœur, mon devoir est tracé. Il faut que je vous oublie, que je m'éloigne, que je voyage... Je partirai demain.

ANNETTE.

Mais c'est absurde. Je n'entends pas bouleverser votre existence.

D'ESTRIGAUD.

Et que voulez-vous que je devienne à Paris ? Votre porte ne m'est-elle pas fermée à double tour, par votre frère et par mes aveux ?

ANNETTE.

Je les oublierai... vous n'avez rien dit, je n'ai rien entendu... Vous serez raisonnable, vous serez mon meilleur ami...

D'ESTRIGAUD.

Jamais ! Ces paroles qui vous offensent s'échapperaient de mes lèvres malgré moi... Je ne m'appartiens plus... Vous ne savez pas à quel délire de passion je suis arrivé !

ANNETTE, lui mettant la main sur la bouche.

Taisez-vous, malheureux ! (D'Estrigaud couvre sa main de

baisers. — Faiblement.) Vous êtes fou... (Il l'entoure de ses bras.) Monsieur !..

<small>Elle court vers la porte; d'Estrigaud y arrive avant elle et la lui barre.</small>

D'ESTRIGAUD.

Non... Vous ne sortirez pas.

NAVARETTE, entrant.

Qu'est-ce donc ?

SCÈNE IX

Les Mêmes, NAVARETTE.

ANNETTE, courant à elle.

Protégez-moi !

D'ESTRIGAUD, après un moment d'hésitation.

Oh! malheur! votre honneur à la discrétion d'une Navarette !

ANNETTE.

J'ai été attirée dans un piège indigne, madame... je vous le jure sur la tête de mes enfants !

D'ESTRIGAUD.

Comment voulez-vous qu'elle vous croie? Elle n'a pas d'enfants ! — Si elle raconte seulement ce qu'elle a vu, — et elle le racontera, — à qui persuaderons-nous que je ne suis pas votre amant? Mes serments seront pris pour le mensonge d'un galant homme... Ah! pauvre femme! vous êtes perdue! bien perdue! et par ma faute ! misérable que je suis ! Mais je ne faillirai pas à mes devoirs envers vous ! la seule réparation désormais possible, je vous l'offre; acceptez mon nom.

NAVARETTE, à part.

Son nom !... Jouons serré. (Haut.) Je crois à votre innocence, madame, et, sur ce que j'ai de plus sacré, je vous jure qu'il ne sortira pas de ma bouche un mot qui puisse vous nuire.

ANNETTE.

Oh! merci, mademoiselle!

D'ESTRIGAUD.

Sa parole vous suffit?

ANNETTE.

Oui, monsieur; j'y crois comme elle croit à mon innocence.

D'ESTRIGAUD.

A la bonne heure.

NAVARETTE.

Vous êtes bien dur pour moi, monsieur d'Estrigaud. Vous savez pourtant que j'ai de l'honneur à ma manière, et c'est cet honneur-là que j'engage à madame.

ANNETTE.

Cet honneur-là, mademoiselle, s'appelle le cœur.

NAVARETTE.

Reconduisez madame, monsieur le baron. Elle est déjà trop restée dans ma compagnie pour le respect que lui doivent vos gens.

ANNETTE.

Vous avez toutes les délicatesses, mademoiselle. — Restez, monsieur, je sortirai seule.

<small>Elle sort, d'Estrigaud reste incliné sur la porte.</small>

NAVARETTE, à part.

Je suis venue à propos... la baronnie m'échappait.

SCÈNE X

NAVARETTE, D'ESTRIGAUD, redescendant en scène.

D'ESTRIGAUD.

Tu ne comprends donc rien, toi ?

NAVARETTE.

Qu'y a-t-il à comprendre ?

D'ESTRIGAUD.

Que tu viens de me faire manquer un mariage magnifique.

NAVARETTE.

Dame ! quand je suis entrée, tu n'étais pas sur le chemin de la mairie, ce me semble.

D'ESTRIGAUD.

Hé ! cette marquise est une bourgeoise timorée, qui, une fois à moi, aurait imploré le sacrement !... sans compter que son frère l'aurait exigé !

NAVARETTE.

Il fallait donc fermer ta porte.

D'ESTRIGAUD.

Ton arrivée pouvait tout conclure si tu avais voulu comprendre... Mais non, mademoiselle se pique et fait les beaux bras! Ah! tu peux te vanter de m'avoir ruiné, toi!

NAVARETTE.

En somme, un mariage de manqué, dix de retrouvés.

D'ESTRIGAUD.

Est-ce que je serai épousable demain !

NAVARETTE.

Pourquoi pas?

D'ESTRIGAUD.

Pardieu ! tu m'as donné un joli renseignement, je te remercie.

NAVARETTE.

Mais je crois qu'il n'était pas mauvais. Il y a une hausse d'un franc.

D'ESTRIGAUD.

Eh bien, tu m'as annoncé la baisse.

NAVARETTE.

Moi? Tu rêves.

D'ESTRIGAUD.

J'en suis tellement sûr, qu'en te quittant j'ai fait vendre.

NAVARETTE.

Mon pauvre ami... c'est un malentendu désolant ! Moi, j'ai acheté... peu, malheureusement.

ACTE TROISIÈME.

D'ESTRIGAUD.

Enfin, je perds huit cent mille francs, je n'ai pas de quoi les payer, je suis exécuté, obligé de donner ma démission de toutes mes sinécures, rasé comme un ponton.

NAVARETTE.

Fais-toi reporter.

D'ESTRIGAUD.

A quoi bon ? Je n'aurai pas plus d'argent dans un mois qu'aujourd'hui, maintenant que mon mariage est manqué.

NAVARETTE.

Tu as des amis...

D'ESTRIGAUD.

Des amis? Tu m'amuses! Je n'en ai plus pour trente sous du moment que je dois huit cent mille francs.

NAVARETTE.

Il y en a un du moins qui ne te manquera pas.

D'ESTRIGAUD.

Quel est ce phénix?

NAVARETTE.

Moi.

D'ESTRIGAUD.

Toi, ma pauvre fille?

NAVARETTE.

Ma maison de la rue Castiglione ne vaut-elle pas huit cent mille francs?

D'ESTRIGAUD.

Écoute, mon enfant... je ne suis pas facile à attendrir;

mais le diable m'emporte si tu ne m'as pas remué le cœur ! (Lui prenant la main et la portant à ses yeux.) Tiens, voilà une larme de d'Estrigaud... fais-la monter en bague, c'est le dernier joyau qu'il t'offrira.

NAVARETTE.

Tu refuses ?

D'ESTRIGAUD.

Oui, chère fille. Je n'ai pas beaucoup de préjugés, tu le sais, mais il y a des délits de savoir-vivre inadmissibles, des inélégances infranchissables. Un galant homme ne peut ruiner que sa femme légitime, je te l'ai déjà dit vingt fois.

NAVARETTE.

Mais alors que vas-tu faire ?

D'ESTRIGAUD.

Que veux-tu que je fasse ? Je ne peux pas payer, je ne payerai pas. C'est encore plus convenable que de payer avec l'argent de ma maîtresse.

NAVARETTE.

Raoul... tu me fais peur !

D'ESTRIGAUD.

En quoi ?

NAVARETTE.

Tu veux te tuer !

D'ESTRIGAUD.

Moi ?

NAVARETTE.

Oh ! n'espère pas me donner le change ! Tu as trop

répété sur tous les tons que tu te ferais sauter au premier désastre...

D'ESTRIGAUD.

C'est vrai!

NAVARETTE.

Je te connais... tu le feras, ne fût-ce que pour ne pas être ridicule !

D'ESTRIGAUD, à lui-même.

Il est certain que j'aurai une contenance piteuse, si je m'en tiens à un pouf vulgaire. Mes professions de foi hautaines deviendront des rodomontades puériles, on en fera des gorges chaudes... Mordieu! la situation est plus grave que je ne pensais !

NAVARETTE.

Que t'importent de sots quolibets, que tu feras taire avec quelques coups d'épée ?

D'ESTRIGAUD.

Détrompe-toi ! on sait bien que je me bats : on attend de moi une crânerie supérieure au courage du duel; je me suis vanté de l'avoir, et, si je ne l'ai pas, tous les duels du monde ne m'ôteront pas un pouce de ridicule... Mille tonnerres ! comment sortir de là ?

NAVARETTE.

Accepte mon argent ; personne n'en saura rien, je te le jure.

D'ESTRIGAUD.

Ces choses-là ne restent jamais longtemps cachées. Si tu ne disais rien, c'est moi qui parlerais, et, si ce n'était moi, ce seraient les pierres de la maison vendue pour me tirer d'affaire... car tu n'as pas de valeurs au porteur?

NAVARETTE.

Non... tu m'as toujours conseillé les immeubles.

D'ESTRIGAUD.

La vente d'un immeuble quel qu'il soit ne peut pas rester secrète, et, dans huit jours, je serais la fable de tout Paris.

NAVARETTE.

Que faire, mon Dieu, que faire? — Si nous déclarions hautement la chose comme elle est, si je disais que ma fortune me vient de toi et que je la restitue, n'y aurait-il pas là une certaine grandeur?

D'ESTRIGAUD.

Grandeur de ton côté, oui, certes; mais bassesse du mien. Et puis je ne veux pas te mettre sur la paille.

NAVARETTE.

Oh! je n'y serais pas. Ma maison vendue, il me resterait pour deux millions de terrains, avenue de Zurich.

D'ESTRIGAUD, avec une surprise émue.

Tu as pour deux millions de terrains?

NAVARETTE.

Oui.

D'ESTRIGAUD.

Et je n'en savais rien!

NAVARETTE.

Tout le monde l'ignore.

ACTE TROISIÈME.

D'ESTRIGAUD.

Mais comment ne m'en avais-tu rien dit?

NAVARETTE.

Les hommes sont si bavards! Tu ne m'aurais pas gardé le secret, et je pressentais qu'un jour tu aurais besoin d'une fortune ignorée.

D'ESTRIGAUD.

Ou tu es l'ange du dévouement... ou tu veux être baronne.

NAVARETTE, détournant les yeux.

Baronne, moi? Si tu avais la sottise de m'offrir ton nom, je n'aurais pas celle de l'accepter.

D'ESTRIGAUD.

Parce que?

NAVARETTE.

Parce que notre mariage te déclasserait sans me réhabiliter.

D'ESTRIGAUD.

C'est un peu vrai.

NAVARETTE, finement.

Ne pas croire que mon sacrifice serait une première réhabilitation qui en justifierait une seconde...

D'ESTRIGAUD.

Peut-être... peut-être! Le monde est plus romanesque qu'il ne paraît, et quand on sait lui jouer cet air-là... (Déclamant.) « Eh bien, oui, messieurs, moi, Raoul d'Estrigaud, j'épouse la Navarette. Je l'épouse parce qu'en un jour de détresse elle m'a prouvé qu'elle avait gardé intacte cette partie de l'honneur que j'appelle le cœur. Elle était déchue de sa place légitime, je la lui rends... C'est aussi une restitution que je lui fais ! Et maintenant choisissez d'admirer ma conduite ou de me mettre au ban. » (A Navarette, du ton ordinaire.) Là-dessus, il y aurait un peu d'hésitation, mais c'est alors que l'intervention de l'épée serait efficace, et... va te promener ! j'oubliais Cantenac.

NAVARETTE, vivement.

Il n'est pas mon amant.

D'ESTRIGAUD, lui prenant le menton.

Espiègle !... Il ne pourrait pas me regarder sans rire, et son rire serait contagieux. Allons, n'y pensons plus.

NAVARETTE.

Tu aimes mieux te brûler la cervelle ?

D'ESTRIGAUD.

Ma foi, oui. — Et dire que je perds la partie avec quinte et quatorze en main ! Dans trois mois, je réaliserais ma part du canal de Gibraltar... Tiens, tiens, tiens !

NAVARETTE.

Quoi encore ?

D'ESTRIGAUD.

Je peux la réaliser ce soir même ! Ah ! pour le coup, je suis sauvé.

NAVARETTE.

Sans m'épouser ? Quel bonheur !

D'ESTRIGAUD.

Je rachète sa concession à l'ingénieur, je la lui paye ce qu'il veut, le double de ce qu'elle vaut au besoin, et je la vends trois millions...

NAVARETTE.

A qui?

D'ESTRIGAUD.

Aux Anglais, parbleu! (Il sonne.) Ta voiture est en bas?

NAVARETTE.

Oui.

D'ESTRIGAUD.

Tu vas me conduire au Grand Hôtel. (A Quentin qui entre.) Un chapeau et des gants. (Quentin sort.) Tu es une bonne fille, Navarette. Je n'oublierai jamais que tu m'as tiré une larme, et je la convertirai en rivière de diamants.

Quentin lui apporte un chapeau et des gants.

NAVARETTE, à part.

Il m'échappe encore une fois, mais il n'ira pas loin. Décidément les hommes sont plus coquins que nous.

Ils sortent.

ACTE QUATRIÈME

Un salon chez Navarette. — Grand luxe sans clinquant.

SCÈNE PREMIÈRE

NAVARETTE, ANDRÉ, D'ESTRIGAUD, AURÉLIE, CANTENAC, LUCIEN, VALENTINE.

NAVARETTE.

Eh bien, monsieur de Lagarde, comment vous trouvez-vous de la vie ?

ANDRÉ.

Ébloui ! charmé !... Que voulez-vous que je vous dise ? jamais je ne m'étais vu à pareille fête. Les lumières, les truffes, la gaieté, la blancheur des épaules... Ah ! mais... on s'amuse beaucoup dans le creux de cet arbre, comme dit Lucien.

NAVARETTE.

Je suis enchantée que ma petite hospitalité trouve grâce à vos yeux.

ACTE QUATRIÈME.

VALENTINE, à Navarette.

On ne joue donc pas *les Argonautes,* ce soir?

NAVARETTE.

Non. Le dragon est indisposé.

LUCIEN.

On aurait pu le faire doubler par Cantenac; il sait le rôle, et il imite Lardier... une mère s'y tromperait.

CANTENAC, buvant un petit verre de liqueur.

A messieurs de la noblesse et du tiers!

LUCIEN.

Pas de politique, Cantenac. Respecte mes convictions.

CANTENAC.

De quel parti es-tu?

AURÉLIE.

Des parties fines.

D'ESTRIGAUD.

Vingt sous d'amende à Aurélie pour ce déplorable calembour. Nous te corrigerons.

AURÉLIE, jetant vingt sous sur la table.

Jamais! j'aurai de l'esprit jusqu'à mon dernier sou. — Donne-moi un cigare, Lucien.

ANDRÉ.

Vous fumez le cigare, mademoiselle?

AURÉLIE.

Cela vous étonne, jeune étranger?

LUCIEN, lui apportant un cigare.

Il aurait cru que tu fumais la pipe.

AURÉLIE.

Toi, tu n'es qu'un malhonnête.

LUCIEN, à André.

As-tu remarqué comme elle mange, cette frêle créature ?

AURÉLIE.

J'adore la volaille truffée.

D'ESTRIGAUD.

Prends garde qu'un beau jour elle ne te paye d'ingratitude.

AURÉLIE.

Bah ! le poulet qui doit me tuer n'est pas encore pondu.

ANDRÉ.

Ah ! je comprends ! Parfait !

LUCIEN.

N'encourage pas sa manie.

D'ESTRIGAUD.

Vingt autres sous.

AURÉLIE.

J'aime mieux prendre tout de suite un abonnement Donne un louis, Chellebois.

LUCIEN.

Tes calembours me ruinent.

NAVARETTE.

Bah ! ce sont tes pauvres.

ANDRÉ.

Très joli.

VALENTINE.

Des pauvres d'esprit !

ANDRÉ.

Plus joli encore.

AURÉLIE.

Comment l'entendez-vous, madame ?

VALENTINE.

Des pauvres spirituels, madame.

AURÉLIE.

Je vous rattraperai, vous.

VALENTINE, bas, à Navarette.

Quel ton ! Comment la recevez-vous ?

NAVARETTE.

Il le faut bien, pour Chellebois.

ANDRÉ, à Valentine.

Mademoiselle Valentine ne fume pas ?

VALENTINE, sèchement.

Non, monsieur, je n'aime pas les fumeurs.

ANDRÉ.

Je me le tiens pour dit.

Il va jeter son cigare.

VALENTINE, bas, à Navarette.

Il m'ennuie, votre provincial.

NAVARETTE.

Non... il aura trois millions.

VALENTINE.

Quand?

NAVARETTE.

Demain.

VALENTINE, à André.

Vous avez jeté votre cigare, monsieur de Lagarde? Savez-vous que cela ressemble presque à une déclaration?

ANDRÉ.

Je voudrais que cela y ressemblât tout à fait.

CANTENAC.

Il va bien, le stoïcien.

ANDRÉ.

Moi stoïcien? Allons donc! Les cuistres ont beau dire, messieurs, voilà la vraie vie!

CANTENAC.

Bravo, monsieur de Lagarde!

ANDRÉ.

Qu'est-ce que vous avez tous à m'anoblir?

LUCIEN.

Ne fais donc pas ton enfant du peuple... Ton grand-père avait la particule.

ANDRÉ.

Je crois bien qu'il l'usurpait.

NAVARETTE.

Eh bien, en fait de noblesse, usurpation vaut titre.

LUCIEN.

Je vous dénonce mon ami comme démocrate et libre penseur.

ANDRÉ.

N'en croyez pas un mot, mesdames.

LUCIEN.

Alors, reprends ta particule.

D'ESTRIGAUD.

Elle ne vous sera pas inutile dans les affaires.

CANTENAC.

Ni auprès des femmes.

VALENTINE.

Je ne comprends pas qu'on aime un roturier, monsieur de Lagarde.

ANDRÉ.

Va donc pour de Lagarde ! me voilà du faubourg.

AURÉLIE.

Et du plus faux encore !

LUCIEN.

Assez, Aurélie, assez !

AURÉLIE.

Laissez-moi consommer, c'est payé. — Quelle nouvelle du faubourg, cher baron ?

D'ESTRIGAUD.

Aucune... Ah ! si fait ! Ludovic, ce même Ludovic que Valentine appelait son jeune premier et Aurélie son *jeune sais quoi*...

AURÉLIE.

Moi, toujours bête.

D'ESTRIGAUD.

Oui. — Il vient d'entrer à la Trappe.

CANTENAC.

A moi, Auvergne !

VALENTINE.

Où avez-vous appris cela ?

D'ESTRIGAUD.

Parbleu !... C'est tout au long dans la *Gazette des Cocodès*.

NAVARETTE.

Ce pauvre Ludovic ! Je n'en reviens pas.

D'ESTRIGAUD.

Voilà ce que c'est, mesdames, que d'avoir une âme tendre.

CANTENAC.

Une âme tendre, lui ? Mon casque me gêne !

ANDRÉ.

Quel casque ?

CANTENAC.

Vous n'avez donc pas vu *les Argonautes*?

VALENTINE.

Tout ce que je peux vous dire, c'est qu'il portait à son cou une médaille que lui avait donnée sa maman.

CANTENAC.

Aïe! aïe! aïe! la croix de ma mère.

AURÉLIE.

Et, quand il avait trop dîné, il n'avait qu'un mot : « Je trompe ma famille! je trompe ma famille! »

LUCIEN.

N'avait-il pas, en effet, une famille à la vertu?

AURÉLIE.

Ayez donc des parents honnêtes!...

D'ESTRIGAUD.

Ne me parlez pas de l'éducation de famille.

CANTENAC.

Et de la famille donc!... Pour moi, je n'en reconnais qu'une : ce sont mes amis.

D'ESTRIGAUD.

D'abord, c'est celle dont on se débarrasse le plus facilement.

ANDRÉ.

Messieurs, je vous demande grâce pour l'amitié.

D'ESTRIGAUD.

Pourquoi pas aussi pour l'amour?

ANDRÉ.

Ma foi ! pendant que j'y suis :

> Dieu lui-même
> Ordonne qu'on aime ;
> Je vous le dis en vérité...

CANTENAC.

Honneur et patrie ! c'est un disciple de Béranger.

AURÉLIE.

Un cœur d'or !

NAVARETTE.

La jeunesse et la liberté, voilà ses dieux.

D'ESTRIGAUD.

Vous croyez encore à ces vieilleries-là ?

ANDRÉ.

Il ne faut pas ? Non ? Je le veux bien.

CANTENAC.

Vous abjurez ? Il suffit.

ANDRÉ.

Ce que j'en disais, moi, c'était pour plaire aux dames.

AURÉLIE.

Merci de l'attention. Est-ce qu'on ne va pas procéder à un petit bac... bacca... baccarat ?

NAVARETTE.

Nous ne sommes pas en nombre, j'attends quelques personnes.

ACTE QUATRIÈME.

AURÉLIE.

Attendons-les en cartonnant... La main me démange!

NAVARETTE.

Quelle joueuse enragée!

VALENTINE.

Je crois bien! mademoiselle a une veine invraisemblable depuis quinze jours.

AURÉLIE.

Voilà! Vous ne voulez pas croire à la vertu des fétiches, mesdames; j'en ai un qui ne me quitte pas... Est-ce vrai, Raoul?

D'ESTRIGAUD.

Oui, ma bonne... (A Navarette.) La table est-elle prête?

NAVARETTE.

Elle doit l'être.

D'ESTRIGAUD.

Allons, messieurs. (Bas, à Navarette.) Retiens l'ingénieur et prépare le terrain; il est si primitif!

VALENTINE.

Voulez-vous être de moitié dans mon jeu, monsieur de Lagarde?

ANDRÉ.

Mais je n'ai jamais touché une carte.

VALENTINE.

Vraiment? Oh! alors, confiez-moi votre bourse.

ANDRÉ.

Il n'y a pas grand'chose dedans.

VALENTINE.

C'est égal; votre argent est un porte-bonheur.

AURÉLIE.

Et vous dites que vous n'êtes pas superstitieuse!

VALENTINE.

C'est tout différent! Il est bien connu que l'argent d'une personne qui n'a jamais touché une carte... n'est-ce pas, Chellebois?

LUCIEN.

Tous les savants vous le diront.

VALENTINE, à André.

Nous sommes associés.

ANDRÉ.

Pour le jeu seulement?

CANTENAC.

Vous êtes un peu vif.

ANDRÉ.

Et je me contiens!... si j'exprimais à mademoiselle tout ce qu'elle m'inspire...

AURÉLIE.

Le rouge lui en tomberait.

CANTENAC.

Montrez-nous le chemin, Navarette.

NAVARETTE.

Commencez sans moi, je vous rejoins tout à l'heure.

D'ESTRIGAUD.

Suivez mon panache blanc!

NAVARETTE.

Monsieur de Lagarde, restez! j'ai à vous parler.

SCÈNE II

NAVARETTE, ANDRÉ.

NAVARETTE.

Il me semble que vous serrez de près mon amie Valentine, monsieur l'ingénieur?

ANDRÉ.

Quelle admirable créature!

NAVARETTE.

Elle a beaucoup de distinction.

ANDRÉ.

Et des yeux!... et une taille!... Je ne sais quel parfum s'exhale de ses vêtements, de ses cheveux... mais cela grise! — A-t-elle le cœur libre?

NAVARETTE.

C'est assez singulier; elle me faisait la même question à votre sujet.

ANDRÉ.

Vraiment? Et qu'avez-vous répondu?

NAVARETTE.

Que vous alliez retourner en Espagne.

ANDRÉ.

Mais je ne pars pas de sitôt.

NAVARETTE.

Oh! ce n'est pas une femme à caprices... il lui faut des liaisons sérieuses.

ANDRÉ.

Et vous pensez que, sans mon départ, j'aurais eu quelque chance?...

NAVARETTE.

Je crois, entre nous, que vous lui avez fait une vive impression.

ANDRÉ.

Malgré ma pauvreté?

NAVARETTE.

A cause de cela peut-être. Elle est très romanesque. On l'a vue passer d'un millionnaire à un gentilhomme ruiné, sans sourciller. Elle vend ses voitures et ses bijoux, et tout est dit.

ANDRÉ.

C'est gentil... Quel ennui de partir!

NAVARETTE.

Bah! vous allez retrouver vos occupations?

ANDRÉ.

Sans doute. Ah! que mes chantiers vont me paraître tristes!... Comme je reverrai souvent, là-bas, à travers

ACTE QUATRIÈME.

la fumée de ma pipe solitaire, ce petit coin du paradis... de Mahomet, où j'ai passé une heure !

NAVARETTE.

Espérons que vous y reviendrez.

ANDRÉ.

Dans combien de temps ?... Il va falloir encore trimer quatre ou cinq ans...

NAVARETTE.

Qu'est cela à votre âge ?

ANDRÉ.

Vous en parlez à votre aise ! Je ne me suis jamais amusé, moi. Les femmes que j'ai rencontrées n'étaient pas dignes de délacer les brodequins de Valentine.

NAVARETTE.

Comme vous vous montez la tête !

ANDRÉ.

C'est vrai ! je ne sais ce que j'éprouve, mais il me semble que je n'ai pas vécu jusqu'à présent. Je sens en moi une explosion de sensualités inconnues. J'aspire les senteurs voluptueuses, comme un cheval de bataille l'odeur de la poudre !... Et dire qu'il faut reprendre le collier de misère...

NAVARETTE.

Qui vous y force ? Restez !

ANDRÉ.

Le puis-je ? ma fortune est là-bas !

NAVARETTE.

Combien vous rapportera l'exécution de ce canal ?

ANDRÉ.

Quatre ou cinq cent mille francs.

NAVARETTE.

En quatre ou cinq ans... Si on vous les offrait sur-le-champ?

ANDRÉ.

Hein?

NAVARETTE.

Si on vous achetait votre concession ce prix-là?

ANDRÉ.

Qui?

NAVARETTE.

Accepteriez-vous?

ANDRÉ.

Pardieu! avec ivresse... Mais c'est un rêve!

NAVARETTE.

D'Estrigaud va vous faire la proposition tout à l'heure, et vous aurez votre argent demain si vous voulez.

ANDRÉ, avec enthousiasme.

Dites à Valentine que je reste, que je l'adore, qu'elle ne vendra ni ses bijoux ni ses voitures... Je ne veux pas que mon amour la mette à pied!

NAVARETTE.

Je conçois cela. Rien ne doit être plus humiliant pour un homme que de faire déchoir sa maîtresse.

ANDRÉ.

C'est inadmissible! Arracher Valentine à son atmosphère de luxe, décrocher ce tableau de son cadre! quelle brutalité!

NAVARETTE.

Mais vous ne pourrez pas suffire au train qu'elle mène, avec vos pauvres petites vingt-cinq mille livres de rente.

ANDRÉ.

J'entamerai le capital, parbleu! je doterai largement ma sœur, et je mangerai le reste.

NAVARETTE.

Valentine ne le souffrirait pas. Une femme de cœur ne peut accepter que le superflu de l'homme qu'elle aime.

ANDRÉ.

Eh bien, je lui dirai que j'ai cent mille livres de rente, et ce sera la vérité pendant deux ans.

NAVARETTE.

Quelle folie!

ANDRÉ.

C'est la sagesse! Sardanapale est le seul qui ait eu le sens commun. L'homme qui a pleinement vécu, ne fût-ce qu'une heure, meurt plus plein de jours à trente ans que l'octogénaire qui n'a rien connu de la vie.

NAVARETTE.

Avec de pareils appétits, il vous faudrait une fortune de plusieurs millions.

ANDRÉ.

Je n'en serais, pardieu, pas embarrassé!

NAVARETTE.

La voulez-vous?

ANDRÉ, riant.

Ardemment! Faut-il signer un pacte avec le diable? Donnez-moi une plume et de l'encre... rouge.

NAVARETTE.

Il ne faut pas tant de choses; il suffit de refuser les offres de Raoul.

ANDRÉ.

Je ne comprends plus du tout.

NAVARETTE.

Êtes-vous homme à reconnaître un bon avis par une entière discrétion?

ANDRÉ.

Sans doute.

NAVARETTE.

Je vais trahir mon vieil ami d'Estrigaud pour vous, que je connais depuis une heure tout au plus. Ne prenez pas la peine de vous en étonner, et, quand on vous rend service, n'ayez pas la curiosité de demander pourquoi. Me donnez-vous votre parole d'honneur d'enfouir dans un secret absolu la révélation que je vais vous faire?

ANDRÉ.

Je vous la donne.

NAVARETTE.

D'Estrigaud vous achète votre concession cinq cent mille francs pour la revendre trois millions.

ACTE QUATRIÈME.

ANDRÉ.

Bah!

NAVARETTE.

Faites le marché vous-même, et vous voilà trois fois millionnaire.

ANDRÉ.

Trois fois millionnaire! cent cinquante mille livres de rente... à moi? Ce n'est pas possible!

NAVARETTE.

Vous n'avez qu'à étendre la main.

ANDRÉ.

Mais alors je suis aussi riche que le baron!

NAVARETTE.

Et plus solidement.

ANDRÉ.

Je peux avoir un hôtel comme le sien, des laquais comme les siens...

NAVARETTE.

Et des attelages alezan brûlé, et une loge à l'Opéra.

ANDRÉ.

Et des maîtresses dans l'or et la soie, et des douzaines de chemises de batiste!

NAVARETTE, souriant.

Et des parfums dans vos mouchoirs.

ANDRÉ.

Je marierai ma sœur à qui elle voudra... Trois millions!.. Oh! chère Navarette! comment vous témoigner ma gratitude? Ne disiez-vous pas à table que vous aviez envie d'une bonbonnière à Ville-d'Avray? Permettez-moi de la mettre à vos pieds.

NAVARETTE.

Merci mille fois, cher monsieur. Mais votre reconnaissance n'a qu'un gage à m'offrir, c'est le secret. Je ne me dissimule pas l'énormité de mon procédé envers Raoul.

ANDRÉ.

Bah! il n'a que ce qu'il mérite. — Ah! s'il m'offrait loyalement la moitié du marché, je me ferais scrupule de lui souffler l'affaire; mais un sixième! c'est trop peu, monsieur le baron, tant pis pour vous! vous n'aurez rien. Cent cinquante mille livres de rente au fils de mon père! c'est à crever de rire!

NAVARETTE.

Vous ne me demandez même pas le nom et l'adresse de l'acquéreur?

ANDRÉ.

Que ce soit le diable en personne...

NAVARETTE.

Encore faut-il vous aboucher avec lui.

ANDRÉ.

Eh bien?

NAVARETTE.

Sir James Lindsay...

ANDRÉ.

Lindsay? J'aurais dû m'en douter... Ah! mille millions de tonnerres!

NAVARETTE.

Qu'est-ce qui vous prend?

ANDRÉ.

Est-ce que je peux vendre aux Anglais?... Ces choses-là sont faites pour moi.

NAVARETTE.

Mais que ce soit vous qui vendiez ou d'Estrigaud...

ANDRÉ.

Ce ne sera ni lui ni moi, pardieu!

NAVARETTE, à part.

Cela me suffit.

ANDRÉ.

C'était bien la peine de me mettre l'eau à la bouche...

NAVARETTE.

En tout cas, ne me compromettez pas... J'ai votre parole! chut!

SCÈNE III

Les Mêmes, D'ESTRIGAUD.

NAVARETTE.

A la rescousse, baron! M. de Lagarde ne veut rien entendre. Il tient à attacher son nom au canal... la gloire!

D'ESTRIGAUD, froidement.

Va me remplacer au jeu.

NAVARETTE, à part.

Si tu défais mon petit travail, tu seras fin.

Elle sort.

D'ESTRIGAUD, à part, allumant une cigarette.

Les grands moyens. (Haut.) Les femmes n'entendent rien aux affaires et elles ont la manie de s'en mêler. Je parie que Navarette vous aura expliqué les choses tout de travers?

ANDRÉ.

Mais non... j'ai parfaitement compris.

D'ESTRIGAUD.

Et vous préférez la gloire, comme elle dit, à quinze cent mille francs?

ANDRÉ.

Quinze cents?...

D'ESTRIGAUD.

Oui; quel chiffre vous avait-elle annoncé?

ANDRÉ.

Cinq cents.

D'ESTRIGAUD.

Vous voyez bien... (Il jette sa cigarette.) Écoutez, je suis très carré en affaires et je joue cartes sur table; je trouve trois millions de votre concession; je vous offre le partage par moitié.

ANDRÉ.

Au moins est-ce loyal.

D'ESTRIGAUD.

Marché conclu?

ANDRÉ.

Non.

D'ESTRIGAUD.

Qui vous arrête?

ANDRÉ, avec embarras.

Mais... je ne peux rien conclure sans savoir le nom de l'acquéreur.

D'ESTRIGAUD.

Pourquoi?

ANDRÉ.

Dame! j'ai une responsabilité envers le gouvernement espagnol, et j'ai besoin de savoir à qui je vends.

D'ESTRIGAUD.

Vous vendez au baron d'Estrigaud, qui endosse votre responsabilité et vous en décharge. N'en demandez pas davantage.

ANDRÉ.

Au fait, c'est assez vrai. Le surplus ne me regarde pas; tant pis pour vous si... Eh bien, non! C'est une capitulation de conscience inacceptable! Je sais à qui vous vendez, et toutes les escobarderies du monde ne feront pas que je l'ignore.

D'ESTRIGAUD.

Qui vous l'a dit?

ANDRÉ.

Personne! mais c'est bien difficile à deviner! Qui peut offrir trois millions de ma concession, sinon sir James Lindsay?

D'ESTRIGAUD.

Sir James Lindsay?

ANDRÉ, vivement.

N'est-ce pas lui? Je serais bien enchanté qu'il y eût erreur, et si vous me donnez seulement votre parole d'honneur...

D'ESTRIGAUD.

C'est lui. — Que vous importe?

ANDRÉ.

Eh! morbleu! ce qu'il veut acheter, n'est-ce pas évidemment le moyen de faire avorter l'entreprise?

D'ESTRIGAUD.

Sans doute! Après?

ANDRÉ.

Comment, après? Cet argent-là me brûlerait les doigts.

D'ESTRIGAUD.

Vous êtes un enfant. Votre canal ne se fera pas, quoi qu'il arrive. J'ai vu sir James Lindsay. Il a ordre de s'emparer de l'affaire à tout prix. Le moyen le moins coûteux est d'acheter votre concession et de créer une compagnie fictive qui tombera d'elle-même dans un temps donné. Si vous refusez, il dépensera dix millions au lieu de trois, et vous n'aurez pas un rouge liard, voilà tout.

ANDRÉ.

Si j'en étais bien sûr... ce serait différent. Et encore non, cela ne change rien à ma situation. Un devoir stérile n'en est pas moins un devoir. — Ah! les parents pauvres ont bien besoin de tant raffiner la conscience de leurs enfants!... Comme si nous n'avions déjà pas assez d'obstacles devant nous !

D'ESTRIGAUD.

Ainsi vous refusez?

ANDRÉ.

Il le faut bien !

D'ESTRIGAUD.

Eh bien, non, il ne le faut pas! Je dirai plus, vous n'en avez pas le droit. Je vais être brutal, tant pis; c'est vous qui m'y forcez. Il faut absolument à votre sœur une dot de cinq cent mille francs.

ANDRÉ.

Pourquoi?

D'ESTRIGAUD.

Parce que le père Tenancier ne donnera pas son fils à moins, et que ce mariage est devenu nécessaire.

ANDRÉ, très ému.

Que voulez-vous dire, monsieur?

D'ESTRIGAUD.

Rien qui puisse porter atteinte à mademoiselle Aline. Elle est parfaitement pure... mais parfaitement compromise. Elle aime Lucien, ce n'est un secret pour personne.

ANDRÉ.

Ce n'est pas vrai, c'est une indigne calomnie.

D'ESTRIGAUD.

Pas d'émotion. Le mal fût-il plus grand qu'il n'est, le mariage répare tout.

ANDRÉ, à lui-même.

Effectivement.

D'ESTRIGAUD.

Et, s'il ne tient qu'à vous de marier votre sœur à Lucien, vous avez là un devoir qui prime tous les autres, vous en conviendrez.

ANDRÉ, avec un demi-sourire.

Oui... s'il n'y a pas d'autre salut pour ma sœur.

D'ESTRIGAUD.

Il n'y en a pas.

ANDRÉ.

Vraiment?... Mais encore que dit-on? que suppose-t-on?

D'ESTRIGAUD.

Votre sœur a écrit à Lucien.

ANDRÉ.

Écrit!... Cela devient grave, en effet... Comment le savez-vous?...

D'ESTRIGAUD.

Par Aurélie, qui a dérobé la lettre.

ANDRÉ.

Une lettre de ma sœur en de pareilles mains!... Est-elle très... significative?

D'ESTRIGAUD.

Je ne l'ai pas lue... Aurélie n'a voulu me montrer que la signature. D'ailleurs, elle ne sait pas que c'est de votre sœur, et je n'ai eu garde de le lui dire, mais elle peut le découvrir d'un moment à l'autre, et alors un esclandre!...

ANDRÉ.

Oui, vous aviez raison... il n'y a plus place à l'hésitation. Mon premier devoir est de sauver ma sœur.

D'ESTRIGAUD.

C'est ce que je pense.

ANDRÉ.

Je ne suis pas un Brutus, moi... Si j'étais seul en cause, je ferais le sacrifice... tout inutile, tout absurde qu'il est... Je le faisais, vous en êtes témoin! Mais, diable! je n'ai pas le droit de sacrifier ma sœur à mon chauvinisme. N'est-ce pas votre avis, à vous qui êtes un homme d'honneur?

D'ESTRIGAUD.

Complètement.

ANDRÉ.

D'ailleurs, ce marché... qui ne fait de tort à personne, il faut bien le reconnaître! ce n'est pas même moi qui le conclus, c'est vous!

D'ESTRIGAUD.

Parbleu! — Enfin, si cet argent doit vous brûler les doigts, il y a une chose bien simple : ne prenez que la dot de votre sœur et laissez-moi le reste.

ANDRÉ, embarrassé.

Oh! mon Dieu!...

D'ESTRIGAUD.

A tant faire que mettre les doigts au feu, vous préférez en retirer les marrons, n'est-ce pas?

ANDRÉ.

Que feriez-vous à ma place?

D'ESTRIGAUD.

Je ne déclamerais plus.

ANDRÉ.

Oh! c'est bien fini!

SCÈNE IV

Les Mêmes, VALENTINE,
AURÉLIE, NAVARETTE, CANTENAC, LUCIEN,
Deux Jeunes Gens et deux Femmes.

VALENTINE, à André, lui montrant ses mains pleines d'or et de billets de banque.

Que vous disais-je, monsieur de Lagarde? Votre argent a fructifié; prenez votre part.

ANDRÉ, lui baisant la main près du coude.

La voilà! — Mesdames et messieurs, je vous invite tous à dîner demain à la Maison d'Or, et, en sortant de table, je vous taillerai une banque à faire dresser les cheveux sur la tête.

LUCIEN.

Qu'est-ce qui te prend?

ANDRÉ.

C'est la fleur de l'aloès qui éclate! J'ai assez vécu comprimé dans ma coque! De l'air, morbleu! du bruit!

du bruit nocturne surtout! Décrochons les enseignes des bourgeois et rossons le guet!

LUCIEN.

Il est gris, Dieu me pardonne!

D'ESTRIGAUD, à part.

Je l'ai grisé.

ANDRÉ.

Ah! belle Valentine, puisse ce banquet être le repas des accordailles. Je vous adore!

VALENTINE.

Est-ce bien vrai?..

ANDRÉ.

Demandez à Navarette. (A Lucien.) Présente-moi donc à ces messieurs et à ces dames que je n'ai pas l'honneur de connaître.

NAVARETTE, bas, à d'Estrigaud.

Vous êtes d'accord?

D'ESTRIGAUD.

Oui... à quinze cent mille francs.

NAVARETTE, à part, regardant André.

Quel imbécile!

VALENTINE, à Aurélie.

Eh bien, mademoiselle, que dites-vous maintenant de votre fétiche?

AURÉLIE.

Je dis qu'il est usé, voilà tout.

LUCIEN.

Il faut t'en procurer un autre.

AURÉLIE.

Ne me parlez pas, vous ! ou plutôt... nous allons avoir une petite explication. Voilà quinze jours que vous me trompez grossièrement, j'en ai la preuve.

LUCIEN.

Quinze jours ! et tu n'as pas encore éclaté ?

AURÉLIE.

Tiens ! tant que je gagnais !

LUCIEN.

Puisque tu as tant fait, patiente encore une heure, sois gentille... en public.

AURÉLIE.

Je ne serai pas gentille ! — Ah ! il faut à monsieur des femmes du monde !

LUCIEN.

Tu as ton accès ?

AURÉLIE

Non, monsieur, je reste calme et digne, j'ai toute ma raison. — Vous devriez au moins vider vos poches pour venir chez moi.

LUCIEN.

Mes poches ?

ANDRÉ, bas, à Lucien.

Emmène-la donc !

ACTE QUATRIÈME.

LUCIEN, à Aurélie.

Tu achèveras ta scène en voiture, filons!

Il l'entraîne.

AURÉLIE.

Pas de brutalités... Quelqu'un de vous, messieurs, connaît-il une dame qui s'appelle Aline de son petit nom?

LUCIEN, s'arrêtant.

Aline?

ANDRÉ, à part.

Il était temps de lui trouver une dot.

CANTENAC.

Nous avons bien un opéra-comique de ce nom.

LUCIEN.

Ne plaisantons pas, messieurs! (A Aurélie.) C'est plus grave que tu ne penses. Explique-toi.

ANDRÉ, bas, à Lucien.

Ne la pousse pas à bout; elle a une lettre.

LUCIEN, à Aurélie.

Tu as une lettre signée Aline?

AURÉLIE.

Parfaitement! C'est mon fétiche... pauvre femme trompée que je suis!

LUCIEN.

C'est impossible!

AURÉLIE.

Je l'ai trouvée dans la poche de votre redingote.

LUCIEN.

Donne-la-moi.

AURÉLIE.

Non.

LUCIEN.

Je vous demande pardon de cette scène, messieurs; mais Aline est le nom d'une personne à qui tous nos respects sont dus, et sur la réputation de laquelle il ne doit pas planer une ombre... de mademoiselle Lagarde.

AURÉLIE, à André.

Ah! monsieur, si j'avais su!

LUCIEN.

Voyons la lettre. (Aurélie la lui donne. Il l'ouvre et éclate de rire.) Parbleu! elle est bonne! C'est la lettre à papa.

D'ESTRIGAUD.

Quelle lettre à papa?

LUCIEN.

Une vieille lettre d'amour que j'ai trouvée il y a quinze jours, que je me réservais de réintégrer respectueusement dans la poche de mon auteur, sans la lire, et dont la jalouse Aurélie s'est emparée. Je la croyais bien perdue.

D'ESTRIGAUD, bas, à André.

J'ai toujours votre parole?

ANDRÉ, de même.

Oui... Tant pis!

LUCIEN, regardant la lettre.

C'est, en effet, signé Aline.

ACTE QUATRIÈME.

ANDRÉ, avec un rire forcé.

Mais une Aline à ton père, ce doit être la reine de Golconde.

LUCIEN.

Je le croirais... vu la pâleur de l'encre et la jaunisse du papier. Tiens !

Il lui donne la lettre.

VALENTINE.

Dites donc, Lucien, je ne me représente pas nettement le père Chellebois en bonne fortune.

AURÉLIE.

Ni moi.

ANDRÉ, à part, atterré, les yeux sur la lettre.

Ma mère !

AURÉLIE, à Lucien.

Abuserais-tu de ma candeur ?

LUCIEN.

Comment as-tu pu être jalouse de ce papyrus ?

ANDRÉ, à part, fermant les yeux, et comme foudroyé.

Ma mère !

La lettre s'échappe de ses mains.

AURÉLIE, à Lucien.

Ne détourne pas la question.

LUCIEN, ramassant la lettre.

Tiens, est-ce assez jaune ?

AURÉLIE, lui sautant au cou.

Tu es un amour... Je m'étonnais aussi... car elle

est d'un beau bleu, cette épître !.. Écoutez-moi ça, mesdames.

LUCIEN.

Je te défends !..

AURÉLIE, passant la lettre à Valentine.

Lisez, Valentine, je le tiens.

TOUS.

Lisez, lisez ! à la tribune !

LUCIEN.

C'est absurde !

On se groupe autour de Valentine.

TOUS.

Chut !

André rouvre les yeux et les promène autour de lui.

VALENTINE, lisant.

« Oui, ami, je vous aime... »

ANDRÉ, bondissant.

Oh ! cette fille ! (Il lui arrache la lettre des mains. A Lucien.) Tu laisses faire cela, toi ? tu laisses traîner les secrets de famille dans les ruisseaux ? Qui te dit qu'il n'y a pas là dedans l'âme d'une honnête femme égarée ? Qui te dit qu'elle n'a pas expié dans les larmes, qu'elle n'est pas descendue dans la tombe avant l'heure, blêmie par le repentir ? et que ses enfants ne rachèteront pas sa faute à force d'œuvres et de loyauté ?

D'ESTRIGAUD.

Ma foi, mon cher, il s'agirait de votre propre mère...

ANDRÉ, regardant tout le monde avec un geste terrible.

Qui parle de ma mère, ici?

CANTENAC.

Mais, monsieur de Lagarde...

ANDRÉ.

Je m'appelle Lagarde tout court, comme mon père. (A d'Estrigaud.) Le marché que vous me proposiez et auquel j'avais la lâcheté de prêter l'oreille est une immonde trahison !

D'ESTRIGAUD.

Monsieur !

ANDRÉ.

Je le refuse !

D'ESTRIGAUD.

Êtes-vous ivre ?

ANDRÉ.

Mon refus vous étonne, n'est-ce pas? Vous pensiez bien avoir mis la gangrène dans mon honneur... Mais votre piqûre se guérit comme les autres... avec le fer rouge. — Adieu, messieurs ! Conscience, devoirs, famille, faites litière de tout ce qu'on respecte !... Il vient un jour où les vérités bafouées s'affirment par des coups de tonnerre. Adieu, je ne suis pas des vôtres !

Il sort.

SCÈNE V

Les Mêmes, moins ANDRÉ.

CANTENAC, à d'Estrigaud qui s'élance sur les pas d'André.

S'il vous faut un témoin, mon cher, je suis là.

D'Estrigaud s'arrête, les yeux fixés sur Cantenac.

LUCIEN.

Un témoin ? Pour quoi faire ?

CANTENAC.

Dame ! il a été insulté assez carrément... trahison immonde !

LUCIEN.

André est gris, et je suis sûr qu'il sera le premier à regretter sa ridicule algarade.

CANTENAC.

Il faudra des excuses fièrement explicites alors.

LUCIEN.

Mêlez-vous de vos affaires, Cantenac. André n'est pas un pilier de salle d'armes comme vous. Je parierais qu'il n'a pas touché une épée depuis l'École. Raoul n'a donc pas lieu de se montrer rigoureux, d'autant qu'il a fait ses preuves.

CANTENAC.

On ne les a jamais assez faites.

D'ESTRIGAUD, s'avançant lentement vers Cantenac.

Ainsi, à votre avis, mon cher Cantenac, ma réputation a encore besoin d'une petite affaire ?

CANTENAC.

Dame !

D'ESTRIGAUD, lui donnant une chiquenaude sur le nez.

Eh bien, la voilà !

CANTENAC, furieux, mais retenu par Lucien.

Vous êtes fou, monsieur !

NAVARETTE, à part.

Je suis baronne ! — Pauvre Cantenac !

ACTE CINQUIÈME

Chez d'Estrigaud. — Même décoration qu'au troisième acte.

SCÈNE PREMIÈRE

NAVARETTE, QUENTIN.

QUENTIN.

Madame a sonné?

NAVARETTE, assise à la table et écrivant.

Envoyez chez moi dire à ma femme de chambre qu'elle mette dans mes caisses les effets dont j'écris la liste et qu'elle les fasse porter ici. Vous préparerez vous-même les malles de M. le baron et la vôtre.

QUENTIN.

Nous allons donc voyager?

NAVARETTE, sans cesser d'écrire.

Très probablement : un voyage de quelques mois. Vous ferez charger les bagages sur la chaise de poste et vous commanderez des chevaux pour midi.

QUENTIN.

Pardon, madame, si je suis indiscret... C'est l'intérêt que je porte à mon maître. Il est sorti ce matin en fiacre avec des épées, accompagné de deux amis et du neveu de madame, le docteur Bragelard; j'ai supposé qu'il avait encore une affaire.

NAVARETTE, écrivant toujours.

Vous êtes plein de sagacité, monsieur Quentin.

QUENTIN.

Cela m'inquiéterait médiocrement sans la circonstance de ce départ; mais on dirait que M. le baron songe à se mettre à l'abri des poursuites.

NAVARETTE.

Peut-être bien.

QUENTIN.

L'affaire est donc plus sérieuse qu'à l'ordinaire ? Si je me permets de demander cela à madame, je la prie de croire...

NAVARETTE.

Que votre place vous est chère ? Oui, Quentin, l'affaire est très sérieuse.

QUENTIN.

Que Dieu protège M. le baron!

NAVARETTE, se levant et donnant à Quentin la liste qu'elle vient d'écrire.

Pas un mot là-dessus aux autres domestiques, vous entendez?

QUENTIN.

Madame me méconnait... (Fausse sortie.) Madame emmènera-t-elle sa femme de chambre ?

NAVARETTE.

J'oubliais... Qu'on lui dise de faire son paquet et de venir ici avec mes caisses.

QUENTIN.

Je remercie madame.

Il sort.

SCÈNE II

NAVARETTE, seule.

Je suis là, moi, à tout préparer comme si l'issue du combat n'était pas douteuse ! Et si la chance des armes tournait contre mon pauvre Raoul, au lieu de tourner contre mon pauvre Cantenac?... Après tout, je n'ai pas encore donné ma signature... Mais ne prévoyons pas le malheur, ça l'attire. Demain, nous serons à Bruxelles; j'enverrai ma procuration à l'agent de change de Raoul, le bruit de ma belle conduite courra comme une traînée de poudre, et, dans un mois, la nouvelle de notre mariage trouvera les esprits tout disposés... A notre retour, vertueuse Galéotti, j'entrerai dans le monde à votre bras... que vous n'oserez pas me refuser.

QUENTIN, rentrant.

Il y a là un vieux monsieur qui veut absolument parler à madame; voici sa carte.

NAVARETTE.

M. Tenancier!... Faites entrer. (Seule un moment.) Un important auxiliaire à gagner, ce bonhomme! Allons, toutes voiles dehors.

SCÈNE III

NAVARETTE, TENANCIER.

TENANCIER.

Excusez-moi, madame, de vous importuner jusqu'ici; j'avais hâte de causer avec vous; on m'a dit chez vous que je vous trouverais chez le baron, et, malgré ma répugnance à me rencontrer avec lui...

NAVARETTE.

Il est sorti, monsieur.

TENANCIER.

C'est ce que j'ai su en bas et ce qui m'a tout à fait décidé à monter. Ma fille m'a raconté la scène d'hier, l'odieux guet-apens dans lequel on l'avait attirée, votre admirable conduite, madame...

NAVARETTE.

Ce que j'ai fait, monsieur, toute honnête femme l'eût fait à ma place, et j'ai la prétention d'être une honnête femme... N'est-ce pas notre seule réconciliation possible avec l'honneur, pauvres déclassées que nous sommes?

TENANCIER.

Ma fille vous tient en haute estime, madame, et je vois qu'elle a raison... Mais parmi les vertus viriles, il en est une, permettez-moi de vous le dire, dont la pratique vous sera peut-être difficile... la discrétion ; et vous comprenez quel tort ferait à ma fille la scène d'hier, racontée même à son avantage.

NAVARETTE.

Oui ! j'entends d'ici les malignes condoléances auxquelles la marquise serait en butte. Quand par hasard une femme échappe à la calomnie après une aventure pareille, elle n'échappe pas à un peu de ridicule ; car, si le monde n'a qu'une vengeance contre le vice, il en a plusieurs contre la vertu. Mais nous valons mieux que lui, nous autres... lorsque nous valons quelque chose ; nous avons pour l'honnêteté vraie un respect qui ressemble à de la dévotion. Pour moi, quand je rencontre une mère de famille digne de ce nom, je suis toujours tentée de me signer, et c'est le sentiment que m'inspire madame la marquise Galéotti. Êtes-vous rassuré ?

TENANCIER.

Complètement, et plus étonné encore.

NAVARETTE.

De quoi ? de trouver un peu de cœur chez une femme dans ma position ?

TENANCIER.

Non, certes ! mais je suis un bon bourgeois plein de préjugés, et je ne m'attendais pas, je l'avoue, à une telle élévation de sentiments, à une intelligence si fine des choses de notre monde.

NAVARETTE, allant s'asseoir près de la table.

C'est peut-être une comédie que je vous joue !... Vous n'en jureriez pas, convenez-en.

ACTE CINQUIÈME.

TENANCIER.

Oh! madame! pouvez-vous croire?...

NAVARETTE, avec une amertume mélancolique.

Hélas! je n'aurais pas le droit de m'en plaindre! Ne nous interdit-on pas, je ne dis pas même un retour, mais une aspiration au bien? Et quand vous avez vous-même entendu raconter quelque bonne action d'une de nous, ne vous êtes-vous pas demandé : « Qu'est-ce que ça lui peut donc rapporter ? »

TENANCIER.

Mon Dieu, madame, je conviens qu'avant de vous connaître...

NAVARETTE.

Ce que ça nous rapporte? Rien et tout... un peu de notre propre pardon!... Croyez à ma sincérité ou n'y croyez pas, peu m'importe! Ce n'est pas votre estime que je cherche, c'est la mienne.

TENANCIER.

J'y crois, madame; j'y crois si bien, que je n'ose plus vous dire le but de ma démarche... sinon pour vous en offrir mes très humbles excuses. Mais l'aveu de l'injure que je vous faisais en sera le châtiment. Je venais brutalement, stupidement, acheter votre silence...

NAVARETTE, se levant vivement.

Est-ce la marquise qui vous envoyait ?

TENANCIER.

Ah! grand Dieu, non! elle a de vous une opinion... que je partage désormais.

NAVARETTE, souriant.

Eh bien, payez-moi ma discrétion, je le veux bien... en me donnant une poignée de main comme à un brave garçon que je suis... Vous trouvez que c'est plus cher?

TENANCIER, lui serrant la main.

Comme à un brave garçon... (La lui baisant.) et comme à une brave femme!

NAVARETTE, à part.

Il est à moi.

QUENTIN, annonçant.

M. Lagarde!

SCÈNE IV

Les Mêmes, ANDRÉ.

NAVARETTE.

Le baron est sorti, monsieur.

ANDRÉ.

Je le sais, madame; mais j'ai à lui parler de choses très importantes : je l'attendrai.

NAVARETTE.

Reviendriez-vous sur votre refus d'hier?

ANDRÉ.

Vous ne le croyez pas. Mais il y a toute une situation à régler.

NAVARETTE.

Les affaires du baron ne me regardent pas ; il ne peut tarder à rentrer ; permettez-moi, messieurs, de surveiller quelques préparatifs.

Elle salue et sort par la droite.

SCÈNE V

ANDRÉ, TENANCIER.

ANDRÉ.

Je ne m'attendais guère à vous trouver ici.

TENANCIER, embarrassé.

Oh !... je venais... — Qu'y a-t-il de nouveau dans tes affaires ?

ANDRÉ.

Le baron ne s'en mêle plus. J'ai vu ce matin les bailleurs de fonds, et je viens en leur nom lui offrir une indemnité pour ses peines et démarches... Mais, puisque vous voilà, permettez-moi de profiter de la rencontre et de vous instruire d'un parti que j'ai pris.

TENANCIER.

A quel sujet ?

ANDRÉ.

Voilà trop longtemps que ma sœur abuse de votre hospitalité, je viens d'arrêter un logement pour elle et pour moi.

TENANCIER.

De quel air contraint tu dis cela! Aurait-elle à se plaindre de nous?

ANDRÉ.

Non, monsieur.

TENANCIER.

Alors, laisse-nous-la encore.

ANDRÉ.

Impossible.

TENANCIER.

Pourquoi?

ANDRÉ.

Mon Dieu... le monde est méchant... La place d'une jeune fille pauvre n'est pas dans une maison où il y a un jeune homme riche.

TENANCIER, posant son chapeau sur la table.

Te serais-tu aussi aperçu de quelque chose?

ANDRÉ.

De rien, non! de quoi?

TENANCIER.

Comment! tu n'as pas compris que ces deux jeunes gens, tout en se taquinant, se querellant, ont pris, sans s'en douter, le chemin de traverse de l'amour?

ANDRÉ.

C'est faux! c'est absurde!

TENANCIER.

Eh! non, ce n'est pas absurde! c'est le contraire qui le

serait! Ils sont charmants tous les deux, ils se voient tous les jours; comment veux-tu qu'ils ne finissent pas par s'aimer?

ANDRÉ.

Raison de plus alors pour emmener Aline.

TENANCIER.

Pour nous la laisser! A moins que tu ne répugnes à donner ta sœur à ton ami. Quant à moi, ce mariage comblerait tous mes vœux.

ANDRÉ.

Ce mariage est impossible.

TENANCIER.

Impossible?

ANDRÉ.

Vous le savez bien.

TENANCIER.

Qu'est-ce donc qui peut s'y opposer?

ANDRÉ.

Mon père.

TENANCIER.

Ton père? Voyons, parle. Que sais-tu? que crois-tu savoir?

ANDRÉ.

Ne laissez donc pas traîner vos lettres.

Il lui donne la lettre du quatrième acte.

TENANCIER, après y avoir jeté les yeux.

Mon pauvre enfant! comme tu dois souffrir!

ANDRÉ.

Ah! si l'on mourait de honte et de douleur...

TENANCIER, les yeux sur la lettre.

Je te comprends!... Cette lettre serait, en effet, de la plus coupable des femmes... si elle n'était pas de la plus pure des jeunes filles!

ANDRÉ.

Que dites-vous?

TENANCIER.

Mais oui! J'ai dû épouser ta mère. Nous avions une correspondance autorisée par nos parents, et que je n'ai pas eu le courage de restituer tout entière, je m'en accuse, lors d'une rupture dont nous pleurions tous deux... La fortune de ton grand-père avait été enlevée tout à coup par la banqueroute d'un misérable. Mon père, devant ce désastre, eut la dureté de retirer sa parole; je m'indignais contre sa décision, je voulais passer outre; mais elle, trop fière pour entrer par l'amour d'un jeune homme dans une famille qui la repoussait, refusa la main que je la suppliais d'accepter, et, pour m'ôter tout espoir, elle se maria. — Je la retrouvai plus tard, marié moi-même, et aimant ma femme comme elle aimait son mari; mais le temps n'avait pas emporté le chaste parfum de nos souvenirs... il ne l'a pas même encore emporté aujourd'hui! et notre ancien amour se transforma en une amitié dans laquelle ton noble père prit une grande place. Voilà toute notre histoire : crois-tu encore que mon fils ne peut pas épouser ta sœur?

ANDRÉ, lui tendant la main.

Pardonnez-moi!

ACTE CINQUIÈME.

TENANCIER.

C'est à ta sainte mère qu'il faut demander pardon.

ANDRÉ.

Ah ! j'ai assez souffert pour qu'elle me pardonne ! Je ne souhaiterais pas à mon plus cruel ennemi deux nuits pareilles à celles que je viens de passer... Quelle joie, quel orgueil, quelle force que de se sentir fils d'une honnête femme !... Et pourtant je ne regrette pas mon horrible soupçon ! il m'a sauvé d'une chute irrémédiable.

TENANCIER.

Toi ?

ANDRÉ.

Oui, moi ! Grisé par la bonne chère, les femmes, le luxe, les paradoxes, je me laissais gagner à la contagion, je consentais à une infamie... quand cette atroce douleur m'est tombée du ciel et a réveillé mon honneur en sursaut, le frappant à l'endroit le plus tendre. Maintenant je suis sûr de moi ; j'ai refusé quinze cent mille francs, et si vous saviez comme je m'en sens heureux ! Je vous conterai cela... Le d'Estrigaud est un rusé coquin, je vous en réponds, et il a plus d'un tour dans sa gibecière.

TENANCIER.

Tu ne m'apprends rien... Chut ! on vient. (Regardant par la porte de la galerie.) Que veut dire ceci ?

ANDRÉ.

Le baron qu'on rapporte ?

TENANCIER.

Que lui est-il donc arrivé ?

SCÈNE VI

LES MÊMES, D'ESTRIGAUD, évanoui, porté par LUCIEN, BRAGELARD et QUENTIN.

BRAGELARD.

Là... sur le canapé.

TENANCIER, à Lucien, pendant qu'on étend d'Estrigaud sur le canapé.

Mort ?

LUCIEN.

Hélas ! il n'en vaut guère mieux, le pauvre ami !... un coup d'épée en pleine poitrine.

BRAGELARD, à Quentin.

Où est madame ?

QUENTIN.

A la lingerie.

BRAGELARD, à Lucien.

Je vais la préparer au coup qui l'attend.

LUCIEN.

Vous abandonnez Raoul ?

BRAGELARD, haussant les épaules.

Si par hasard il reprenait connaissance, vous m'appelleriez ; au surplus, je reviens... (A Quentin.) Préparez la chambre à coucher, nous le porterons tout à l'heure sur son lit.

Il sort par la droite, — Quentin par la gauche.

SCÈNE VII

D'ESTRIGAUD, évanoui; LUCIEN, ANDRÉ, TENANCIER.

TENANCIER, à Lucien.

Qui est ce monsieur?

LUCIEN, assis.

Bragelard, un jeune chirurgien, neveu de Navarette, dont Raoul a payé l'éducation.

TENANCIER.

Il a l'œil faux.

ANDRÉ.

Avec qui s'est battu ce pauvre diable?

LUCIEN.

Avec Cantenac... à propos de rien! Aussi nous pensions assister à un petit duel entre amis, nous faisions déjà le menu du déjeuner... Comme Cantenac de son côté avait amené un chirurgien, Raoul dit en riant : « Nous ne manquerons pas d'écuyers tranchants... » Ça n'a pas été long de rire! Au bout de quelques passes, d'Estrigaud est touché en pleine poitrine; par un mouvement automatique, il envoie sa riposte, qui traverse Cantenac et le tue raide.

TENANCIER.

C'est épouvantable!

LUCIEN.

Raoul, qui se croyait atteint légèrement, nous envoie auprès du pauvre Cantenac; mais il n'avait plus besoin de rien, celui-là! nous le portons dans son fiacre. Quand nous revenons à d'Estrigaud, il avait perdu connaissance... et vous voyez!

TENANCIER.

Le docteur n'a pas d'espoir?

LUCIEN.

Non.

ANDRÉ.

Cependant... j'ai vu bien des accidents sur mes chantiers! j'ai vu mourir!... Les narines ne sont pas pincées, les lèvres ne sont pas décolorées... (Tâtant le pouls de d'Estrigaud.. — A part.) Tiens! tiens!.. Quelle comédie joue-t-il là?.. Laissons-le s'enferrer, pardieu!

LUCIEN.

Eh bien?

ANDRÉ, revenant à droite.

Hum! je ne sais trop qu'en dire.

SCÈNE VIII

Les Mêmes, NAVARETTE, BRAGELARD.

NAVARETTE.

Laissez-moi! je veux le voir une dernière fois! (Se jetant sur le corps.) Raoul! Raoul! mon seul ami!..
D'Estrigaud échange un rapide coup d'œil avec elle.

ACTE CINQUIEME.

TENANCIER.

Pauvre femme!

NAVARETTE.

Il respire encore... on peut le sauver! (A Bragelard.) Mais dis-moi donc que tu le sauveras!

BRAGELARD.

A quoi bon vous abuser?

ANDRÉ, à part.

Est-ce un âne ou un compère?... (Haut.) Permettez-moi, monsieur, d'examiner la blessure.

BRAGELARD, vivement.

Impossible. Lever l'appareil en ce moment, ce serait faire souffrir inutilement le blessé.

ANDRÉ, à part.

C'est un compère.

D'Estrigaud pousse quelques sons inarticulés.

NAVARETTE.

Il parle... il rouvre les yeux...

D'ESTRIGAUD, d'une voix faible.

C'est toi, mon enfant?

NAVARETTE.

Oui, moi, ta Navarette.

D'ESTRIGAUD.

J'ai bien cru que je ne te reverrais plus.

NAVARETTE.

Nous te sauverons... tu vivras!

D'ESTRIGAUD.

Bragelard, êtes-vous là?

BRAGELARD.

Oui, monsieur le baron.

D'ESTRIGAUD.

Dites-moi la vérité... Il ne s'agit pas de me traiter en enfant, j'ai beaucoup de choses à faire avant de mourir.

BRAGELARD.

On ne risque jamais rien de se mettre en règle.

D'ESTRIGAUD.

Compris. — Approchez-vous, messieurs; ce que j'ai à dire doit être entendu de tout le monde et je me sens bien faible. (On se rapproche de lui.) Et d'abord je pardonne à tous ceux qui m'ont offensé, monsieur Lagarde; et, si j'ai moi-même offensé quelqu'un à votre connaissance, messieurs, je vous prie de lui demander humblement pardon pour moi.

TENANCIER.

Tous vous pardonnent, monsieur.

D'ESTRIGAUD.

Ah! si j'avais à recommencer!.. Regrets tardifs! — Mais au moins est-il un acte de réparation que j'ai encore le temps d'accomplir. Voici une pauvre créature dévouée qui m'a sauvé l'honneur. Je perdais hier huit cent mille francs à la Bourse, je me préparais à me faire sauter la cervelle, quand Navarette arrive chez moi, elle devine mon dessein, elle se jette à mes pieds... « Tout ce que j'ai me vient de toi, s'écrie-t-elle, reprends **ton bien !** »

NAVARETTE, agenouillée près de d'Estrigaud.

O mon bienfaiteur! mon ami! mon maître! je ne te demande que de vivre et je bénirai notre pauvreté qui te livrerait tout entier à mon dévouement.

D'ESTRIGAUD.

Vous l'entendez, messieurs! — Que faire cependant? La voilà ruinée, ruinée pour moi! L'instituer ma légataire universelle? C'est à peine acquitter ma dette d'argent; mais qui acquittera ma dette de cœur? Je veux au moins que la pauvre fille ait le droit de porter le deuil de l'homme qu'elle a tant aimé. Je suis sûr qu'elle sera fidèle à ma mémoire et qu'elle portera mon nom avec respect.

NAVARETTE.

Ta femme! moi? Non! Raoul! non! Ta servante! ta servante!

D'ESTRIGAUD.

Obéis-moi, mon enfant, pour la dernière fois... Dites, messieurs, n'est-ce pas une justice que j'accomplis?

TENANCIER, relevant Navarette.

En vous ruinant pour lui, vous avez fait acte d'épouse devant Dieu : soyez épouse devant les hommes.

LUCIEN.

Acceptez son nom, madame, vous l'avez bien mérité.

ANDRÉ, ironique.

Oui, madame, acceptez son nom, vous le méritez bien.

NAVARETTE.

Je le porterai comme une relique.

D'ESTRIGAUD.

Merci... Bragelard, préparez tout pour un mariage *in extremis*...

ANDRÉ, à part.

Nous y voilà!

D'ESTRIGAUD.

Hâtez-vous, car je sens que j'ai peu d'instants à moi.

BRAGELARD.

Je cours à la mairie.

Il sort.

ANDRÉ.

C'est déchirant! Quel bonheur que l'épée ait glissé sur une côte et que monsieur en soit quitte pour une bande de taffetas d'Angleterre!

TENANCIER.

André!... je ne te comprends pas!

ANDRÉ.

C'est pourtant bien clair. Madame paye les dettes de monsieur, le mariage est la condition du payement; reste à donner à ce joli marché une tournure romanesque...

LUCIEN.

Pas un mot de plus, je t'en prie.

ANDRÉ.

Tâte le pouls de monsieur comme je l'ai fait; et, s'il

bat moins de soixante-cinq pulsations, je veux payer la couronne de la mariée. — Tâte donc!

Lucien pose sa main sur le poignet de d'Estrigaud.

D'ESTRIGAUD, se levant.

Finissons, messieurs; quand d'Estrigaud daigne faire une concession au respect humain, quand il s'abaisse à jouer une comédie, il est prudent d'y accepter un rôle.

ANDRÉ.

Comment l'entendez-vous?

D'ESTRIGAUD.

Malheur à qui surprend mes secrets! malheur à qui me fait obstacle!

LUCIEN.

Témoin Cantenac, n'est-ce pas?

D'ESTRIGAUD.

Eh bien, oui! témoin Cantenac.

ANDRÉ.

Vous ne ferez peur à personne. Ni ces messieurs ni moi ne sommes gens à vous servir de complices.

D'ESTRIGAUD.

Prenez garde, monsieur, vous m'avez déjà insulté hier.

ANDRÉ.

Est-ce une provocation?

D'ESTRIGAUD.

Et si c'en était une?

ANDRÉ.

Avant de l'accepter, je vous demanderais la permission de convoquer un tribunal d'honneur, et, s'il se trouve un galant homme pour décider qu'on peut croiser le fer avec vous, je suis à vos ordres.

D'ESTRIGAUD.

Vraiment? — Et que lui diriez-vous, à votre tribunal d'honneur?

TENANCIER.

Je lui raconterais, moi, que, pour réparer vos coups de Bourse, vous n'hésitez pas, à courir la dot par le guet-apens.

LUCIEN.

Je lui raconterais, moi, que vous menez sur le terrain les gens que vous voulez tuer, en leur laissant croire qu'il s'agit d'un duel pour la forme.

ANDRÉ.

Et moi, je lui raconterais la vente de votre glorieux nom à mademoiselle Navarette, et la comédie que vous nous avez renouvelée de votre aïeul Scapin.

D'ESTRIGAUD.

Vous le voulez? C'est une guerre à mort!

ANDRÉ.

Une guerre? Non, une simple exécution.

NAVARETTE, s'avançant entre eux.

Pas si vite, messieurs; vous vous hâtez trop de vous constituer exécuteurs des hautes œuvres. C'est nous qui vous tenons.

ANDRÉ.

Vous?

NAVARETTE.

Savez-vous ce que M. Tenancier venait faire ici? Il venait m'acheter mon silence. J'ai refusé de le lui vendre, mais, à mon tour, je lui demande le sien et le vôtre : donnant, donnant.

LUCIEN.

Que dit-elle, mon père?

TENANCIER.

Hélas! la vérité. Cette pauvre femme attirée dans un piège, à qui je faisais tout à l'heure allusion, c'est ta sœur.

LUCIEN, à d'Estrigaud.

Misérable!...

TENANCIER, l'arrêtant.

On n'injurie pas un homme à qui on refuserait satisfaction. — D'ailleurs, sa tentative a échoué.

NAVARETTE.

Qui le croira? J'ai surpris la marquise ici, seule avec le baron.

TENANCIER.

Elle ne pensait pas s'y trouver seule, vous le savez bien.

NAVARETTE.

Ma foi, je n'en sais rien... et je ne suis pas obligée de dire que je suis arrivée à temps. Vous voyez, messieurs, qu'il y a lieu de négocier.

LUCIEN, après un silence.

C'est bien. madame, nous nous tairons.

ANDRÉ.

Nous taire ? pactiser avec ces gens-là ? Jamais !

TENANCIER.

Songe à la réputation d'Annette...

ANDRÉ.

Doutez-vous de votre fille ? (A Lucien.) Doutes-tu de ta sœur ?

LUCIEN.

Non, certes, mais la calomnie...

ANDRÉ, s'avançant vers d'Estrigaud, les bras croisés.

On la fait reculer en la regardant en face ! — Le monde n'est pas aussi lâche que vous vous le figurez, monsieur le baron. Il prête trop volontiers à vos pareils la complicité de son indolence, et c'est là toute votre force; mais, le jour où il est mis en demeure de vous juger, où on lui plante devant les yeux les pièces du procès, son arrêt ne se fait pas attendre ! Il est unanime, inflexible, et il vous fait rentrer sous terre. (A Tenancier). Relevez la tête, monsieur; vous avez soixante ans d'honneur à opposer à leurs insinuations! qu'ils parlent, s'ils l'osent! vous jurerez, vous, qu'ils ont menti, et ils resteront écrasés sous votre serment.

TENANCIER.

Tu as raison. Quand les honnêtes gens auront l'énergie de l'honneur, les corrompus ne tiendront pas tant de place au soleil. (A d'Estrigaud.) Vous êtes perdu, monsieur, et vos courtisans seront les premiers à vous jeter la pierre pour s'absoudre de votre amitié.

LUCIEN.

Sortons. Nous n'avons plus rien à faire ici.

ANDRÉ.

Dieu merci, non! — Viens!

Ils sortent.

SCÈNE IX

NAVARETTE, D'ESTRIGAUD.

D'ESTRIGAUD, après un silence.

Passons à l'étranger.

NAVARETTE, sèchement.

Passez-y seul, mon cher; vous n'êtes plus un parti pour moi.

D'ESTRIGAUD.

Hein?

NAVARETTE.

Votre nom, n'ayant plus cours à l'heure qu'il est, ne

vaut plus huit cent mille francs, vous en conviendrez; j'aime autant le mien.

D'ESTRIGAUD reste un moment écrasé, puis relevant la tête.

Eh bien, à la bonne heure! je laisse une élève. — Quand M. le maire arrivera, tu lui diras que je vais mieux et que je suis parti pour la Californie. — C'est la terre promise des hommes de ma trempe. — Adieu, mignonne!

Il lui envoie un baiser de la porte.

NAVARETTE.

Bonne chance!

FIN DU TOME CINQUIEME

TABLE DU TOME CINQUIÈME

LE FILS DE GIBOYER.. 9
LE POST-SCRIPTUM.. 199
L'HABIT VERT.. 239
LA CONTAGION.. 285

ÉMILE COLIN — IMPRIMERIE DE LAGNY

www.ingramcontent.com/pod-product-compliance
Lightning Source LLC
Chambersburg PA
CBHW070537230426
43665CB00014B/1718